青海师范大学"藏区历史与多民族繁荣发展研究省部共建协同创新中心"项目

魏道明　著

清代
家族内
的
罪与
刑

CRIMES
AND
PENALTIES

INSIDE FAMILY
OF
QING DYNASTY

社会科学文献出版社
SOCIAL SCIENCES ACADEMIC PRESS (CHINA)

前　言

　　五服制度与古代法律之间的密切关系，是每一个有志于探究中国传统法律制度的学人都不能忽视的问题。笔者进行中国古代法律史的学习与研究，也是从服制关系入手的。在自己的学习稍有收获之后，便给硕士生开设了"古代社会家族构造与法律关系"的课程，从亲属关系、家法族规、家族功能、亲属相犯、缘坐、独坐、代刑、免刑、容隐、复仇、同居共财、析产、继承、立嗣、婚姻等方面讨论家（宗）族的构造及其成员间的法律关系。这些授课内容，一言以蔽之，无非就是服制关系在法律中的体现。

　　服制向来被认为是儒家文化的标识，服制入律也被看作法律儒家化的结果。其实就服制的精神——宗法等级秩序而言，服制绝非儒家的专利，服制入律也并非为儒生所促成。秦汉的法律，向来被认为是本着法家精神构筑起来的，但从简牍所反映出的秦汉时期法律来看，伦理化的特点就已经表现得很明显。自《晋律》确立"峻礼教之防，准五服以制罪"的立法原则之后，服制关系在法律中的表现愈加明显，至清代达到高峰，对清代的法律制度、司法实践产生了广泛而深刻的影响。

　　服制在古代法律中的重要地位，使之成为探究中国传统法律精神的最佳途径之一。本书便以清代为例，以五服制度为视角，考察清代法司在处理涉及亲属相犯、亲属关系案件时的原则与方法，分析其法律适用过程中的思维方法和思维规则。以此说明宗法等级秩序对法律的影响与支配，彰显中国古代法律伦理化的特征。

本书的写作，虽早有计划，但断断续续，久拖未完。这里除了生性懒惰的原因以外，学力不逮应该是更主要的因素。全面考察清代司法对于服制精神的贯彻，并非易事，要涉及法司审理的各类服制类案件，把这些案例都搜集起来，本身就是一个大工程。最后偷工减料，笔者选择了自己较为熟悉的领域进行分析说明。因为笔者先后主持承担过中国古代族刑制度研究、容隐制度研究以及亲属相犯原因考察的国家社科基金项目，有一定案例积累，故本书的考察，主要从亲属相犯、缘坐、容隐三个方面进行，其他方面未能涉及。这是需要向读者解释和表示歉意的地方。

本书能够顺利出版，首先要感谢青海师范大学"藏区历史与多民族繁荣发展研究省部共建协同创新中心"的项目立项与经费资助；其次要感谢社会科学文献出版社周丽、李淼二位老师的支持与帮助；最后还要感谢青海师范大学历史学院研究生陈阳同学在文字校对、统一注释格式方面所做的辛勤劳动。

目　录

上　篇

下 篇

附 录

上　篇

第一章　亲属范围与五服制度

一　亲属范围

　　所谓亲属，是指因婚姻、血缘关系以及法律拟制而产生的人与人之间的社会关系。亲属本是自然存在的社会关系，凡沾亲带故皆可称亲属。因此，从社会学意义上说，亲属的范围可以无限扩大，乃至于将社会中的一切人都视为亲属。在中国古代，由于家国一体的社会结构及家族本位的文化特色，亲属关系成为中国古代社会关系的基本模式，其他各种关系均是亲属关系的衍射，如君臣之间称"君父"和"臣子"，官民称"父母官"与"子民"，师生分称"师父"和"弟子"，全部的社会关系就可以看成各种各样亲属关系的社会化，① 亲属范围得以无限扩大：国人皆自称为"炎黄子孙"，国民互称"同胞"，以至于"天下一家""四海之内皆兄弟"；两个同姓的中国人相见，都习惯说"五百年前是一家"；与自己父、祖同辈的人，我们一概称作"叔叔""爷爷"，与自己母亲、祖母同辈的人，也一概称作"姨姨""奶奶"；两个有通婚关系的国家，称"甥舅之国"，著名的"唐蕃会盟碑"又称作"甥舅会盟碑"。这些都是亲属概念在社会学意义上无限扩大的例证。

---

① 郑秦：《十八世纪中国亲属法的基本概念》，《比较法研究》2000 年第 1 期。

法律意义上的亲属，虽然概念相对明确，但扩大的倾向依旧存在。最明显的莫过于古代各朝法律中"同姓不婚"的规定，① 作出这一规定的理由无非是基于凡同姓皆属于亲属的逻辑。即便是认为"同姓不婚"一般处于名禁而实不禁的状态，② 同姓事实上不能构成具有法律意义的亲属关系，但具备法律效力的亲属范围仍然相当广泛。

中国的语言文字在表达亲属关系方面有着极为丰富的词汇，③ 法律也吸纳了这一特点，亲属称谓复杂而又具体，互不混淆，如兄弟就有兄弟、堂兄弟、再从兄弟、族兄弟、族从兄弟、族再从兄弟之别。甚至在父亲、母亲这些难以作变通的称呼上，清律依然列有"三父

---

① 一般认为，"同姓不婚"始于周代。后世则遵循了这一原则，出现于汉代的《白虎通·德论》曰："同姓不得相娶，以重人伦"；北魏对同姓而婚者以不道罪处治，《魏书》卷七上《高祖纪上》："夏、殷不嫌一族之婚，周世始绝同姓之娶。"（中华书局，1974，第153页）；唐以后的各朝法律都有明确禁止同姓相婚的条文，参见《唐律疏议》卷十四《户婚》"同姓为婚"条（中华书局，1983，第262页）、《宋刑统》卷十四《户婚》"同姓及外姻有服共为婚姻"门（法律出版社，1999，第246页）、《大明律》卷六《户律·婚姻》"同姓为婚"条（法律出版社，1999，第62页）、《大清律例》卷十《户律·婚姻》"同姓为婚"条（法律出版社，1999，第208页）。

② 唐律中虽规定同姓不得为婚，但《唐律疏议》曰："同宗共姓，皆不得为婚"，意思是说，同姓不婚仅限于同姓又同宗者，同姓异宗者仍可为婚（参见《唐律疏议》卷十四《户婚》"同姓为婚"条，第262页）；明、清律中一概禁止同姓为婚，同姓异宗也在禁止之列，但在司法实践中，只处罚同宗为婚者。据瞿同祖先生的研究，在清代的案例汇编《刑案汇览》、《续增刑案汇览》及《新增刑案汇览》中，有不少夫妻同姓的例子，但没有一个案例是单纯以同姓为婚而涉讼的，因其他案件而被发现，官府也不加追问，并不强制离异，这说明清代事实上不处罚同姓为婚者。因此，《大清律例汇辑便览》注云："同姓者重在同宗，如非同宗，当援情定案，不必拘文。"（参见瞿同祖《中国法律与中国社会》，中华书局，1981，第90~92页。）

③ 在《尔雅·释亲》及《仪礼·丧服》中就已有129种亲属称谓（参见谢维扬《周代家庭形态》，中国社会科学出版社，1990，第94页）；后世愈加繁多，大约有350个，成为人类史上亲属称谓最多的国家，比排在第二位的古罗马（122个）多出两倍左右（详见 P. Bonannan and J. Middleton, eds., *Kinship and Social Organization*, New York: The Natural History Press, 1968, p.55, 转引自何炳棣《读史阅世六十年》，广西师范大学出版社，2005，第444页）。

八母图"，①"三父"皆是指继父，根据关系的远近分为同居继父、不同居继父、从继母嫁之继父三种；②"八母"是指除生母外的养母、嫡母、庶母、继母、乳母、慈母及嫁母（生母因父死再嫁）、出母（生母被父所休）。除去嫁母、出母两种特殊情况，"三父八母"的概念中并

---

① 参见《大清律例》卷二《诸图·丧服图》"三父八母图"，第 73～74 页。

② 继父分等在《礼记》《仪礼》就已出现，根据亲等分为同居继父、先同居后异居继父、不同居继父三种，其具体的标准是："子家无大功之内亲；继父家亦无大功之内亲；继父以财货为此子筑宫庙，使此子四时祭祀不绝；三者皆具，即为同居（继父）"；若"三者一事阙，虽同在继父家，亦名不同居（继父）"；若继父与继子之间最初符合同居的三个条件，以后继父有子，也就是说继父有了大功以上之亲，继父与继子的亲疏关系就疏远了，就变成了先同居后异居继父。须注意的是，先同居后异居继父必须是"必尝同居，然后为异居；未尝同居，则不为异居"。也就是说，先同居后异居继父的前提是曾经同居。还须注意的是，"继父者，谓母后嫁之夫也。若母嫁而子不随，则此子与母、继父，固自路人，无继父之名"。所以，只有随母与其后嫁之夫共同居住、生活，才有继父之称。（以上论述参见《仪礼·丧服篇》、《礼记·丧服小记》及孔颖达、贾公彦疏；魏道明《始于兵而终于礼——中国古代族刑研究》，中华书局，2006，第 158 页。）唐律中也对继父进行了分等，其标准基本遵循了《礼记》《仪礼》的精神，但某些方面已失经典本意。《唐律疏议》卷二三《斗讼》"殴妻前夫子"条疏议曰："继父者，谓母后嫁之夫。注云：'谓曾经同居，今异者'，依礼：'继父同居，服期'，谓妻少子幼，子无大功之亲，与之适人，所适者亦无大功之亲，而所适者以其资财为之筑家庙于家门之外，岁时使之祀焉，是谓同居……其不同居者，谓先尝同居今异者，继父若自有子及有大功之亲，虽复同住，亦为异居。若未尝同居，则不为异居，即同凡人之例"（第 419～420 页）。《唐律疏议》中关于"同居继父""不同居继父"的划分标准依据的是亲等，与《礼记》《仪礼》的精神相符，在名称上却将不同居继父和先同居后异居继父混为一谈，后者被包括在前者之内，但在亲等上又对二者作了区别，未曾形成过同居关系的不同居继父与继子发生斗殴，"即同凡人之例"。唐律中尚无"三父"的名称，"三父"的称谓出现于何时，已不可考，但《元典章》中已列有"三父八母图"，清律沿用之。《元典章》及《大清律例》中的"三父"，已大失经典原意，殊为怪诞。《大清律例》卷二《诸图·丧服图》"三父八母图"条中的继父分为同居继父、不同居继父、从继母嫁之继父三种，其中，"同居继父"分为"两无大功亲"和"两有大功亲"两类，"不同居继父"包括"先曾与继父同居今不同居"和"自来不曾随母与继父同居"两类。于是，"同居"的含义发生了变异，经典中的"同居"一词，本意是就继父、继子的关系而言，继父与继子只有形成了共财及祭祖的密切关系，方可称同居，与是否共同居住无关，所以才会有"虽同在继父家，亦名不同居（继父）"的情况，而清律中的"同居"则成为共同居住之意，遂大失经典本意。

不包括亲生父母，如加上他们，则成为"五父十三母"。①

在《大清律例》中，亲属从种类上可分为宗亲、姻亲、妻亲三类，分别称父（宗）党、母党、妻党。法律在界定亲属关系时，几乎将所有的父系成员都划分为亲属，其中，同一高祖内成员属于近亲，之外的则属远亲。远亲也称袒免亲，其边际很难确定，法律解释得也不明确："凡同五世祖，族属在缌麻绝服之外，皆为袒免亲。"② 按此模糊解释，同宗甚至同族的亲属都可以包含在袒免亲之内。

宗亲之外的称外亲，即妻、母方面的亲属。这一方面被划入亲属范围内者，比起宗亲来，数量就少多了。在清律中，母方成员被列入亲属者，有服、无服合起来，仅有母之祖父母、外祖父母、母之兄弟、母之姐妹、舅之子、堂舅之子、两姨之子、堂姨之子、舅之孙、姨之孙；③ 妻方成员被列入亲属者，也仅有妻祖父母、妻外祖父母、妻父母、妻叔伯、妻之姑、妻兄弟及妇、妻之姊妹、女之子、妻兄弟子、妻姊妹子、女之孙。④

二　五服制度

五服，原意是指丧服，即居丧时的穿戴。在古代社会，由于服饰被看作区别尊卑等级的重要标志，不仅平常所穿的"吉服"有等级之别，居丧时生者为死者守丧所穿的"凶服"（即丧服）也有区别。亲等是按丧服规制区别的，故丧服等级即是亲等的差别。故五服制度

---

① "五父"是指父、本生父（为人后者称亲生父）、所后父（为人后者称所后父）、同居继父、不同居继父；"十三母"是指母、生母、本生母（为人后者称亲生母）、所后母（为人后者称所后母）、从继母嫁之母（改嫁继母）、养母、嫡母、庶母、继母、乳母、慈母、嫁母、出母。
② 《大清律例》卷二《诸图·丧服图》"本宗九族五服正服之图"，第65～66页。
③ 《大清律例》卷二《诸图·丧服图》"外亲服图"，第71页。
④ 《大清律例》卷二《诸图·丧服图》"妻亲服图"，第72页。

又被称为服叙制度，"叙"同"序"，五服或服叙即是规定各类亲属等级序位的准则。[①] 按照《仪礼》《礼记》等经典的记载，丧服分为以下五等。

斩衰：斩，不缉、截布断之，即丧服以最为粗糙的麻布做成，丧服的边缘保留裁割原状，不加缝缉、锁边，兼含"痛甚""仓促"之义，故名之。丧服以三升麻布制成（古制，麻缕，八十根为一升，升数越少，布质越粗）。丧期为三年。子为父，妻为夫，臣为君，父为长子等，皆服斩衰。

齐衰：齐，缉也，即丧服边缘加以缝缉，较之斩衰做工较细，麻布质量也好一些，以五升麻布制成。齐衰服的丧期最为复杂，有齐衰三年、齐衰杖期、齐衰不杖期、齐衰五月、齐衰三月五等。其中，子为母，齐衰三年；夫为妻、子为出母、嫁母，齐衰杖期；为祖父母、伯叔父母、在室的姑、姊妹、兄弟、侄等，齐衰不杖期；为曾祖父母，齐衰五月；为高祖父母等，齐衰三月。

大功：丧服以熟麻布制成，根数为九升，质地较细，但加工较为粗糙，即"用功粗大"，故名大功。丧期为九月或七月，服丧对象主要包括出嫁之姑母、姊妹、女儿、堂兄弟、庶孙、嫡（子）妇、夫之祖父母、伯叔父母。

小功：丧服以十一升麻布制成，用料为澡麻布，也即漂洗过的麻布，加工也比较细致，"用功细小"，故名小功。丧期为五月，服丧对象主要包括从祖父母、从祖昆弟、外祖父母、夫之姑姊妹等。

缌麻：丧服以十五升麻布制成。缌，同丝，即用精加工的麻布制作，类似于丝布，故名缌麻。丧期为三个月。服丧对象主要包括族曾祖父母、族祖父母、族父母、族昆弟、庶孙之妇、从祖姑、姊妹适人者、外孙、乳母、曾孙、舅、甥、岳父母、女婿。

---

①　丁凌华：《五服制度与传统法律》，商务印书馆，2013，第 110 页。

以上的五个丧服等级称作五服，五服之外则为袒免，袒免则无丧服、丧期，遇丧时仅袒露左臂，去冠括发而已。服丧对象为同五世祖及以外的亲属。

中国古代的亲等由丧服关系确定，故丧服等级即是亲等的差别。丧服有五等，亲属就应分为斩衰亲、齐衰亲、大功亲、小功亲、缌麻亲五个亲等。但丧服并非完全由血缘关系确定，也考虑了尊卑伦理，有时尊卑不同服，故法律上的亲等无法完全与丧服等级对应。在古代，尊、卑丧服名称不同，凡卑幼为尊长之服，称"制服"，制服即丧服（守丧也称守制），卑幼理应为尊长服丧服是丧服制度之本义，故称制（丧）服；尊长为卑幼之服，称"报服"，即尊长报答卑幼之服。

在旁系尊、卑服制中，制服与报服是对等的，如叔侄互服齐衰不杖期，堂兄弟互服大功，依此确定叔侄为齐衰亲或期亲，堂兄弟为大功亲。旁系亲属最高为齐衰不杖期，也即期亲。旁系亲属的亲等，大体上如《礼记》郑玄注云："同父则期，同祖则大功，同曾祖则小功，同高祖则缌麻。"[1]

但在直系尊、卑服叙中，制服与报服不相等，制服高于报服。[2]如子为父服斩衰，父为子服齐衰；孙为祖父服齐衰不杖期，祖父为孙服大功；曾孙为曾祖父母服齐衰五月，玄孙为高祖父母服齐衰三月，而曾、高祖父母为曾、玄孙只服缌麻。如此，直系亲属亲等的计算便无规律可循，父对于子来说是斩衰亲而子对于父来说是齐衰亲，祖父对孙来说是齐衰不杖亲也即期亲，孙对祖父来说却是大功亲。同时，古代服制中，父母不同制，分属斩衰、齐衰，而且母又根据父在世与否分为齐衰三年、齐衰杖期。

---

① 《礼记·丧服小记》，（清）阮元校刻《十三经注疏》（下册），中华书局影印本，1980，第1495页。
② 丁凌华：《五服制度与传统法律》，第150页。

因此，直系亲属统称为至亲，其亲等，按照礼制，父为斩衰，母为齐衰三年或齐衰杖期，祖父为齐衰不杖期，曾祖父母为齐衰五月，高祖父母为齐衰三月。因过于复杂，唐律将母升为斩衰（父母同为斩衰），取消齐衰三年、齐衰五月、齐衰三月，将祖父母（包括曾、高）皆称为齐衰不杖期亲——期亲。直系卑亲属方面，原来，父为子服齐衰，祖父为孙服大功，曾、高祖父母为曾、玄孙服缌麻，也很复杂，唐律简化为子为期亲（齐衰不杖期）、孙（包括曾、玄）服大功。如此，直系亲属之间，最低为大功亲等。

三 亲属相犯视野下的亲属范围

法律中亲属的范围虽然广泛，但在不同的法律关系中，所包含的亲属范围并不相同。在析产及继承关系中，清律中具有法律效力的亲属仅仅包括父母、子女和配偶，① 同宗亲属一般不在其内。②

---

① 《大清律例》卷八《户律·户役》"卑幼私擅用财"条附例："其分析家财、田产，不问妻、妾、婢生，止以子数均分。奸生之子，依子量与半分。如别无子，立应继之人为嗣，与奸生子均分；无应继之人，方许承继全分"；"户绝财产，果无同宗应继之人，所有亲女承受。无女者，听地方官详明上司，酌拨充公。"同书同卷"立嫡子违法"条附例云："妇人夫亡无子守志者，合承夫分，须凭族长择昭穆相当之人继嗣"；"凡乞养异姓义子有情愿归宗者，不许将分得财产携回本宗"（第187页）。按此，在财产分析及继承关系中，清律所列具有法律效力的亲属仅仅包括子女和妻，其中子包括嗣子（应继之人）和异姓养子，父母与夫反倒不在其列。换言之，清律所列，仅仅是由尊至卑的承继，未列由卑至尊的承继。因为，从礼制及法理来说，卑幼不能具有独立的财产，逻辑上便不能成立由卑至尊的继承关系；在析产关系中，由尊长决定和主持析产，也不宜将尊长与卑幼同列为承继人。但无论如何，离开了尊长，析产与继承就无法进行，其主体地位，不容否定。

② 如家中有子，析产与继承便由子辈进行，与同宗亲属无关。如若户绝，《大清律例》卷八《户律·户役》"卑幼私擅用财"条附例规定："户绝财产，果无同宗应继之人，所有亲女承受。无女者，听地方官详明上司，酌拨充公。"（第187页）条例中的"同宗应继之人"，根据上下文之意，应是指同宗嗣子，而非同宗亲属。按此，户绝之家，财产由女儿继承，无女，则充公，也与同宗亲属无关。

而在亲属相犯方面，清代法律所规定的亲属范围却没有限制，扩张到所有亲属：

> 凡娶同宗无服（姑侄姊妹）之亲及无服亲之妻者，（男女）各杖一百；若娶（同宗）缌麻亲之妻及舅甥妻，各杖六十、徒一年；小功以上（之妻），各以奸论（自徒三年至绞、斩）；其（亲之妻）曾被出及已改嫁而娶为妻、妾者（无服之亲不与），各杖八十。①

> 凡各居（本宗、外姻）亲属，相盗（兼后尊长、卑幼二款）财物者，期亲，减凡人五等；大功，减四等；小功，减三等；缌麻，减二等；无服之亲，减一等。②

> 凡同姓亲属相殴，虽五服已尽而尊卑名分犹存者，尊长（犯卑幼），减凡斗一等；卑幼（犯尊长），加一等（不加至死）；至死者（无论尊卑长幼），并以凡人论（斗杀者绞，故杀者斩）。③

> 凡骂（内外）缌麻兄姊，笞五十；小功兄姊，杖六十；大功兄姊，杖七十；尊属（兼缌麻、小功、大功），各加一等。若骂（期亲同胞）兄姊者，杖一百；伯叔父母、姑、外祖父母，各加（骂兄姊）一等。④

> 凡奸同宗无服之亲及无服亲之妻者，各杖一百（强者，奸夫斩监候）。奸内外缌麻以上亲及缌麻以上亲之妻，若妻前夫之女，同母异父姊妹者，各杖一百、徒三年；强者，（奸夫）斩

---

① 《大清律例》卷十《户律·婚姻》"娶亲属妻妾"条，第 209 页。
② 《大清律例》卷二五《刑律·贼盗下》"亲属相盗"条，第 400 页。
③ 《大清律例》卷二八《刑律·斗殴下》"同姓亲属相殴"条，第 461 页。
④ 《大清律例》卷二九《刑律·骂詈》"骂尊长"条，第 471 页。

（监候）。①

以上所引有关亲属相犯的法条中，亲属的范围极其广泛，从有服亲到无服亲，从宗亲到外亲，从血亲到拟制亲属，囊括了所有的亲属。但这样的规定，涉及的亲属过于广泛，司法实践中不易操作。

有服亲尚有章可循，无服亲的边界则不易确定，五服以外沾亲带故者似乎都是。那么，这些关系极为疏远的亲属，他们之间的相犯行为，是否按亲属相犯的法条来处置，负责审案的官员也多有疑惑。对于发生在远亲之间的相犯行为，处置并不统一，有按亲属相犯来处置的，也有按常人相犯来处置的。乾隆十三年（1748），刑部终于对亲属相犯中无服亲的边界作了专门的解释：

> 伏思三党（父党、母党、妻党——作者注）内无服尊长数不胜纪，若不明立界限，任意推广，于法未免宽纵。在本宗五服以外皆为袒免之亲，自应均照无服亲属定拟。若外姻亲属，原与同姓有分，既为图所不载，即毋庸更为置议。臣部现在办理章程盗案内，遇有关涉外姻者，一以服制图为断。应请嗣后除本宗五服以外，俱照无服之亲定拟外，其外姻尊长亲属相盗，惟律图内载明无服字样者，方准照律减等，此外不得一概援引。②

至乾隆十五年（1750），这一原则正式成为条例："凡亲属相盗，除本宗五服以外，俱照无服之亲定拟外，其外姻尊长亲属相盗，惟律

---

① 《大清律例》卷三三《刑律·犯奸》"亲属相奸"条，第524页。
② 《刑案汇览》卷十八《刑律·贼盗·亲属相盗》"外姻亲属相盗应照服图定例"条，北京古籍出版社，2004，第636页。

图内载明者，方准照律减等，此外不得滥引。"① 按此，亲属相盗中无服亲的范围，应内外有别：本宗亲属，五服之外皆可称无服亲；而外亲中的无服亲，仅限于《大清律例》服制图所标明的无服亲属——母祖父母、堂舅之子、堂姨之子、舅之孙、姨之孙、姑之孙、妻祖父母、妻外祖父母、妻叔伯、妻之姑、妻兄弟及妇、妻之姊妹、妻兄弟子、妻姊妹子、女之孙，其余皆不算亲属。

以上的解释虽只是针对亲属相盗而言，但从清代司法实践来看，其他的亲属相犯行为也遵循这一原则。服制图未标明的无服外亲之间的杀伤皆按常人相犯来处置，如乾隆四年（1739）吴凤殴死姐夫族侄徐六案、乾隆五年（1740）张双狗毒死妻母族弟之女马大姐案、乾隆四十六年（1781）王老虎儿殴死妹夫之弟王根儿案等。②

拟制血亲也属于亲属范围。包括清代在内的古代各朝法律虽一般都禁止收养异姓子，但允许收养三岁以下遗弃小儿及女儿。他们之间发生相犯行为，皆按亲属相犯来处置。如嘉庆二十四年（1819），李沅致死所收养义女图赖，以杀子孙图赖人治罪；③ 又如嘉庆二十五年（1820）姚宗库奸义子妇案、道光五年（1825）王锡添奸义子妇案，均照亲属相奸律处罚。④

但在清代，拟制血亲之间的相犯行为是否属于亲属相犯，似乎也

---

① 《大清律纂修条例（乾隆十五年）·刑律》"亲属相盗"条续纂条例，收入刘海年、杨一凡总主编《中国珍稀法律典籍集成》丙编第一册，科学出版社，1994，第794页。

② 以上三案分别参见郑秦、赵雄主编《清代"服制"命案——刑科题本档案选编》"吴凤殴死姊夫族侄徐六案"条、"张双狗毒死妻母族弟之女马大姐等三命案"条、"王老虎儿殴伤妹夫之弟王根儿身死案"条，中国政法大学出版社，1999，第46、71、258页。

③ 参见《刑案汇览》卷三三《刑律·人命·杀子孙及奴婢图赖人》"故杀恩养年久义女图赖人"条，第1205页。

④ 参见《刑案汇览》卷五三《刑律·犯奸·亲属相奸》"强奸十一岁童养义子妇已成"条、"与义子妇通奸氏父杀女图赖"条，第1997～1998页。

要考虑拟制血亲关系存在的时间长短，区别对待：收养时间长，以亲属论；若短，则以雇工人论。① 嘉庆五年（1800），唐综佑故杀收养未久的义子唐酉元图赖人，以家长故杀雇工人论处；而嘉庆二十三年（1818），林存照故杀已收养七年的义子林增弟图赖人，以家长故杀子侄图赖人论处；② 又嘉庆十七年（1812），曹上得违犯义母曹徐氏教令，致曹徐氏自尽，以子违犯教令致父母自尽例拟以绞候。③

义子若归宗，则亲属关系即告终止，再发生相犯行为，以家长、雇工人相犯论处。嘉庆十八年（1813），归宗义子杨胡存顶撞义父孙明德，孙明德追殴，因雨后路滑，跌倒殒命，以雇工人致死家长律减等处罚。④ 但道光六年（1826），归宗义子李顺德之妻李张氏顶撞义翁李文仓，致其气愤自尽，李张氏却比照子孙违犯教令致父母自尽律被减等处置。⑤ 当然，本例并不能说明义子归宗后与义父母还存在亲属关系。李张氏却比照子孙违犯教令致父母自尽律被处置，属于适用法律不当。为说明问题，我们将刑部对李张氏案所拟的"说帖"照录如下：

直督题：李张氏因向义翁李文仓争分梨树，致李文仓气忿服卤身死一案。查李张氏系李文仓义子李顺德之妻。李顺德自幼过房，经李文仓抚养长大，娶妻生子，恩养多年。后李文仓生有子

---

① 《刑案汇览》卷三三《刑律·人命·杀子孙及奴婢图赖人》"故杀收养遗弃小儿图赖人"条引例，第1205页。
② 参见《刑案汇览》卷三三《刑律·人命·杀子孙及奴婢图赖人》"故杀收养遗弃小儿图赖人"条、"故杀恩养年久抱养子图赖人"条，第1205页。
③ 参见《刑案汇览》卷三四《刑律·人命·威逼人致死》"义子违犯义母教令致令自尽"条，第1246页。
④ 参见《刑案汇览》卷三四《刑律·人命·威逼人致死》"归宗义子顶撞义父赶殴跌毙"条，第1247页。
⑤ 参见《刑案汇览》卷三四《刑律·人命·威逼人致死》"归宗义媳顶撞义翁气忿自尽"条，第1247~1248页。

嗣，令李顺德归宗，分给房地，原配妻室，不曾拘留，并无义绝
之状。如李顺德与李文仓有犯，应以雇工人论。检查嘉庆十八年
陕西省题归宗义子杨胡存顶撞义父孙明德，气忿赶殴自行失跌身
死，将杨胡存比照雇工人殴家长死者斩律上量减拟流在案。是义
子顶撞义父致令自尽，既得量减拟流，义子之妻顶撞夫之义父致
令自尽，似亦应量为末减。该省将李张氏比照子孙违犯教令致父
抱忿轻生自尽，拟以绞候，妻于夫之父有犯，同罪例量减一等拟
流，应请照覆。①

    "说帖"明白无误地指出，即使李顺德与李文仓有犯，也应以雇
工人论，李顺德之妻犯李文仓，当然也应一视同仁，不应有别。将李
张氏比照子孙违犯教令致父母自尽例处罚，实际上是地方官府的做
法，而刑部看重的是处罚结果，李张氏被处流刑，与杨胡存案的处罚
一致，故对于地方官适用法律不当的问题不再计较。

    义子只与收养人形成亲属关系，与收养人的亲属并不产生亲属关
系，清代条例规定，义子与义父的期亲尊长有犯，以雇工人犯家长论
处，已不视为亲属相犯；若与义父之期亲卑幼发生相犯，则同常人相
犯。嘉庆四年（1799），陈兴旺杀义父陈金期亲弟妇，便以常人相杀
处罚。② 依此推论，若亲等在期亲以下，则更不可能视为亲属关系。

    需要特别说明的是，在亲属相犯关系中，妻作为亲属，概念是在
扩大意义上使用的，未婚妻，包括童养媳和已订婚者，都属于妻的
范畴。

    未婚夫妻之间发生相犯行为，皆以亲属相犯论。乾隆四十六年

---

① 《刑案汇览》卷三四《刑律·人命·威逼人致死》"归宗义媳顶撞义翁气忿自尽"
条，第 1247～1248 页。

② 参见《刑案汇览》卷二八《刑律·人命·杀一家三人》"义子杀义父之期亲卑幼
二命"条引例及案例，第 1020 页。

（1781），韩十五儿殴死童养未婚之妻王氏，便依照夫殴妻至死律拟绞候；[①] 道光十二年（1832），焦灵娃致死童养未婚之妻张氏，也按夫殴妻至死律拟绞候。[②] 以上二例都属于故杀，常人间故杀是要判斩决的，但这两例皆按尊杀卑减等的原则减轻为绞候。因为夫妻名分已定，有些常人间的罪名便不适用于未婚夫妻之间，如殴打甚至殴伤未婚妻，不能构成殴伤罪，即使与未婚妻通奸，也不按常人相奸罪来处罚，只按子孙违犯教令罪来处置。[③] 本夫捉奸杀死奸夫从轻的规定也适用于未婚夫妻之间。乾隆三十四年（1769），卢将未婚妻黄凝嫜与梁亚受通奸，卢将捉奸登时杀死梁亚受，广西地方法司以例内并无未婚之夫许其捉奸之文，将卢将照罪人不拒捕而擅杀律拟绞，上报刑部以后，刑部认为"聘定之夫竟同凡论，殊失平允"，改为杖一百，徒三年。并制定"通行"，要求各地在办理此类案件时务必遵照：

> 嗣后凡有一经聘定未婚之妻与人通奸，本夫闻知往捉，将奸夫杀死，审明奸情属实，除已离奸所，非登时杀死不拒捕奸夫者仍照例拟绞外，其登时杀死及登时逐至门外杀之者，俱照本夫杀死已就拘执之奸夫，引夜无故入人家，已就拘执而擅杀律拟徒例拟徒。其虽在奸所捉获，非登时而杀者，即照本夫杀死已就拘执之奸夫满徒例加一等，杖一百，流二千里。如奸夫逞凶拒捕，为本夫格杀，照应捕之人擒拿罪人格斗致死律勿论。如此办理，罪

---

① 参见郑秦、赵雄编《清代"服制"命案——刑科题本档案选编》"韩十五儿殴伤未成婚之妻王氏身死案"条，第262页。
② 参见《刑案汇览》卷四十《刑律·婚姻·妻妾殴夫》"向童养妻图奸抠破阴户身死"条，第1461页。
③ 参见《刑案汇览》卷七《户律·婚姻·男女婚姻》"奸未婚妻复因悔婚私约同逃"条、"过门童养未婚之妻与之行奸"条，第244、245页。

名既各有区别，引断亦更加详密。①

未婚夫妻与对方亲属之间发生相犯行为，也按亲属相犯来处罚。乾隆四年（1739），王云因未婚女婿高狗儿不务正业且屡教不改，起意谋死，王云按外亲缌麻尊长谋杀卑幼律拟绞候；乾隆二十年（1755），马文学强奸童养未婚之媳李女子，按奸子孙之妇拟斩决；乾隆四十四年（1779），李廷高因迎娶争执殴死未婚妻父但照远，李廷高依殴妻父母致死律拟斩候。②

但类似的案件，也有依照常人相犯来处置的。乾隆四十四年（1779），舒龙氏因未婚婿刘心发年幼貌丑，将刘心发谋勒致死，法司认为亲义已绝，依凡人相杀律拟斩候；③ 道光六年（1826），解法恐女方悔婚，殴死未婚妻之母汪高氏，也依常人相犯来处置。但这一次法司判决的理由并非亲义已绝一类，而是认为成婚与未成婚服制有别："女在室并已许嫁者，为父母服斩衰三年，出嫁则降服期年，于舅姑始服三年丧；则婿于妻之父母未成婚者，亦不得照已成婚而服缌麻。将解法依凡斗拟以绞候。"④ 这两例案件虽处罚上同凡人相犯，但理由是亲义已绝或成婚与未成婚服制有别，说明法司仍将案件的性质定性为亲属相犯，只是在处置上有所变通。

妻妾如果因夫亡而改嫁，按理来说，她与前夫家人的亲属关系即

---

① 《刑案汇览》卷二四《刑律·人命·杀死奸夫》"捉未婚妻奸及格杀拒捕奸夫"条，第855页。

② 以上三案分别参见郑秦、赵雄主编《清代"服制"命案——刑科题本档案选编》"王云谋死未婚之婿高狗儿案"条、"马文学强奸童养媳妇李女子案"条、"李廷高戳伤未婚妻父但照远身死案"条，第29、117、211页。

③ 参见郑秦、赵雄主编《清代"服制"命案——刑科题本档案选编》"舒龙氏谋勒未婚女婿刘心发身死案"条，第213~214页。

④ 《刑案汇览》卷四十《刑律·婚姻·妻妾殴夫》"殴死未婚妻之母"条，第1474页。

告结束。但有意思的是，包括清律在内的古代法律，却认为他们之间恩义未绝，仍视为亲属关系。故清律规定，夫亡改嫁妻妾，谋杀、殴打及骂詈故夫祖父母、父母，与谋杀、殴伤及骂詈见奉舅姑同罪；同理，故夫祖父母、父母谋杀或殴伤已故子孙改嫁妻妾，可依舅姑杀、伤子孙之妇律处罚。① 当然，夫亡改嫁妻妾与故夫家人的亲属关系只限于故夫的祖父母、父母等直系尊亲，与其他人的亲属关系随改嫁而即告终结。

清律中关于夫亡改嫁妻妾与故夫祖父母、父母相犯，列有三条专款，分别为"谋杀故夫父母"条、"妻妾殴故夫父母"条和"妻妾骂故夫父母"条。但实际生活中，此类行为极少发生，在《刑案汇览》《续增刑案汇览》《新增刑案汇览》《驳案汇编》《驳案续编》《刑部比照加减成案》《刑部比照加减成案续编》等著名的清代案例汇编中，也找不出一例适用上列条款的案例，说明这类条款只是具文而已。

妻若有子因夫亡改嫁，与子女的亲等关系下降为期亲，至于子女与外祖父母、舅舅等之间是否因母亲改嫁而降低亲等或视同凡人关系，则律无明文。嘉庆十七年（1812），直隶省发生一起谋杀嫁母之父母案，按律，谋、故杀外祖父母者，凌迟。② 地方法司就是否按律处置还是从轻处罚咨请中央，刑部批覆如下：

> 经本部核议，查子之于母属毛离里，罔极深恩，虽其母业已改嫁，义绝于夫而子无绝母之义，故服期年。设有干犯仍取问如律。至子干犯母之父母，律例内只亲母及继母等六项立有专条，

① 参见《大清律例》卷二六《刑律·人命》"谋杀故夫父母"条，卷二八《刑律·斗殴下》"妻妾殴故夫父母"条，卷二九《刑律·骂詈》"妻妾骂故夫父母"条，第426、467、472页。

② 参见《大清律例》卷二六《刑律·人命》"谋杀祖父母父母"条，第422页。

其嫁母之父母并未载有明文，惟亲母之父母一脉相承，恩义至重，若因母已改嫁而亲母之父母竟同陌路之人，有犯以凡人科断，诚与名义未协，第既已改嫁，又未便与未经改嫁者并论。查为人后者于本生母之父母、与亲母改嫁、于嫁母之父母同为母所自出之人，例内谋故殴杀本生母之父母，照卑幼犯本宗小功尊属律治罪。则谋故殴杀嫁母之父母，自应比照与生母之父母有犯例问拟。①

按此判决，若母亲改嫁，子女与外祖父母的亲等虽有所降低，亲属关系仍旧继续，并不因母亲改嫁而断绝。但从司法判例来看，子女与嫁母家人保持亲属关系，似乎只限于嫁母之父母，与其他人不再有亲属关系，至少他们之间发生相犯，以常人相犯论。嘉庆十八年（1813），张淳财殴伤嫁母之弟邹仕贤身死，地方法司并没有以外甥殴死母舅来判决，而是以凡人斗杀律拟绞监候。刑部的批覆也认可了这一判决："殴死嫁母之兄弟自未便仍与在堂者并论。况母已改嫁，其子即降服期年，而嫁母之兄弟服图内并未载及，其为无服可知，既无服制，有犯自应依凡人科断。"②

当然，"夫亡改嫁妻妾"与"前妻""卖休之妻"并不能视为同一个概念。"前妻"是被出或和离的妻妾，则恩义已绝，不适用此条文。乾隆四十五年（1780），贵州李德茂殴死前妻李氏，并没有按夫殴死妻来判，也没有因曾经存在的夫妻关系减等，而是依照常人斗杀律判绞候。③ 由此而论，被出妻妾与故夫祖父母、父母的相犯行为，也应按常人相犯来处置。所谓卖休，指用财卖休其妻，若用财买求其妻，则称

---

① 《刑案汇览》卷四二《刑律·斗殴·殴大功以下尊长》"谋杀嫁母之父殴杀嫁母之弟"条，第1530页。
② 《刑案汇览》卷二六《刑律·斗殴·殴大功以下尊长》"谋杀嫁母之父殴杀嫁母之弟"条，第1530~1531页。
③ 参见郑秦、赵雄主编《清代"服制"命案——刑科题本档案选编》"李德茂拾石掷伤原妻李氏身死案"条，第257~258页。

买休，这两类行为皆属于刑律制裁的犯罪行为，《大清律例》卷三三《刑律·犯奸》"纵容妻妾犯奸"条对与此罪有关的本夫、本妇、买休人、媒合人等，根据情况不同，做出不同处罚规定。买休之婚是不被承认的，理当离异。与卖休之妻发生相犯行为，也以凡论：

> 蒋李氏因被伊夫蒋如贵卖休退还后复屡次打骂，该氏怀恨起意，商同陈郭氏将蒋如贵毒毙，并误毒幼子蒋掌林身死。查蒋李氏系被蒋如贵卖休，恩义已绝，应同凡论。将蒋李氏依谋杀人造意律拟斩监候，陈郭氏听从加功谋杀蒋如贵身死，并将蒋如贵之子蒋掌林误毒致毙，系属一家二命，查因谋而误律以故杀论，谋故杀一家二命，下手从犯向仍照谋杀本律科断，陈郭氏应依谋杀人从而加功律拟绞监候。[①]

如果不知妻为前夫卖休，而以明媒正娶的方式缔结婚姻，则仍以夫妻论：

> 此案已死徐氏本系高生荣之妻，高生荣因家道艰难，商允将徐氏改嫁，适杜奇欲娶妻室，高生荣随捏称徐氏夫故无依，伊系徐氏夫兄高云，并串嘱媒人梁可武往向说合，杜奇信以为实，议定财礼钱十五千文，高生荣复捏高云之名写给婚帖。经杜奇将徐氏娶回，嗣徐氏复嫌杜奇家贫吵闹，杜奇将徐氏故杀身死。查杜奇娶徐氏为室，并不知系高生荣卖休之妻，即徐氏于过门后亦未将伊系有夫之妇向杜奇告知，是徐氏虽律应离异，惟杜奇实系明媒正娶，自应照例仍按服制科断。该省将杜奇依夫殴妻至死故杀

---

① 《刑案汇览》卷二八《刑律·人命·杀一家三人》"一谋一误一家二命加功之犯"条，第 1006~1007 页。

亦绞律拟绞监候，与例相符，应请照覆。①

买休之婚既然没有法律效力，买休之妻自然也不与丈夫的亲属产生亲属关系，如果与亲属的买休之妻发生相犯行为，当然也以凡论：

> 此案韩瑞芳因许氏系伊胞叔韩景春买休之妻，素性悍泼，常将伊母韩苏氏凌虐，韩苏氏因许氏寻事殴詈，气忿短见，自投水缸身死。伊父韩遇春亦因心怀忿恨，染患噎食病症身故。该犯因父母皆被许氏欺凌身故，蓄意复仇，乘间用刀将许氏杀死，赴县自首……今许氏系该犯胞叔买休之妻，例同凡论，该犯谋杀人命，无因可免，自应仍照谋杀本例问拟。②

妾是否属于亲属，这是一个较为复杂的问题。从礼制上讲，妾并非配偶，她是买来的，不行婚姻之礼，不能称之为婚姻，③ 故不能因婚姻而自然获得亲属的身份。妾以夫为君、为家长，她与家长的亲属不发生亲属关系，她自己的家人与家长的家人之间也不发生亲戚关系。④ 即使妻亡，按照礼制的规定，也不得将妾升格为妻，而是需另行娶妻。在法律层面上，妾的地位仍然很低，如《唐律疏议》中说"妾通卖买，（与妻）等数相悬"，故严禁以妻为妾或以妾为妻，违者徒二年或一年半。⑤ 但唐代《户令》规定"娶妾仍立婚契"，⑥ 各朝

---

① 《刑案汇览》卷四十《刑律·斗殴·妻妾殴夫》"故杀明媒正娶不知卖休之妻"条，第1451页。
② 《刑案汇览》卷四五《刑律·斗殴·父祖被殴》"母被凌逼自尽子杀仇人自首"条，第1660~1661页。
③ 婚姻，按照古人的理解，是"合二姓之好，上以事宗庙，下以继后世"（《礼记·昏义》）。妾的作用只体现在继后世，而在"事宗庙"上，妾则被排除在外。
④ 参见瞿同祖《中国法律与中国社会》，第133~134页。
⑤ 《唐律疏议》卷十三《户婚》"以妻为妾"条，第256页。
⑥ 《唐律疏议》卷十四《户婚》"同姓为婚"条疏议引《户令》，第262页。

同姓不婚的禁忌也包括娶同姓者为妾，① 这说明法律已承认纳妾属于婚姻。

唐律中所谓严禁以妾为妻的规定，前提大约是妻子在世；若妻亡，将妾升格为妻，大概是可以的，至少法律是不制裁的。② 至明清两代，法律明确规定只制裁妻在而以妾为妻者，③ 妻亡则不在其限，妾在妻亡后升格为妻，是一件自然而然的事情，明清时广泛使用的一个词语——扶正，就是这一现象的反映。清代许多家族已允许有子的妾入家族祠堂，有些家族甚至允许无子的妾也入家族祠堂。④ 更重要的是，在清代法条中，妾与家长及家长亲属之间发生相犯行为，处罚也不同于常人相犯。清律条文中有"妻妾殴夫""妻妾与夫亲属相殴""妻妾殴故夫父母""妻妾骂夫期亲尊长""妻妾骂故夫父母""纵容妻妾犯奸"等专条，便是明证。故无论从法律规定还是从生活实际看，妾都应该被列入亲属之列。但妾的家人与夫及夫之家人之间不发生亲戚关系，他们之间若有相犯行为，只能依照常人相犯来处置。

综上，亲属相犯中的所谓亲属，范围包括本宗所有有服及无服亲属、外姻有服亲属及服制图特别标明的无服亲，拟制血亲也在其内。他们之间发生侵犯行为，处罚皆不同于常人相犯。

---

① 参见《唐律疏议》卷十四《户婚》"同姓为婚"条（第262页）、《宋刑统》卷十四《户婚》"同姓及外姻有服共为婚姻"条（第246页）、《大明律》卷六《户律·婚姻》"同姓为婚"条（第62页）、《大清律例》卷十《户律·婚姻》"同姓为婚"条（第208页）。

② 唐代有不少妻亡将妾升格为妻的事例，如许敬宗、李齐运、杜佑，他们只是受到社会舆论的谴责，并未遭受法律制裁。参见《旧唐书》卷八二《许敬宗传》（中华书局，1975，第2764页）、《新唐书》卷一六七《李齐运传》（中华书局，1975，第5111页）、《旧唐书》卷一四七《杜佑传》（第3983页）。

③ 《大明律》卷六《户律·婚姻》"妻妾失序"条（第60页）、《大清律例》卷十《户律·婚姻》"妻妾失序"条："凡以妻为妾者，杖一百；妻在，以妾为妻者，杖九十，并改正"（第206页）。

④ 参见费成康主编《中国的家法族规》，上海社会科学院出版社，1998，第72页。

第二章　杀　伤

一　尊长杀伤卑幼

清代法律中，对于暴力行为是严格禁止的。按《大清律例》的规定，凡骂人者即被处以笞十的惩罚；① 殴打者，不成伤，也要笞二十，成伤，则根据伤情，分别给予笞四十至杖一百、流三千里的处罚；② 斗殴致死人者，绞，谋杀人则斩。③

对于亲属间的暴力行为，若是卑幼对尊长，还要加重处罚。如子孙骂詈父母、祖父母，妻妾骂夫及夫之父母、祖父母，并绞；④ 骂缌麻尊长，笞五十；小功尊长，笞六十；大功尊长，笞七十；期亲尊长，杖一百。⑤ 至于骂以上的行为，则更不能容忍，殴打尊长，不成伤，若为缌麻兄姊，杖一百；小功兄姊，杖六十，徒一年；大功兄姊，杖七十，徒一年半；尊属，再加一等。⑥ 殴期亲兄姊，不成伤，杖九十，徒二年半，尊属，再加一等。⑦ 子孙殴父母、祖父母，妻妾

---

① 参见《大清律例》卷二九《刑律·骂詈》"骂人"条，第469页。
② 参见《大清律例》卷二七《刑律·斗殴上》"斗殴"条，第443~444页。
③ 参见《大清律例》卷二六《刑律·人命》"斗殴及故杀人"条，第430页。
④ 参见《大清律例》卷二九《刑律·骂詈》"骂祖父母父母"条，第471页。
⑤ 参见《大清律例》卷二九《刑律·骂詈》"骂尊长"条，第471页。
⑥ 参见《大清律例》卷二八《刑律·斗殴下》"殴大功以下尊长"条，第461~462页。
⑦ 参见《大清律例》卷二八《刑律·斗殴下》"殴期亲尊长"条，第462页。

殴夫之父母、祖父母，并斩。① 如卑幼谋杀尊长或殴打成伤，处罚更重，直至戮尸、凌迟等酷刑，法律根据亲等关系规定得非常细致，不再逐一列举。

立法上的客观具体主义，实质上是要建立对于司法权的严格监控和对司法擅断的严密防范制度，以否定司法官的自由裁量来防止律例解释的随意性。另外，行政法律又会对于司法官员行使审判权力设定繁复的、绝对确定的法律责任，这种对于执法者的不信任态度，实际上反映了皇帝对于立法权和司法权的高度垄断。②

但清代法律对于暴力行为的严格禁止，仅仅是限于常人之间或卑幼对于尊长，对于尊长的暴力行为，法律采取的却是纵容态度，处罚极轻或不处罚。按律条的规定，直系尊长殴伤子孙，哪怕是废疾（折一肢、瞎一目之类）、笃疾（折二肢、瞎双目之类），皆不治罪；若是子孙违犯教令，父母依法责罚，邂逅致死，过失杀者，也无罪。

除去本宗直系尊亲，外祖父母殴外孙、期亲尊长殴卑幼、祖父母父母殴子孙之妇及收养子孙至笃疾以下，大功、小功、缌麻尊长殴卑幼折伤以下，夫殴妻折伤以下，俱免坐。③ 如果卑幼有罪，尊长扑责的权力还会进一步扩大。按清律的规定，期亲尊长或外祖父母殴有罪卑幼至笃疾者，可以免责；④ 丈夫殴有罪妻妾，只要不死，都可以免

---

① 参见《大清律例》卷二八《刑律·斗殴下》"殴祖父母父母"条，第 463 页。
② 顾元:《服制命案、干分嫁娶与清代衡平司法》，法律出版社，2018，第 171 页。
③ 以上关于尊长侵犯卑幼是否构成刑事责任的规定，参见《大清律例》卷二八《刑律·斗殴下》"妻妾殴夫""殴大功以下尊长""殴期亲尊长""殴祖父母父母"条，第 460~465 页。
④ 参见《大清律纂修条例（乾隆十一年）·刑律》"殴期亲尊长"条续纂条例，收入刘海年、杨一凡总主编《中国珍稀法律典籍集成》丙编第一册，第 773 页。尊长殴杀有罪卑幼，虽不能免责，但可减刑。按规定，五服以内尊长处死有罪卑幼，皆可以减轻处罚，五服以外的尊长若处死有罪卑幼，按律文应同凡论，不得减免，但在司法实践中有减免之例。参见《刑案汇览》卷四三《刑律·斗殴·殴期亲尊长》"无服族长活埋忤逆应死族妇"条案例及引例，第 1595~1596 页。

责，即使殴死，也只是杖一百。①

直系尊长只有非理殴杀子孙——因子孙违犯教令而用残忍的方式（活埋、使用兵刃等）将子孙杀死，或故杀子孙——无违犯教令之罪而杀才处罚。②

而故杀罪在司法实践中是难以成立的，因为父母总可以以"违犯教令"作为致死的理由。一旦有违犯教令之举，就是父母有心故意致死，也不能以故杀论。③ 道光十年（1830）刑部的"说帖"云："子孙违犯教令，祖父母父母不依法决罚而横加殴打，非理殴杀者杖一百。故杀者杖六十，徒一年。注云：'无违犯教令之罪为故杀'等语。详绎律内横加殴打非理殴杀等字，已兼有心致死而言。因其子孙违犯教令而杀杖一百，故杀条下注明：无违犯教令之罪为故杀。可见违犯教令之子孙，即祖父母父母有心致死，亦不能科以故杀拟徒之罪。盖祖父子孙伦纪至重，非比凡人以有心无心致死为殴故之分，律意详明，不容牵混。"④

所以，《刑案汇览》中没有父祖故杀子孙的案例。故杀罪只成立于"三父八母"中非亲生父母群体及翁媳、婆媳之间。乾隆五十四年（1789），罗范氏因承继之子三娃与养媳引姑在外顽吵，被长夫罗网林训斥未加管教，罗范氏气忿赴河投水，三娃、引姑拉住啼哭，罗范氏即迁怒三娃、引姑，一并拴缚拉踢落河溺毙。法司认为"（罗范氏）逞凶故杀幼孩二命，情殊残忍……今该督比照继母故杀前妻之

---

① 《大清律例》卷二六《刑律·人命》"夫殴死有罪妻妾"条，第435页。
② 参见《大清律例》卷二八《刑律·斗殴下》"殴祖父母父母"条，第463~464页。
③ 瞿同祖：《中国法律与中国社会》，第8页。
④ 《刑案汇览》卷四四《刑律·斗殴·殴祖父母父母》"殴故杀子以有无违犯分杖徒"条，第1601页。

子其夫现在并无子嗣例拟绞监候，系属从重办理，似难改驳"①。

此案中的罗范氏若是亲生父母，可能法司不会以故杀罪来判处。因为三娃、引姑毕竟有"顽吵""拉住啼哭"等行为，完全可以以不听教令来解释，最多以非理殴杀来处置，罪不至死。法司为亲生父母开脱罪责的例子并不少见。

如陈十子杀子案中，陈十子令子陈存根同往地内劳作，陈存根托故不往，等到陈十子训骂，陈存根无奈同往，到田地后仍不工作，怒形于色。陈十子嚷骂，陈存根哭泣不止，陈十子忿极顿起杀机，用带将其勒毙。但法司认为：

> 虽系有心致死，惟陈存根不听教令，实属违犯，未便科陈十子以故杀之条。该抚因陈十子系有心勒毙伊子，照故杀子律拟徒，殊属错误，应即更正。陈十子应改依子违犯教令，而父非理殴杀者杖一百律，拟杖一百。②

陈十子一案，地方法司按"故杀子律拟徒"，但因为属于亲生父母，中央法司却为其开脱减罪。陈存根的"托故不往""哭泣不止"都是违犯教令的表现，所以陈十子就不是故杀。而罗范氏一案，因非亲生父母，三娃、引姑的"顽吵""拉住啼哭"，就不是不听教令了，罗范氏属于故杀。因此，我们有理由认为，直系尊长杀伤卑幼，能否成立故杀罪，取决于尊长的身份。

有意思的是，在清代的刑事裁判中，如果亲生母亲杀子发生在其改嫁或被夫所休后，也能成立故杀罪：

---

① 《刑案汇览》卷四四《刑律·斗殴·殴祖父母父母》"嗣母故杀子媳二命致夫绝嗣"条，第1603页。
② 《刑案汇览》卷四四《刑律·斗殴·殴祖父母父母》"殴故杀子以有无违犯分杖徒"条，第1601～1602页。

河南司：查律载故杀子者杖六十，徒一年。嫡、继、慈、养母杀者加一等。辑注云：亲母被父出及父死改嫁者，虽义绝于父，而所出之恩，子不得而绝也，仍同母论。若嫡、继母被出改嫁，则义绝于父，无复母道矣，而慈、养母被出改嫁，则又不同，以其有抚育之恩也。律无正文，俱宜临时酌议各等语。今该司审办王韩氏故杀前夫之子喜儿一稿，该氏虽经改嫁，而已死喜儿究系该氏亲生，与嫡、继、慈、养母律应加等者不同，该司议将王韩氏仍照亲母故杀子律定拟杖徒，职等详加参核，正与辑注仍同母论之义吻合，似应照办，仍候钧定。乾隆五十五年说帖。①

此案是以"亲母故杀子律"来处罚的。"说帖"中对于是否属于"故杀"缺乏具体介绍，多半是在强调、区别母亲的身份。可见，是否有"故杀"的意图、举动并不重要，重要的是母亲的身份。

但若母亲因奸杀子，可以成立故杀罪。乾隆三十九年（1774），河南省发生一例因奸故杀子的案件，王李氏为通奸方便，听从奸夫之意勒死己子王益隆。按律，父母故杀子，为杖六十、徒一年，但在此案中，地方法司拟以绞监候，明显重于法定刑。之所以如此，是因为当时的河南巡抚何煟认为以父母故杀子例判处太轻，于是将王李氏依"平（常）人谋杀加功律"拟以绞监候上报刑部。刑部以"母子为天性之亲，若因子死之故而令其母缳首抵偿，似于情理未安，奏请将王李氏改发伊犁为奴"②。由此定例：

---

① 《刑案汇览》卷四四《刑律·斗殴·殴祖父母父母》"已嫁之母故杀亲生子"条，第1602页。

② （清）吴坤修等编撰《大清律例根原》卷八八《刑律·斗殴下》"殴祖父母父母"条所附条例，上海辞书出版社，2012，第1412页。

因奸将子女致死灭口者，无论是否起意，如系亲母，拟绞监候，不论现在有无子嗣，入于缓决，永远监禁。若系嫡母，拟绞监候。继母、嗣母，拟斩监候。查明其夫只此一子，致令绝嗣者，俱入于秋审情实。若未致绝嗣者，入于缓决，永远监禁。至姑因奸将媳致死灭口者，如系亲姑嫡姑，拟绞监候。若系继姑，拟斩监候，均入于缓决，永远监禁。奸夫仍各分别造意、加功，照律治罪。①

如果细心观察，上列条例的主体是亲母、嫡母、继母、嗣母之类，不包括父亲。这或许意味着，父亲对子女，不能成立故杀罪。

至于非理殴杀，由于"邂逅致死"可以作为致死的借口，也是一个不易成立的罪名。父母非理殴杀不听教令之子，司法实践中多不治罪：

孔梆子与王氏通奸拒捕，刃伤氏父王希贤，并王希贤登时奸所勒死王氏一案。查例载：本夫登时奸所获奸，将奸妇杀死，奸夫当时脱逃，后被拿获到官，审明奸情是实，奸夫供认不讳，将奸夫拟绞监候。又本夫之父母如有捉奸杀死奸夫者，其应拟罪名悉与本夫同科。若止杀奸妇者，不必科以罪名。②

王起之长子王潮栋因恨弟王潮相不肯借钱，持刀赶砍，王起闻知将王潮栋拉回，缚其两手向其斥骂。王潮栋回骂，王起气忿莫遏，将王潮栋活埋身死。虽系故杀，惟王潮栋系詈骂伊父，罪

---

① （清）吴坤修等编撰《大清律例根原》卷八八《刑律·斗殴下》"殴祖父母父母"条，第1416页。
② 《刑案汇览》卷二六《刑律·人命·杀死奸夫》"捉奸杀死奸妇奸夫刃伤氏父"条，第935页。

犯应死之人与故杀并未违犯教令之子不同，亦与非理殴杀违犯教令之子有间。该将军将王起照律拟杖，殊未平允，应改予勿论，以符律意。①

若死系淫乱子女，则其罪重于违犯教令，其被父母殴毙，自不得谓之非理……孔传礼因女孔氏与周广通奸，乘间同逃，经伊子孔继昌找获，因丑隐忍。嗣孔氏因夫家贫苦逃出，央人找主改嫁，孔传礼闻知，因孔氏玷辱祖宗，气忿逼令伊子孔继昌将孔氏砍毙……孔传礼因女淫荡玷辱祖宗，忿激起意逼令伊子将女杀死，与父母非理殴杀子女者不同，该省将孔传礼依尊长因玷辱祖宗忿激致毙卑幼例减等拟杖，系属错误，应即更正。②

以上三例都属于父母以致死而非管教的目的对待违犯教令的子女，属于典型的非理殴杀。但法司认为子女违犯教令的程度太重，已经达到了死罪的程度，"其被父母殴毙，自不得谓之非理"，"不必科以罪名"，故皆判免责。但协助直系尊长非理殴杀子孙的卑幼就没有这么幸运了：

今直隶司核题韩张氏等活埋韩添太案内韩添勇一犯，该督声称该犯听从母命帮拉伊兄胳膊，止知捆缚送官，初不知活埋情事，迨一同拉至坟旁，伊母将韩添太推入坑内，韩添烈用土掩埋，该犯并无帮埋情事，即果案情属实，该犯虽未预谋，其帮拉胳膊，究属在场下手之人，即不照故杀期亲尊长预殴卑幼不分首

① 《刑案汇览》卷四四《刑律·斗殴·殴祖父母父母》"父令子活埋詈骂父母之长子"条，第1599页。
② 《刑案汇览》卷四四《刑律·斗殴·殴祖父母父母》"父令长子杀死犯奸被拐之女"条，第1600页。

从凌迟例问拟，而伊兄韩添太究已身死，自不得仅科殴罪。该督将韩添勇照殴死胞兄律定拟斩决，声请夹签，似属酌量办理。且伊母既令长子韩添烈预先挖坑，又令叫回韩添勇帮同拉缚，其所称嘱令捏称送官，勿告知活埋情由之语已难凭信，而韩添勇帮同拉缚，一同拉至坟旁，若谓不知活埋，岂有拉向坟旁送官之理？此不过事后捏供希图轻减，韩添勇罪名似难遽以从轻。①

胡达系胡明胞弟，伊母李氏因胡明屡次为匪，复被推跌，意欲殴打出气，冀其改悔，令该犯相帮揿按，胡明出言混骂，李氏忿极顺取菜刀将胡明叠砍致毙。是已死胡明平日屡次为匪，虽推跌其母，罪犯应死，并无淫恶蔑伦情事，正与例载殴毙罪犯应死兄姊仍照殴死尊长情轻夹签之语符合，该抚牵引王仲贵之案随本声请减流，殊属错误，自应驳令拟斩，夹签声请。②

以上二例，皆为父母非理殴杀不听教令之子，父母皆免罪。而被迫或不知情而进行协助的卑幼却全部获罪，而且是严惩不贷。禁止卑幼对尊长的暴力行为和纵容尊长对卑幼的暴力行为，成为法律、司法一体之两面。

清代中央法司，对于尊长暴力行为的纵容，尤甚于地方法司。如前引王起活埋不听教令之子王潮栋、孔传礼砍死犯奸之女两案，地方官原判有罪，但到了中央刑部，却改判无罪。其中王起活埋子王潮栋一案中，刑部在"说帖"中专门解释了改判无罪的法理依据："子孙违犯教令而父母非理殴杀者杖一百，故杀者（无违犯教令之罪为故

---

① 《刑案汇览》卷四二《刑律·斗殴·殴期亲尊长》"捆缚胞兄并不知母欲行谋杀"条，第1553~1554页。
② 《刑案汇览》卷四二《刑律·斗殴·殴期亲尊长》"帮按胞兄并不知母临时故杀"条，第1554页。

杀），杖六十，徒一年。其子孙殴骂祖父母父母而（父母因其有罪）殴杀之勿论等语。笺释谓：'殴骂祖父母父母，子孙先有应死之罪，故勿论。'至父故杀子，虽律应拟徒，而注内专以无违犯教令之罪为故杀。则凡有违犯教令之罪者，虽故杀亦止应照非理殴杀律科以满杖，若殴死詈骂父母之子，自未便照违犯教令之子转为加重。此案……虽系故杀，惟王潮栋系詈骂伊父，罪犯应死之人与故杀并未违犯教令之子不同，亦与非理殴杀违犯教令之子有间。"① 按此，父母杀死有罪子女，等于代官府处罚，是可以免责的。

当然，在《刑案汇览》中，也有父母非理殴杀不听教令之子而获罪的案例：

> 胡进三因子胡奎违犯教令，纠约何二将胡奎殴伤身死。胡进三应依子孙违犯教令父母非理殴杀律，拟杖一百。何二用铁手套帮殴有伤，应以凶器论。第死系违犯教令罪人，该犯经其父纠令帮殴，与凶徒执持凶器伤人者有别，将何二于凶器伤人军罪上量减一等，拟以满徒。②

> 王景周与俞妮各抱幼孩玩耍，王景周将俞妮哄至牛房，许给钱文欲成为夫妇。一闻有人咳嗽，各抱幼女走出，旋因王景周甥女与俞妮幼妹各相打哭，王景周与俞妮角口，将俞妮殴打哭骂而回，诉知伊母李氏，寻见王景周吵骂，经王景周之母劝回。越四日，俞妮之父何进礼回家，李氏述知前情，何进礼气忿，于次日将俞妮勒毙……何进礼闻知女被诱奸，因而勒死，虽与寻常故杀

---

① 参见《刑案汇览》卷四四《刑律·斗殴·殴祖父母父母》"父令子活埋詈骂父母之长子"条，第1599页。

② 《刑案汇览》卷四四《刑律·斗殴·殴祖父母父母》"因子违犯纠同外人将子殴死"条，第1604～1605页。

子孙不同，但幼女无知被诱，并未成奸，且经实告父母，何进礼
并不原情，辄行勒毙，情殊残忍，何进礼应照子孙违犯教令父母
非理殴杀律，杖一百。①

对比父祖杀死子孙受到制裁和未受制裁的事例，我们发现法官在
决定父祖是否受罚时，是依照伦理及子孙违犯教令的程度综合判定
的。如：受到制裁的杀年幼无知子孙（何进礼），杀违犯教令的程度
极为轻微之子（陈十子），或纠同外人杀子（胡进三）。

而父祖未受制裁的三例中，都是严重违犯教令、已犯死罪之子
孙，如詈骂父母、犯奸等。由此或不妨认为，法律和法司实际上授权
父祖可以处死犯有死罪的子孙，对于违犯教令的子孙，父祖实际上也
可以责罚致死，只是不能用活埋、刃杀等残忍的方式杀死子孙。

父祖对不听教令的子孙的惩罚，既可以自己行使，也可以请官府
代为惩治。父母可以以违犯教令或不孝的罪名，控告子孙。官府对于
被父母控告的子孙，处置一般是听父母的意见，或者是加重处罚。②
子孙的一些小过失，由于父母的控告，往往带来极重的惩罚，清代的
《刑案汇览》中有不少因小过而被父母控告的事例，如懒惰、酗酒、
赌博、私擅用财等。这些罪过，若按律文处置，最多至杖刑，但因其
为父母所控，皆判发遣。当然，对于不听教令的子孙，到底是杖还是
发遣，这取决于父母的意旨，官府会完全遵照父母的要求来行事。下
例中的朱汪氏先是要求官府发遣不听教令之子朱志洪，复又后悔，恳
请免于发遣，官府完全照办：

朱汪氏呈送伊子朱志洪发遣，追悔恳请免遣一案。查律载：

---

① 《刑案汇览》卷五二《刑律·犯奸·犯奸》"诱奸幼女未成致女被父杀死"条，第
  1936 页。
② 瞿同祖：《中国法律与中国社会》，第 11 页。

子孙违犯教令者杖一百。又例载：祖父母、父母呈首子孙恳求发遣者，将被呈之子孙实发烟瘴充军各等语，是子孙一有触犯，经祖父母、父母呈送者，如恳求发遣，即应照实发之例拟军，如不欲发遣，止应照违犯之律拟杖。此案朱志洪平日懒惰游荡，不听伊母教训，经伊母呈请发遣咨部核覆在案。今据该抚咨称，朱汪氏因孀守多年，别无子嗣倚靠，朱志洪向无触犯情事，追悔前情，求免发遣，本部检查朱志洪原案，仅止违犯教令，尚无忤逆重情，既据伊母朱汪氏呈请免其发遣，自应照律科以违犯之罪。该抚将朱志洪比照军犯告称父母老疾应侍家无以次成丁例，拟以枷杖，殊未允协，朱志洪应改依子孙违犯教令律，拟杖一百，给与伊母朱汪氏领回管束。[①]

综上所述，古代法律虽然对父母杀子的权力有所限制，但法律给予了父祖对子孙的绝对人身支配权，对于违背父母意旨的子孙，父母不仅可以责打、惩罚，也可以交给官府代为处置。[②] 在责罚的过程中，致死子孙，可以不论；故杀有罪的子孙，法律也会网开一面。父权对于子孙来说，是绝对的，永远不能违抗。

直系尊长之下，期亲尊长最尊，他们殴伤卑幼，无论笃疾、废疾，皆勿论，过失杀死，也无罪；只有擅杀和故杀才有罪。[③] 若是故杀有罪卑幼，期亲尊长一般可以减罪：

张玉恭因胞弟张玉明屡次行窃邻村鸡鸭，人所共知，该犯向其村斥，不服顶撞，该犯因其为匪行窃玷辱祖宗，起意致死，诱

---

① 《刑案汇览》卷四九《刑律·诉讼·子孙违犯教令》"送子发遣尚未起解复请免遣"条，第1836页。
② 瞿同祖：《中国法律与中国社会》，第10页。
③ 参见《大清律例》卷二八《刑律·斗殴下》"殴期亲尊长"条，第462页。

至村外用石砸伤毙命。死系行窃卑幼，例准减等科断。惟殴死胞弟例应拟流，该抚依殴杀胞弟拟徒律于满徒上减一等问拟，系属误会，应改依殴期亲弟死者照本律加一等拟流例，仍按致毙为匪卑幼减殴杀罪一等，减为杖一百，徒三年。①

若卑幼犯死罪，故杀之期亲尊长减罪的幅度更大：

> 案缪慕勋系缪云孙期亲服叔，缪慎保系缪云孙缌麻服侄，缪谅孙系缪云孙缌麻服弟。缪云孙因母老缪邵氏不欲食饼，向其吵闹，缪云孙辄用绳将母老缪邵氏勒死。缪慕勋因缪云孙凶逆，忿激起意处死，令妻缪李氏并缪慎保、缪谅孙帮按手脚，亦将缪云孙勒毙。该抚以缪云孙罪犯凌迟，缪慕勋等将其勒毙，例无专条，咨部示覆等因。查期亲尊长杀死罪犯应死卑幼拟杖一条，例内浑言应死卑幼，所包者广，即凌迟、斩、绞同一，应死逆伦为匪同一。犯法不得于死罪之内复为区分。是缪慕勋杀死罪犯凌迟之胞侄，自应按例拟杖。②

期亲以下，分别为大功、小功、缌麻尊长，因关系已较疏远，他们杀死卑幼，无论故杀、擅杀还是过失杀，都不能免责；殴伤卑幼，非折伤，勿论，折伤以上才治罪，但可以分别减常人殴伤一至三等。③ 在《刑案汇览》"殴大功以下尊长"类下所载的案例中，尊长因殴伤卑幼而治罪的，仅有一例：道光二年（1822），谭三因与小功

---

① 《刑案汇览》卷四三《刑律·斗殴·殴期亲尊长》"故杀为匪卑幼应照例文减罪"条，第 1591 页。
② 《刑案汇览》卷四三《刑律·斗殴·殴期亲尊长》"谋杀逆伦卑幼从犯亦属卑幼"条，第 1594 页。
③ 参见《大清律例》卷二八《刑律·斗殴下》"殴大功以下尊长"条，第 461～462 页。

堂兄谭维翰争殴，为报复起见，将谭维翰子、侄谭凤仪等三人诱出殴打，用刀砍伤三人，"谭三依殴卑幼至折伤以上缌麻减凡人一等律，于刃伤人杖八十、徒二年上减一等；系刃伤三人，酌加一等，仍杖八十、徒二年"①。谭三之所以被判罪，是因为行为恶劣、手段残忍，一次砍伤三人。我们有理由相信，尊长殴卑幼至折伤以上的事例并不罕见，而制裁者仅此一例，反映出法律对于此类行为的纵容。

二 丈夫杀伤妻妾

夫妻之间的关系也是比照尊卑伦理构建起来的。所以，法律规定，夫殴妻妾，非折伤，勿论，过失致死者，也勿论；折伤以上减常人殴伤二等，无故殴死妻，为绞监候。② 丈夫殴骂妻妾致其自缢，若无伤痕，勿议；若殴有重伤缢死者，杖八十。③ 比起妻妾殴夫的处罚，已轻了许多。但在司法实践中，有时法官会想方设法为无故殴死妻者减罪减罚：

> 刘正鼎因杨芳会诬指伊妻王氏与刘德祥通奸，戳死王氏……刘正鼎之杀死伊妻实因误信奸情，激于义忿，而王氏之死，究因杨芳会污蔑所致。既已罪坐所由，科杨芳会以污蔑致死之罪，又将忿激杀妻之刘正鼎与寻常故杀妻者一律问拟绞候，不惟情轻法重，且一命两抵，殊与律义未符。惟例内并无作何轻减专条，而王氏究未犯奸，又不便将刘正鼎竟照闻奸杀死奸妇例拟徒，详查

---

① 《刑案汇览》卷四一《刑律·斗殴·殴大功以下尊长》"刃伤缌麻卑幼三人酌加一等"条，第 1507~1508 页。
② 参见《大清律例》卷二八《刑律·斗殴下》"妻妾殴夫"条，第 460 页。
③ 参见《大清律例》卷二六《刑律·人命》"夫殴死有罪妻妾"条所附条例，第 435 页。

各司并无办过此等成案。职等悉心参酌，刘正鼎一犯似应于故杀妻绞罪上量减一等拟以满流，庶不致一命两抵，而情法亦较平允。奉谕衡情定罪，拟以满流尚觉过重，令查徒罪例援引酌定等因遵复，详加参核，王氏虽并未犯奸，而刘正鼎之杀妻实因听信诬奸所致，例内惟本夫闻奸数日杀死奸妇拟徒一条似可援引比附，但王氏之死由于杨芳会诬捏奸情，今将本夫刘正鼎照杀奸例定拟，是又加该氏以奸妇之名，于义似有未协，职等悉心商酌，应将刘正鼎于杀妻绞罪上量减拟流，仍援赦累减拟以满徒。①

刘正鼎听信杨芳会污蔑谣言，杀死无辜之妻，按律应处绞候，本无从轻之情。但从上引刑部的"说帖"中可以看出，法官从一开始就对刘正鼎抱有同情之心，想尽办法为之减罪，实在从法条、成案中找不到依据时，经过"悉心商酌"，竟然以"一命两抵，殊与律义未符"为由，将刘正鼎之罪从绞候减至徒刑。法司所谓"一命两抵"，是指造谣者杨芳会已经被判绞候，刘正鼎按律再判绞候，就属"一命两抵"。且不说法司减罪理由之荒唐，退一步而言，就算是"一命两抵，殊与律义未符"，减罪的应该是造谣者杨芳会而非杀人者刘正鼎。法司给刘正鼎减刑，其中的法律逻辑是丈夫对妻子拥有生杀大权。

如果杀死有罪妻妾，则更要从宽处理。清律规定，妻妾殴骂夫之祖父母、父母，夫不告官而擅杀，仅仅处以杖一百的处罚。② 这一规定过于危险，因为殴骂祖父母、父母往往难以查实，完全可以作为借口，近似于授予丈夫杀妻的权力。所以，清律对此又作出了限制，夫杀死殴骂夫之祖父母、父母的妻妾杖一百仅限于祖父母、父母亲告。换言之，祖父母、父母需到官府先证实妻妾有殴骂行为，在此前提

---

① 《刑案汇览》卷四十《刑律·斗殴·妻妾殴夫》"误信奸徒捏奸杀死无辜之妻"条，第1463页。
② 参见《大清律例》卷二六《刑律·人命》"夫殴死有罪妻妾"条，第435页。

下，夫杀死妻，才杖一百；若未亲告，则以故杀妻处绞候。

但乾隆四十六年（1781），王瑞因妻詈骂其母并推跌倒地，其母并未亲告，但因有邻人王智目击作证，与亲告无异，故判王瑞"于擅杀杖一百罪上加一等，杖六十、徒一年"①。至嘉庆年间，满仓因妻牛氏"在伊母跟前不时顶撞泼骂，仍出外各处游荡，该犯告知伊母并同伊妻母唤令回归，牛氏仍向伊母子混骂，该犯即将牛氏殴伤，并扔弃冰窖，水淹殒命"。满仓之母虽未亲告，但有骂詈确证，原审法官引王瑞案邻人作证与亲告无异之例，判处满仓杖一百。上报刑部后，刑部认为所引成案与律义不符：

> 详绎律义，诚以子妇之于翁姑与父母等，其有不孝殴詈，则罪犯应死，是以其夫忿激致毙，止惩其擅杀之罪，予以满杖。惟是伦纪綦严，人命至重，如使伊妻并无殴詈干犯重情，其夫因别故将妻殴毙，父母溺爱其子，恐其拟抵，于到案之后代为捏饰，以图脱子罪，亦不可不预杜其渐。是以律注云："亲告乃坐"，正以明事前未经呈告，迨伊妻被杀之后，始经供有詈骂翁姑情事，伊父母随同供证者不得概行引用，即使案情确实，亦须俟秋审时核办。其是殴是故分别减等发落，若詈骂毫无证据，虽审无起衅别情，仍应照例入缓，向来办理章程较若列眉，不容淆混。②

诚如刑部"说帖"所言，若采取有人作证即与亲告无异的做法，必然会出现"父母溺爱其子，恐其拟抵，于到案之后代为捏饰，以

---

① 《刑案汇览》卷三三《刑律·人命·夫殴死有罪妻妾》"妻詈骂姑供证虽确但未亲告"条，第1199页。
② 《刑案汇览》卷三三《刑律·人命·夫殴死有罪妻妾》"妻詈骂姑供证虽确但未亲告"条，第1199页。

·36·

图脱子罪"的情形，故规定"妻被杀之后，始经供有詈骂翁姑情事，伊父母随同供证者不得概行引用，即使案情确实，亦须俟秋审时核办"。因此，只要祖父母、父母未亲告，即使证据确凿，也拟绞候，但秋审一般会减等，"例载秋审可矜人犯内如子妇不孝詈殴翁姑，其夫忿激致毙，案情既确，照免死减等例再减一等发落"①。免死减等为流，再减一等为徒，也就是说，夫擅杀詈骂祖父母、父母之妻妾，最多判徒刑，其纵容尊长暴力的倾向仍十分明显。

夫杀死犯奸妻妾，若在奸所获奸，登时与奸夫一并杀死，因通奸事实清楚，证据确凿，且杀死通奸之人出于义愤，故勿论；奸所获奸，登时将奸妇杀死，奸夫当时脱逃，后被拿获，审明奸情属实，本夫拟杖八十。②道光四年（1824），"徐阿二与刘杨氏通奸，被本夫刘玉茂在奸所撞获，挣脱跑逃，刘玉茂追拿不获，回家将刘杨氏殴打，欲俟寻获徐阿二一并送究。刘杨氏畏责，逃赴徐阿二家躲避，刘玉茂赶入，将刘杨氏殴死"。这属于奸所获奸而非登时杀死犯奸之妻，如何处置，律条无明文，原判法司比照非奸所获奸或闻奸数日杀死奸妇而确有实据例，拟杖一百、徒三年。上报刑部后，刑部认为不妥，"奸所获奸，非登时杀死奸妇，本夫之罪自宜较非奸所获奸或闻奸数日杀死者为轻"，改判刘玉茂杖一百。③可见，只要本夫在奸所获奸，登时或非登时杀死通奸之妻，处罚皆很轻，最多杖一百。实际上赋予了丈夫杀死通奸妻子的权力。

按法律规定，夫殴妻，折伤以上是要处罚的，但在《刑案汇览》"夫殴死有罪妻妾""妻妾殴夫"类下所载的案例中，找不出一例单

---

① 《刑案汇览》卷三三《刑律·人命·夫殴死有罪妻妾》"妻詈骂姑供证虽确但未亲告"条引例，第 1198～1199 页。
② 参见《大清律例》卷二六《刑律·人命》"杀死奸夫"条及所附条例，第 423～424 页。
③ 《刑案汇览》卷二五《刑律·人命·杀死奸夫》"奸所获奸非登时杀死奸妇"条，第 884～885 页。

纯因殴伤妻妾而治罪的例子，只有两例殴伤妻在保辜限内死亡、一例谋杀妻伤而未死治罪的案例。① 说明清代司法纵容这一类的行为，丈夫可任意殴妻。

三 卑幼杀伤尊长

尊长杀死、杀伤卑幼，从轻处罚，而卑幼杀伤、杀死尊长，则从重处罚，这是古代法律的基本原则。

卑幼杀伤直系尊长，则处罚极重。孝是伦理的基础，也是法律的核心，对直系尊亲的任何侵犯行为，都是法律严惩的对象。② 如骂人在常人之间发生，算不得一回事，唐律中就没有常人相骂的处罚，明清律对常人骂人也仅罪止笞十。但若骂詈父母、祖父母，已属十恶罪中的不孝罪，各朝律令皆定为死罪，处以绞刑。至于骂以上的行为，更是不能容忍的"恶逆"重罪，也属十恶，早已超出了不孝的程度，法律的处罚更为严酷。只要殴打祖父母、父母，不论有无伤害、伤重伤轻，一律处斩立决。③ 谋杀直系尊亲，虽未得逞，也当然是死罪。若是杀死直系尊亲，则更是罪无可赦，明清律加重为凌迟。④ 道光二年（1822），甘肃加大致死祖父囊加图诈钱文，加大依谋杀祖父母律凌迟处死；⑤ 道光八年（1828），"蔡廖氏因与吴海华通奸，吴海华之

---

① 参见《刑案汇览》卷四十《刑律·斗殴·妻妾殴夫》"殴伤不孝有据之妻抽风身死"条、"殴伤妻余限内因风身死"条、"夫谋杀妻伤而未死"条，第1460～1461页。

② 关于此，瞿同祖先生有许多精彩而详备的论述（参见瞿同祖《中国法律与中国社会》，第27～49页）。本节以下论述也多有参考借鉴。

③ 参见《大清律例》卷二八《刑律·斗殴》"殴祖父母父母"条，第463～464页。

④ 参见《大清律例》卷二六《刑律·人命》"谋杀祖父母父母"条，第422～423页。

⑤ 参见《刑案汇览》卷二三《刑律·人命·谋杀祖父母父母》"主令他人杀祖逼子助逆加功"条，第832页。

母吴冯氏欲将吴海华带回原籍，该氏因不能续奸，起意向吴海华商允，将吴海华之母吴冯氏谋毒身死"①。法司认为吴海华罪当凌迟，虽业已监毙，仍戮其尸。

卑幼杀直系尊长案内，若有从犯，因案件性质恶劣，帮助之从犯也要加重处罚。上列加大致死祖父囊加案内从犯业格血，应依谋杀律拟斩监候，但考虑到"该犯起意谋命图诈，陷人逆伦，应请旨即行正法"，也即加重为斩立决。上列吴海华毒死母吴冯氏案内之蔡廖氏，江西地方原判斩监候。上报中央后，刑部认为不妥："查子孙谋杀祖父母、父母，案内助逆加功之犯，例内尚应照平人谋杀加功从重拟以立决，而旁人起意商同其子谋杀父母之案，较助逆加功之犯情节尤为可恶，岂得反照寻常谋杀定拟？"改判斩立决。

就是仅仅许诺帮忙但没有任何实际帮助行为的人，也被视为"从犯"，给予重惩：

> 苏抚奏：殷希贤于张体仁起意谋杀母，商同讹诈分肥，该犯依允。因张体仁之母情愿自行吊死，无须该犯帮同下手，惟共谋助逆与同行无异，按谋杀从而不加功律应拟流。惟逆伦案内助逆加功例应绞决，今该犯从而不加功，亦未便仅拟满流，应发往新疆为奴。嘉庆十九年案②

误杀父母、祖父母也会给予严惩。嘉庆十八年（1813），白鹏鹤因向嫂子白葛氏借取灯油不给，与白葛氏嚷骂，白鹏鹤拾取土坯向白葛氏掷殴，不料其母白王氏出劝，以致误伤殒命。刑部引子殴父母杀者

---

① 《刑案汇览》卷二三《刑律·人命·谋杀祖父母父母》"听从奸妇主使将母谋毒毙命"条，第832页。
② 《刑案汇览》卷二三《刑律·人命·谋杀祖父母父母》"子谋杀母图赖从犯并未加功"条，第831页。

凌迟处死律，又引斗殴误杀旁人以斗杀论律比拟问以凌迟处死。但考虑到白鹏鹤遥掷土坯，误杀其母，非其思虑所及，与斗殴误杀者不同，奉旨改为斩立决。嘉庆下旨："嗣后有案情似此者，即照此问拟。"①

道光二年（1822），陇阿候与余茂胜口角争殴，误伤祖母阿潮奶身死。贵州地方官府请依孙殴祖父母杀者律凌迟处死，上报刑部后，法司不敢擅自援引白鹏鹤案改为斩立决，上奏圣裁。道光遂下诏曰："伦纪攸关，固当加重定拟，但误伤究与殴杀者有间，朕准情酌理，陇阿候着改为斩立决。嗣后遇有误伤祖父母致死之案，即照此问拟。余均着照所拟完结。钦此。"②

陇阿候误伤祖母身死案，地方原判凌迟，中央法司减轻为斩决。这是比较罕见的事例。一般来说，子孙杀伤父母、祖父母，伦纪攸关，刑部只会加重处罚而非从轻。如嘉庆二十五年（1820），戴邦稳在草堆旁做饭，见其兄戴邦池被人殴打，来不及熄火就前往帮护。不料风起，引燃草堆，其母戴吴氏年老体弱，不能逃避，不幸被火烧身亡。负责审理此案的江苏地方官以常人过失杀拟戴邦稳杖流，上报至中央，刑部认为所判过轻，应该以子孙过失杀父母拟绞立决；甚至认为此案隐情甚多，有故意之嫌，于是驳回重审：

> 该犯之母戴吴氏系与该犯之妻并子媳同在一处，其时并非昏夜，当猝然火起时，戴吴氏以年老不能逃避，该犯之妻与子媳何以不力为扶救，任其烧毙？且该犯于伊兄被人殴跌倒地，既能望见真切，即赶往帮护，则其争闹之处距草堆不远可知，岂草堆火起，转不能望见？若使该犯即行赶回力救，伊母或尚不致烧毙。

---

① 《刑案汇览》卷四四《刑律·斗殴·殴祖父母父母》"误杀伤祖父母父母援案办理"条，第1614页。
② 《刑案汇览》卷四四《刑律·斗殴·殴祖父母父母》"误杀伤祖父母父母援案办理"条，第1613～1615页。

乃该犯并未赶回扑救，只帮护伊兄与徐简书等殴打，竟至伊母被烧于不顾，均出情理之外。案情疑窦多端，保无另有别情，自应咨行该抚遴员研究确情，按照律例定拟，到日再行核覆。①

可见中央刑部对于所谓的人伦大案，一般是不会轻易减轻处罚。正如办理陇阿候案时刑部所言："查子孙之与父母、祖父母天伦攸关，非期功尊长可比，故向来误杀误伤之案，臣部未敢遽议轻减，仍均照各本律例定拟。"如白鹏鹤案，刑部比拟问以凌迟处死。白鹏鹤案、陇阿候案，都是奉谕旨改为斩决，改判者是皇帝。所以，在刑部法司眼里，白鹏鹤、陇阿候皆是"误杀罪干凌迟之犯"，改判斩决属于皇恩浩荡，已是"法外从宽"。②

误伤祖父母、父母，当然也是重罪，律应斩决。嘉庆二十一（1816），樊魁因伊弟樊沅窃取铜壶争吵，樊魁顺用菜刀吓砍，其母用右手将刀夺去，因刀刃向左自行划伤左肘。刑部依子殴父母律拟樊魁斩立决具奏。嘉庆以樊魁平日孝顺，其母之伤由自划为由改为斩监候。其后，山东翟小良误伤伊父翟玉阶一案、湖北省题赵才鼎误伤伊母张氏一案、广西省葛莫氏误伤伊姑葛邓氏一案，原判皆斩决，经"恭候钦定"，才改判为斩候。③

按法律规定，常人间的过失杀伤可以收赎，即用财物来代替刑罚。但子孙过失杀伤父母，则不能收赎，而且科罪极重。④清律原规定，过失伤者（见血为伤），徒三年，过失杀者，流三千里。但乾隆

---

① 《刑案汇览》卷四四《刑律·斗殴·殴祖父母父母》"草堆失火赶救不及致母烧毙"条，第1610~1611页。
② 《刑案汇览》卷四四《刑律·斗殴·殴祖父母父母》"误杀伤祖父母父母援案办理"条，第1613~1615页。
③ 《刑案汇览》卷四四《刑律·斗殴·殴祖父母父母》"误杀伤祖父母父母援案办理"条，第1613~1615页。
④ 瞿同祖：《中国法律与中国社会》，第32页。

二十八年（1763），山西省郑凌放枪捕猎，误伤继母身死一案，乾隆下旨加重为绞决，刑部以此制定了过失杀直系尊亲绞立决的新例。① 到了嘉庆四年（1799），直隶省张周氏用信石拌饭毒鼠，其夫误食身死，刑部以张周氏究系出于无心，绞决过重，于是奉旨将该氏改照本律满流，并通行在案，等于终止了过失杀直系尊长绞决之条。嘉庆五年（1800），崔三同父共锯木板，因支架不稳，又风势过猛，支架倒塌，大木滑落，将其父压伤而毙命。刑部以所犯较郑凌情节为轻，而又重于张周氏，认为未便遽行拟流，仍照例拟以绞决，夹签声请减等，奏请圣裁。崔三最终被判杖一百、流三千里。由此定例："子孙过失杀祖父母、父母及子孙之妇过失杀夫之祖父母、父母，定案时，仍照本例问拟绞决。法司核其情节，实系耳目所不及，思虑所不到，与律注相符者，准将可原情节，照服制情轻之例，夹签声明，恭候钦定，改为拟绞监候。至妻妾过失杀夫，奴婢过失杀家长，亦照此例办理。"②

子孙过失杀伤父母如何处罚，律条几经变化，郑凌、张周氏、崔三各案，案情各不相同，法司不得不考虑案情，尽量做到罪刑均衡。正如在办理崔三案时刑部上奏所言：

> 惟臣部为执法之官，凡有关于名教之案，不能不抑情就法。至恩出自上，非臣下所敢擅专。若将崔三将上年奏准改归原律，遽由问刑衙门拟以杖、流，揆之名分，就有未安。查向来服制攸关，例应立决。而情节较轻之案，俱系按律定罪，仍将其可原情节，夹签声明，恭候钦定，以昭圣朝法外之仁。"③

---

① （清）吴坤修等编撰《大清律例根原》卷七九《刑律·人命》"戏杀误杀过失杀伤人"条所附条例，第 1271 页。

② （清）吴坤修等编撰《大清律例根原》卷七九《刑律·人命》"戏杀误杀过失杀伤人"条所附条例，第 1275 ~ 1276 页。

③ （清）吴坤修等编撰《大清律例根原》卷七九《刑律·人命》"戏杀误杀过失杀伤人"条所附条例，第 1276 页。

法司所谓"凡有关于名教之案，不能不抑情就法"的说法，反映出司法实践对此类犯罪行为制裁上的严苛与僵化，也反映法司依法办案，有法律至上的信仰，尊重法律原则——尊卑伦常是法律的基本精神所系。但依法办案、法律至上，只是臣子的本分与信仰，皇帝是不需要也不应该有法律至上的信仰，可以施用"法外之仁"。

施用"法外之仁"的主要手段就是引文中提到的"夹签声明"，也称"夹签声请"，即在案件审理中，审判者若发现有明显的可原、可矜之情时，在依法判决的同时夹签注明可原、可矜情节，由皇帝最终决定是否减等处罚。与之类似的还有"声请减等""候旨定夺""照例两请""疏内声明""援例声请"等等。

夹签制度只在服制案件中采用，往往是在发生卑幼杀伤尊长案件时适用。[①] 这一制度的产生，是因为法律规定对于卑幼杀伤尊长的处罚过于严酷，只要卑幼伤害尊长，不论有伤无伤，伤重伤轻，也不分故伤、误伤，不论何种原因，都要处重刑，甚至是死刑。为了弥补法律过于严苛所造成的公平、正义缺失，于是就有了夹签声请制度。所以，清代规定夹签声请的 20 个条例，适用范围皆为服制案件，[②] 准确地说，都是卑幼杀伤尊长一类的案件。

夹签声请，前提条件是案情中存在如条例规定的"可矜"情节。而是否有"可矜"之情，对此最具发言权的既非刑部更非内阁，而是地方审判官员。[③] 但按照夹签制度，地方官员并无提起夹签的权力，只能将案情中"可矜""可原"的地方写入交由刑部复核的案件题、咨之中，由刑部决定是否夹签上奏。针对刑部报送的"夹签"题本，内阁于审核无误后往往票拟"双签"，与原签一同夹入本内上

① 俞江：《论清代九卿定议——以光绪十二年崔霍氏因疯砍死本夫案为例》，《法学》2009 年第 1 期。
② 顾元：《服制命案、干分嫁娶与清代衡平司法》，第 197 页。
③ 姚旸：《论清代刑案审理中的"夹签"制度》，《天津社会科学》2009 年第 5 期。

呈。夹有各签的题本上呈皇帝"御览"，皇帝须根据本内夹签情节，对相关案件做出裁决。

所以，是否夹签，是否减轻处罚，是靠层层上报决定的，而决定的依据恰恰是下级的汇报、说明材料。这实际上是本末倒置，越远离案情真相却越拥有决定权。夹签制度中，了解案情的地方基层官员，没有夹签的资格，熟悉法律的刑部官员，没有裁决权，最不知所以然的皇帝拥有最终决定权。这其中的原因，正如上面引文中刑部官员所言："惟臣部为执法之官，凡有关于名教之案，不能不抑情就法。至恩出自上，非臣下所敢擅专。"

但把最终决定权交给皇帝，对于皇帝而言，也不是个轻松活而是苦差事。乾隆五十五年（1790）三月，乾隆帝在审核"申兆吉划伤胞叔申荣身死"一案时，发现案情疑点颇多，罪犯行为是否确系出于无心也很难确定，而刑部竟于核拟时夹签声请。对此，乾隆皇帝大为恼怒，他在谕旨中指出：

> 刑部为天下刑名总汇，于此等服制重案，并不悉心推究，率照原报情节定拟，又为夹签声明，以斩决、斩候双签请旨。如将该犯即行处斩，是此案用法从严由于朕意。若竟从宽改为监候，则该犯得以缓死，全赖刑部为之声请，又可为沽名之地。该部为执法之司，岂可有意从宽邀誉，独以刻核之名，归之于朕耶？①

乾隆发怒质问，不仅是因为刑部官员的不负责任，恐怕也有不堪责任过重、压力过大的成分。因为有夹签制度的存在，审判官员在接手服制命案后，自然先要保持政治正确，表明维护伦常的决心，在判

---

① 《清高宗实录》卷一三五○"乾隆五十五年三月壬寅条"，台北华联出版社，1964，第86~87页。

决上更加"抑情就法",严格判决;另外,又会沽名钓誉,夹签声明,故刑案夹签在诞生后就有扩大使用甚至是滥用的情形。① 如发生于道光七年(1827)的李迎灿殴伤胞兄李迎彩身死案:

> (李迎灿)闻知李迎彩私将母田典卖还债,不由心生埋怨,李迎彩强辩,李迎灿扑殴,李迎彩避开,李迎灿用拳搪抵,致伤其胸膛。李迎彩往外逃跑,李迎彩追至村外,揪住李迎灿发辫,用拳在李迎灿胸前乱殴,李迎灿挣不脱身,举拳抵格,复伤其胸膛,并手指抓伤其左腋肼。李迎彩仍不松手,举脚乱踢,李迎灿用脚回抵,踢伤其左右腿。李迎彩将李迎灿仰推倒地,弯身殴打,李迎灿用拳向抵,又伤其左肋,李迎彩用手紧搯李迎灿咽喉,李迎灿气闭,情急希其松放,两脚向上乱蹬,适伤李迎彩左右胳膊肚腹,滚跌下沟,被石擦伤左太阳,垫伤脊膂左并左臂膊、左右胳肘、左后肋,至十八日殒命。②

此案实际上是兄弟互殴,而且是弟弟李迎灿先动手殴打兄长,实际上属于"有心干犯"。但地方督抚"将李迎灿拟斩立决,声明并非有心干犯"等因。上报中央后,遭刑部驳斥:"夹签声请,恭候钦定,原属法外之仁,若与尊长觌面互斗,显系有心干犯,自不得滥邀宽典。此案李迎灿与伊兄李迎彩口角争辩,当伊兄扑殴之时,尽可脱身逃避,乃即奋拳殴打,后虽被揪被搯,惟该犯未受寸伤,辄敢叠肆殴踢,统计伤至九处之多,干犯情形已属显然。案系互斗,与实在被殴抵格,无心适伤者不同,未便援例夹签声请,转致蔑伦,凶狠之徒幸逃显戮。应即按律定拟,李迎灿合依弟殴胞兄死者斩律拟斩立决,

---

① 姚旸:《论清代刑案审理中的"夹签"制度》,《天津社会科学》2009 年第 5 期。
② 《刑案汇览》卷四一《刑律·斗殴·殴大功以下尊长》"殴死期功尊长不得遽请夹签"条,第 1522~1523 页。

所有该抚声明并非有心干犯之处，应毋庸议。"①

类似于这样不该夹签却夹签的事例，并不少见，故刑部专门强调：

> 再查近来各省办理殴死期功尊长罪干斩决之案，如救亲情切，或殴死罪犯应死之尊长，尚皆照律办理，其与尊长互相争斗，往往有伤多且重，干犯显然者，辄据凶犯避就供词，将搪抵架格等字样叙入声请，冀可代为夹签，虽经臣部节次题驳，仍恐各省似此具题者尚多，亟宜声明定例，以期画一。应请嗣后卑幼殴伤期功尊长至死，罪干斩决之案，除系救亲情切，及殴死罪犯应死之尊长，仍俱照例夹签声请外，如寻常与尊长相殴致死之案，必实系被殴情急抵格适伤，情可矜悯者，方准声明并非有心干犯字样，若伤多且重，虽被尊长叠殴，抵格致毙，即系互斗，按律拟以斩决等因奏准。道光九年通行。②

夹签制度起于司法实践中对服制命案的过于苛责，夹签制度扩大使用甚至是滥用的情形，当然在一定程度上起到了缓和司法审判制度严苛性与刻板性的作用。但这只是问题的一个方面。另一方面，夹签制度有可能加剧司法实践中对服制命案的进一步苛责要求。因为在纲常名教是国家根本伦理的前提下，为了保持政治正确，在遇到服制命案时，"从司法官员的角度来看，只有谨慎地恪守服制名分这一红线，才是简单和安全的选择"。③ 故司法官员一般会选择重判，而夹

---

① 《刑案汇览》卷四一《刑律·斗殴·殴大功以下尊长》"殴死期功尊长不得遽请夹签"条，第 1523 页。

② 《刑案汇览》卷四一《刑律·斗殴·殴大功以下尊长》"殴死期功尊长不得遽请夹签"条，第 1523~1524 页。

③ 顾元：《服制命案、干分嫁娶与清代衡平司法》，第 154 页。

签制度的引入，使得重判少了一层心理障碍与顾虑，重判的倾向会更加明显，以致许多本不应该追责的导致尊长死亡的意外事件，也都追究了卑幼的刑事责任。前举郑凌、张周氏、崔三各案，皆是例证。因此，说夹签制度一定意义上加剧了司法审判中对于服制命案的严苛、刻板程度，也未尝不可。

直系尊亲之外，期亲尊长最亲，之下依次有大功、小功、缌麻等亲等的尊长，卑幼杀伤这些尊长，法律也会给予严惩。尊长愈亲，法律责任愈重。

对于亲属间的侵犯，法律处置时不同于常人相犯，而给予特别的处罚，是符合人类的一般情感的。① 法律规定，杀伤尊亲属的处罚重于杀伤卑亲属，也是有一定道理的。② 所以，世界各国的法律对于亲属相犯，处罚一般重于常人相犯，对以卑犯尊的杀伤行为，处罚一般

---

①　范忠信教授认为，亲属间的侵犯，法律给予特别处罚的理由在于：第一，亲属之爱是人类最基本、最原始、最深厚的爱，是其他一切爱的基础和起源。亲属之爱是"不学而能"的、近乎本能的天性，稍微高等一点的动物都知道这种天然的情感。一般人相犯，虽违背了人类"同类相怜"的义务，但毕竟只违背更高层次的义务，而亲属相害，则违背了人类最低层次的义务，无异于禽兽，甚至禽兽不如，败坏堕落到了骨子里，故要特别处罚。第二，亲属之间一般都有互相关爱的恩情。父母对子女有养育之恩，兄弟有手足之情，夫妻之间有"相濡以沫之恩"，所以亲属相犯都是对恩者的犯罪，忘恩负义，当然主观恶性更大。第三，亲属间密切相处，不易防范犯罪，避免受害，故法律要格外设法加以保护，由于身份关系特殊，亲属相处时一般基本上没有戒备之心，犯罪更容易得逞，这种犯罪性质也最严重。参见范忠信《"亲亲尊尊"与亲属相犯：中西刑法的暗合》，《法学研究》1997年第3期。

②　范忠信教授认为，法律规定杀伤尊亲属的处罚重于杀伤卑亲属的理由在于：第一，尊亲属一般对卑亲属有格外特殊的恩情，如古语所谓"恩重如山"，父母对子女有养育之恩，其他长辈也多少有教养之恩，这是加重处罚的理由之一。第二，对尊亲属的侵犯包含着对教导和权威的挑战和侵犯，在中国古代家国一体、家国同构的观念下，甚至可以理解为是对国家权威的挑战。第三，侵害尊亲属在多数情况下是尊亲属体力衰弱之时，一般来说，当子孙的力量、智力成长到足以侵犯父祖时，也正是父祖衰弱之时，至少是开始衰弱之时。参见范忠信《"亲亲尊尊"与亲属相犯：中西刑法的暗合》，《法学研究》1997年第3期。

重于以尊犯卑的杀伤行为。而且越往古代，这一特征越为明显。

　　然而，其他国家的法律在保护尊亲属的同时也保护未成年的卑亲属，体现出保护幼、弱的特点。而中国古代的法律过分保护尊长的权利。卑幼若侵犯尊长，哪怕是言语上的侵犯，都要负刑事责任。按法律规定，卑幼詈骂有服、无服尊长，都要追究责任。至于骂以上的行为，则更是不能容忍，只要卑幼殴打尊长，不论有无伤害，伤重伤轻，也不分故伤、误伤，不论何种原因，只要对直系尊亲构成伤害，就要处重刑，甚至是死刑。对于直系尊亲，子孙即使没有言语或行动上的侵犯，但违犯祖父母、父母教令及奉养有缺，法律也视之为犯罪行为，予以制裁。①

　　对于尊长的间接侵犯，也会导致刑事责任。如同居卑幼引他人盗己家财物，所引之人杀伤自己亲属，卑幼虽不知情，仍以杀伤亲属本律处罚。对直系尊亲，因间接侵犯而须负刑事责任的行为就更加常见。《刑案汇览》载有多例子孙因犯罪而引起父母自尽而被判重刑的案例。如：汪勇昌因讹诈他人钱财而被控诉，汪勇昌之母便往诉控人家池塘自尽；梁三诓骗他人首饰而逃，其父愧愤投河自尽；狄风儿向狄马氏秽詈索债，狄马氏夫狄五儿詈骂狄马氏私自借债，狄马氏自尽，狄风儿之父狄存礼恐狄风儿被官府治罪，无人赡养自己而自缢。以上三例均比照子贫不能赡养其父致使自尽的条例，判汪勇昌、梁三、狄风儿等杖一百、流三千里。②

---

① 以上关于卑幼侵犯尊长是否构成刑事责任的规定，参见《大清律例》卷二八《刑律·斗殴下》"妻妾殴夫""殴大功以下尊长""殴期亲尊长""殴祖父母父母"条；卷二九《刑律·骂詈》"骂尊长""骂祖父母父母""妻妾骂夫期亲尊长"条；卷三十《刑律·诉讼》"子孙违犯教令"条，第460～465、471～472、488～489页。

② 参见《刑案汇览》卷四九《刑律·诉讼·子孙违犯教令》"子讹诈犯案母恨人控告自尽"条、"子诓借人银饰逃走致父自尽"条、"因子秽语肇衅致父愁急自尽"条，第1807～1809页。

父母在殴打违犯教令的子孙时自行跌毙，子孙也会遭遇重罚。[①]
《刑案汇览》中也载有多例父母在殴打违犯教令的子孙时自行跌毙而
子孙遭受重刑的案例。如：陈汶选殴子陈自廊时滑跌倒地、磕伤头颅
而亡；姜云舟赶殴其子姜八，绊倒压伤殒命；唐幅礼因殴子唐本华摔
跌受伤越日而亡。陈自廊、姜八、唐本华三人均依子违犯教令致父自
尽例，被判绞监候。[②] 此类案件中，父母殴打子孙是否在理，子孙是
否真的违犯教令，司法实践中基本是不考虑的：

> 案江泳青因父江玉耀自外酒醉回家，令妻曾氏煮饭，值曾氏外
> 出无人答应，江玉耀生气混骂，适该犯外归，见父已醉，劝令歇息，
> 江玉耀村斥多管，一并喝骂，该犯即称有钱吃酒不如买馍充饥，何
> 必在家混骂，江玉耀气忿，即取锄柄向殴，该犯跑避，江玉耀随后
> 追赶失足滑跌倒地，被石块碰伤左额角，越四日殒命。[③]

上例实际属于尊长无理挑衅，卑幼并没有错误，但卑幼必须为尊
长的死亡负刑事责任。江泳青的判处缺载，因清代条例规定："子不
孝致父自尽之案，如有触忤干犯情节即拟斩决，本无触忤情节，但其
行为违犯教令，以致抱忿轻生者拟绞监候。"[④] 是子不孝致父自尽之
案，须分有无触忤干犯情节为斩决、绞候。江泳青因有责备父亲
"有钱吃酒不如买馍充饥，何必在家混骂"的言语，是否属于触忤干
犯，有待进一步审拟，但是江泳青最低也会被处以绞候。

---

① 瞿同祖：《中国法律与中国社会》，第36页。
② 参见《刑案汇览》卷三四《刑律·人命·威逼人致死》"因茶不热致父倾泼滑跌
　身死"条、"父因赶殴失跌擦伤抽风身死"条，第1240～1241页。
③ 《刑案汇览》卷三四《刑律·人命·威逼人致死》"言行违犯致父母赶殴跌毙"
　条，第1239页。
④ 《刑案汇览》卷三四《刑律·人命·威逼人致死》"言行违犯致父母赶殴跌毙"条
　引例，第1239页。

只要卑幼有过错在先，哪怕尊长的死亡与卑幼所犯过错无关，卑幼也要受重惩：

> 张黑子向在韩幅被局帮伙，乘间与韩幅之女老儿通奸。因将韩幅被毡质当，被韩幅查知逼索怀恨，夜至其家与老儿续奸，乘间将韩幅砍毙。并非因奸起衅，应照谋杀问拟，将张黑子依谋杀律拟斩监候。该犯既奸其女，复敢于奸所谋杀奸妇之父，应请旨即行正法。老儿与张黑子通奸，于张黑子挟嫌将韩幅谋死，该氏讯未与谋，而回护奸情，商同伊母，不将凶犯指出，应比照子孙犯奸，父母并未纵容，致被杀害例拟绞立决。①

当然，以上的间接侵犯，或有犯罪行为在先——同居卑幼引他人盗己家财物、女儿与人通奸都属于犯罪，或有过错在先——如违犯教令。但无过错引起的间接侵犯也会导致刑事责任，如子贫不能养赡父母致使自尽，在清律中，比照过失杀父母罪，杖一百、流三千里，②一般不会从宽处罚。道光元年（1821）的刑部"说帖"中称：

> 至子贫不能养赡，致亲自尽之案，例文内于子贫之下申明不能营生养赡等字，则以乡曲小民穷苦者十居八九，其日用所需固

---

① 《刑案汇览》卷四九《刑律·诉讼·子孙违犯教令》"父被奸夫谋杀忘仇互奸匿供"条，第1828页。

② 《大清律例》卷三十《刑律·诉讼》"子孙违犯教令"条附例，第489页。司法实践中也不乏实例，如《刑案汇览》卷四九《刑律·诉讼·子孙违犯教令》"不能养赡致母投河经救未死"条："谢王氏因伊子谢升儿不能养赡，复向索钱，气忿跳河，如果被溺身死，谢升儿应照子贫不能养赡致母自尽例拟流。今捞救得生，应量减一等拟徒"（第1840页）；又同书同卷"一足微跛不能养赡继母自尽"条："谭亚平、谭亚全因贫不能养赡，致继母张氏自缢身死。原文内声明谭亚平左足仅止微跛，仍能行走，并未成废，将谭亚平、谭亚全依子贫不能养赡，致父母自尽例拟流"（第1840页）。

属力不能给，然果思竭力事亲，则或勤于工作，或学习技艺，以及贸易肩挑，皆可以得赀养赡，否则因家计艰窘，即惰其四肢，不顾父母之养，以致父母自尽。衡情定案，因其尚非有心触忤违犯，故原其贫苦不得已之苦衷，免其一死。而其亲究因失养短见轻生，故严惩其不能善事之罪，拟以满流，定例已有区分，不容再为宽假。①

按此，若子贫不能养赡其父致使自尽，杖一百、流三千里已是最低处罚，不能再行宽减。若是无过错引起的间接侵犯，如果由此而引起其他逆伦情形，间接侵犯人的刑事责任还会加重：

吕李氏之翁吕文顺不欲食粥，令该氏出外寻找伊夫吕绍帼索钱买米，该氏违拗，被翁用刀掷伤。嗣吕绍帼回家查知前情，向父埋怨。吕文顺因子偏护向殴，吕绍帼回殴，致父因伤身死。将吕绍帼凌迟处死。吕李氏虽无触忤情事，实属违犯教令，应比照"子孙违犯教令、致祖父母抱忿自尽例"拟绞监候。嘉庆二十年六月十二日，奉旨：此案吕绍帼之妻李氏因伊翁吕文顺令其做饭，该犯妇因家中只有碎麦，煮成稀粥，吕文顺气忿，用刀掷打。吕绍帼偏护其妻，致将伊父吕文顺棍殴毙命。是吕文顺之死及吕绍帼干犯极刑，全由该犯妇违忤起衅，除吕绍帼业经正法外，李氏着即处绞。钦此。②

此案中，吕李氏本无过错，以绞监候处罚，已属重罚，但因此而

① 《刑案汇览》卷四九《刑律·诉讼·子孙违犯教令》"一足微跛不能养赡继母自尽"条，第1840页。
② 《刑部比照加减成案》卷二五《刑律·诉讼·子孙违犯教令》"嘉庆二十年湖广司"条，法律出版社，2009，第275页。

发生了子殴父死的逆伦惨案，吕李氏又加重为绞立决。

如前所言，子孙因耳目不及、思虑不周导致父母在意外事故中死亡，也要处以重刑。其实，《刑案汇览》中所载以过失杀伤父母罪名治罪的案例，案中的子孙实际上并无法律意义上的过失可言：

> 孙资积因继母樊氏以前夫之子焦玉贫苦无依，兼患腿疾，欲令同住，伊父孙世武不允，樊氏因此怀嫌。嗣樊氏将孙女银桂子推跌流血，该犯问系樊氏推跌，不知伊父已与口角，声言可怜。樊氏听闻迁怒，用头向碰，自行失跌磕伤眼胞，该犯磕头寝息。后樊氏因孙世武不与交言，饮恨不食，孙资积屡求伊父与樊氏和睦，孙世武以该氏性泼，欲冷淡数日致其改悔。追樊氏瞥见焦玉在对面山上爬不上坡，颠蹶可怜，怀恨莫释，投缳殒命。①

> 李文青因欲贩煤渔利，将地出租，伊母李古氏恐不能赚钱致无食用，愁急自尽。②

> 唐明因炊茶待客，被茶水沸烫，护痛失手，将茶罐堕碎泼湿地下，唐明因手烫喊痛，伊母唐马氏赶拢看护，在湿处滑跌，被茶罐碎片垫伤右臂，中风不语，痰壅气塞殒命。③

前二例中，尽管子孙无过失，但仍按照过失伤父母和不养赡致父母自尽例分别判刑。第三例纯粹属于意外事故，但地方官闻讯此事，

---

① 《刑案汇览》卷四九《刑律·诉讼·子孙违犯教令》"并未违犯继母迁怒撞头跌伤"条，第1838~1839页。
② 《刑案汇览》卷四九《刑律·诉讼·子孙违犯教令》"因子售地贩煤致母愁急自尽"条，第1810页。
③ 《刑案汇览》卷四四《刑律·斗殴·殴祖父母父母》"茶烫失手泼湿地下致母跌毙"条，第1612页。

仍以过失杀父母立案，只是拿不准应按过失杀父母本例拟绞立决还是应量情有所减轻，于是上报中央刑部咨询。刑部觉得按过失杀伤父母或违犯教令及奉养有亏律处罚都不合律意，但事关伦常，又不甘心不处罚，于是令地方官严查此案中唐明有无其他起衅致死母亲之事，再报部核办。

即使父母无理自尽，子孙的行为不仅没有错误，反而合情合理，只要尊长的死亡与卑幼有关，卑幼仍然逃脱不了逼死尊长的罪责：[①]

> 田宗保之母唐氏因田宗保前妻遗有五龄幼子长受，最为怜爱。田宗保因长受吃饭玩延，喝令快吃，长受撒娇将碗掷破，田宗保生气随手打其背上一下，长受啼哭。（宗保妻）田彭氏恐姑听闻生气，央令止哭不听，亦即向打一下。适唐氏由邻家闲坐回归，查知斥骂。田宗保不敢分辩，央邻妇王氏劝慰，令唐氏进房躺卧。田宗保即上街沽酒，备母夜饮。彭氏欲俟伊姑安睡消气，不敢进房。讵唐氏气忿莫释，自缢殒命。[②]

> 刘知清因伊母索得族兄刘知确嫁卖儿媳身价钱文，原非应得之财，刘知清向母劝说，他人嫁媳之钱不可使用。伊母不允，刘知清未与伊母言明，另凑钱文私行退还，经伊母问知不依，复虑被人耻笑软弱无能，气忿跳窨跌伤身死。[③]

以上两例中，尊长自尽，是自己心胸狭隘，子孙并无过错，没有

[①] 瞿同祖：《中国法律与中国社会》，第34页。
[②] 《刑案汇览》卷三四《刑律·人命·威逼人致死》"理责其子致母痛孙气忿自尽"条，第1243页。
[③] 《刑案汇览》卷三四《刑律·人命·威逼人致死》"并无违犯教令其母气忿自尽"条，第1245页。

强逼的情节，也不能预料结果。第一例中，法司认为"唐氏之辄萌短见亦非该犯等意料能及，核其情节，实可矜悯"①。第二例中，地方法司认为"若父母教之以正而故违，致令自尽，则罪应缳首，所以惩不孝也。至于几谏不从，有违乱命，致令自尽，例无治罪明文……张氏之不允退还钱文，固属乱命，惟张氏抱忿自尽究由刘知清私还钱文所致，未便竟置不议。刘知清劝母退还钱文，似不悖愉亲于道，迫其母不依，另给钱文退还。刘知清亦似协干蛊之义，并非实在违犯教令可比，未便将该犯依例拟绞，即于绞罪上量减拟流，亦觉未得情法之平，未敢臆断，咨请部示"。刑部认为，"刘知清因知伊母分得族人卖媳钱文，几谏不从，即私自凑钱退还，尚非教令可从而故违，自未便即照违犯教令致母自尽例拟绞。惟其母致死究由该犯私还钱文所致，衡情酌断，应将该犯照违犯教令致母自尽拟绞例量减一等，杖一百，流三千里，应令该抚速饬审拟报部"。②

从地方法司到刑部官员，都承认子孙没有强逼的情节，也没有违犯教令的情形，但在法司看来，其尊长的死亡毕竟与子孙的行为有关，看重的是父母因子孙死亡的事实。③ 正如刘知清一案中法司所说"惟其母致死究由该犯私还钱文所致"。以不存在法律上因果关系的行为作为制裁理由，表明子孙行为之可责性在道德层面无限制地扩展开来，法律责任也随之无限制地扩大。④ 嘉庆二十一年（1816），窦瑛听从其母老刘氏之命共同投河自尽，但窦瑛被救得生。法司认为"查父母起意自尽，其子情愿同死，致令父母毙命，而其子被救得生，例无明文。案关伦纪，未便轻纵，应比照上年陕西倪胜儿案，将

---

① 《刑案汇览》卷三四《刑律·人命·威逼人致死》"理责其子致母痛孙气忿自尽"条，第1243页。
② 《刑案汇览》卷三四《刑律·人命·威逼人致死》"并无违犯教令其母气忿自尽"条，第1245页。
③ 瞿同祖：《中国法律与中国社会》，第35页。
④ 顾元：《服制命案、干分嫁婆与清代衡平司法》，第159页。

窦瑛拟斩立决"①。可见，在极端的时候，卑幼的任何行为都有可能成为治罪的理由。

若尊长唆子孙犯罪，事发，尊长畏罪自尽，卑幼也难逃重罚：

> 刘学礼听从伊母窝留何克富行窃被获，致伊母畏罪自尽。将刘学礼比照母教令子犯盗，后因发觉畏罪自尽例拟徒。②

> 阚伦安听从伊母阚张氏抢夺无服族叔荞麦，计赃一两以下。阚张氏闻控，畏罪自尽，究因教令其子抢夺所致。例无正条，阚伦安应比照"父母教令子孙犯盗、后因发觉畏罪自尽例"满徒。③

以上两案，都是尊长唆使卑幼盗抢，属于共同犯罪，尊长畏罪自尽，与卑幼无涉，如要处罚卑幼，理应按偷盗本律处罚。但法司从伦常出发，看重的是尊长死亡的事实，案件的性质由共同犯罪变为卑幼不听教令，遂以逼死尊长罪，科以重罚。若子孙遵从尊长之命，导致尊长死亡，也要重罚：

> 饶锦盛因母借欠饶锦玉钱文未还，被饶锦玉索讨争殴，失跌抱怨，起意服毒诈赖。该犯向劝不允，被逼无奈，取砒交给，原冀暂顺母意，再行劝阻。不期刘氏即时吞服，以致毒发毙命。尚非有心致死其母，惟伦纪攸关，自应照律问拟，饶锦盛合依

---

① 《刑案汇览》卷二三《刑律·人命·谋杀祖父母父母》"母子商谋同死其子经救得生"条，第824页。

② 《刑案汇览》卷四九《刑律·诉讼·子孙违犯教令》"教子窝贼事发其母自尽"条，第1816页。

③ 《刑部比照加减成案》卷二五《刑律·诉讼·子孙违犯教令》"嘉庆二十二年江苏司"条，第275页。

"谋杀母已杀律"凌迟处死……奉旨：饶锦盛着改为斩立决。①

张罗氏起意寻死图赖王家泽，令伊媳陈氏取砒，伊媳不肯前往，该氏即诬称止系携砒至王家泽家恐吓，并非真心服毒，伊媳始行取砒。该氏复将伊媳遣开，乘间服毒。及伊媳知觉，当即泣喊灌救，是张罗氏服毒身死，实为（媳）陈氏所不及知。且张罗氏毒发未死之时，业将自行起意寻死图赖及诬伊媳取砒各情向伊夫妾贺氏言明，并有贺氏不必责怨其媳等语，众所共闻，所有陈氏问拟凌迟处死之处着改为斩监候，归于本年秋审服制册内办理。②

甚至尊长图谋杀死卑幼，卑幼在反抗时造成尊长死伤，也要重罚：

周氏因伊姑蒋氏乘夜潜入房内欲将伊搭毙，用手摸面，周氏惊问，蒋氏不答，用手向搭咽喉，将大指插入口内，周氏疑系贼匪图奸，将手指咬住，致蒋氏被咬，受伤溃烂身死。固属犯时不知，惟伦纪攸关，应比照子过失杀母例，拟绞立决。③

除去直系尊亲，其他尊长的权利，法律及司法也极力伸张，只要尊长死亡的原因与卑幼有关，卑幼就逃脱不了制裁。道光六年（1826），王荣万从堂弟王贵万手中抢钱，贵万投诉至族长，族长责

① 《刑部比照加减成案续编》卷十二《刑律·人命·谋杀祖父母父母》"道光九年江西司"条，法律出版社，2009，第518页。
② 《刑案汇览》卷二三《刑律·人命·谋杀祖父母父母》"姑欲寻死图赖诬令伊媳取砒"条，第829页。
③ 《续增刑案汇览》卷十一《刑律·斗殴·殴祖父母父母》"未知伊姑谋搭咬伤姑指致毙"条，北京古籍出版社，2004，第356页。

令荣万还钱，荣万已将钱用完，央求胞弟王俊万担保。因此前王荣万偷砍树木，抢夺祭祖胙肉，均由王俊万赔钱寝事。王俊万故不允担保，并以屡次滋事贻害，并出言恐吓告官处罚。王荣万情急之下自尽，王俊万被判斩候。

此案是以威逼致死期亲尊长罪来处罚的。法司判决的理由是："该犯系王荣万胞弟，律应容隐，乃图免己累，坚欲送究，经被抢之王贵万解劝不听，复又用言恐吓以致王荣万情急自尽，非逼迫而何?"①

所谓"用言恐吓"是指王俊万欲到官府去告胞兄王荣万。那么，告官是不是威胁和恐吓呢? 常人之间或许可以这样认为，但亲属之间就未必了。清代法律禁止"干名犯义"，也即诉告尊长犯罪，王俊万如果告胞兄王荣万，王俊万按律要治罪，而王荣万视同自首免罪。② 又如何能说是王俊万"用言恐吓以致王荣万情急自尽"呢?

退而言之，这个案例还算有强逼的行为。威逼尊长至死，法律中也原有罪名：逼死期亲尊长罪至绞候;大功杖一百，流三千里;小功，杖一百，徒三年;缌麻，杖九十，徒二年半。③ 司法判处绞候，虽量刑过重，但多少还有些道理。

但有些尊长自尽的案例，多是一些口角细故，尊长自尽是自己心胸狭隘，全出意料之外。④ 但因名分所关，依然要用强逼尊长至死罪减一等执行。成毓林借用胞兄成毓秀农具，不慎损坏，成毓秀不依而辱骂。成毓林好言相劝并赔罪，成毓秀殴击，成毓林逃走。成毓秀追殴，跌伤头部，经人劝解而散，成毓秀气愤自尽。成毓林被判流三千里。⑤

① 《刑案汇览》卷三四《刑律·人命·威逼人致死》"胞兄不安本分被弟逼迫自尽"条，第 1253 页。
② 参见《大清律例》卷三十《刑律·诉讼》"干名犯义"条，第 486～488 页。
③ 《大清律例》卷二八《刑律·人命》"威逼人致死"条，第 438～439 页。
④ 瞿同祖：《中国法律与中国社会》，第 41～42 页。
⑤ 《刑案汇览》卷三四《刑律·人命·威逼人致死》"损坏胞兄农具致兄气忿自尽"条，第 1254 页。

有些尊长自尽的案例曲在尊长，近似于无赖，卑幼非但没有强逼，甚至无过失可言，但依旧不能逃脱刑事责任。① 如金世重向弟金世成强行借钱，不遂，互殴。世成被兄殴成重伤，世重畏惧自尽。② 又如李全贵偷卖胞弟李全信田地，被李全信查知阻止。李全贵因卖地未谐，无钱度岁，情急自缢身死。③ 再如邓会元、邓孔元为同胞兄弟，久已分居。会元贫穷，孔元时资助其兄。一日孔元见其兄会元在己棉地中私自摘棉，上前拉夺，手推其兄，磕伤脑后。次日，会元告至乡约，让乡约令孔元给钱治病，却被乡约当众斥骂，并欲报官，会元羞愧自尽。④

以上三例，法司认为金世重自尽系畏惧所致，李全贵自缢系贫穷所致，邓会元之死系窃棉之事败露而羞愧自尽，都不符合强逼、威逼的罪名，但依然判金世成、李全信、邓孔元流刑。还有些尊长自尽的事例，实非卑幼所逼，但得由卑幼来承担罪责。

如姚阿名逼死胞兄姚百受一案中，姚百受触犯母姚陈氏，姚陈氏喝令阿名捆缚百受送官，阿名不敢动手，姚陈氏斥骂阿名，以自尽相逼，阿名无奈用绳缚其兄。姚陈氏命阿名先将百受送官，自己随后进城告官。百受在路上央求其弟放他逃走，阿名恐母不依，劝兄等母气平再说。百受畏惧，乘阿名不备，跳河自尽。⑤ 押送兄长是出于母命，并非己意，如果不服从母命，便是抗拒不孝，假如母亲因此而自尽，那么逼死父母的罪名大于逼死兄长。[1] 姚阿名处在母亲和兄长的纠纷中，违背哪一方的意愿都是要负刑事责任的。可见只要尊长冲突时，卑幼若夹在当中，无论如何都不会有好的结果，唯一的办法是自己身死。

从是非的角度说，姚百受与其说是被弟逼死的，还不如说是被母亲逼死的。但从伦常的角度说，这是说不通的。因为尊长对卑幼是不能成立强逼罪的，卑幼对尊长应逆来顺受，所以姚百受之死，虽然是其母强逼所致，但罪名只能由弟姚阿名来承担。故法司以姚百受之死，虽非弟逼，但事关名分，判姚阿名流三千里。可见，清律重视的是伦常问题而不是是非问题。[2]

由以上案例可以看出，清律对于强逼的含义和界限是十分含混的。究竟卑幼的行为是否具备强逼的作用，强逼的程度是否到了不能容忍、不得不死的地步，尊长的行为是否合理，法律都是不问的，只要尊长的自尽由卑幼而起，强逼的罪名便不可推卸。[3]

如前所述，尊长对于卑幼是有扑责权的。对于尊长的殴打，卑幼是没有自卫权的，只能接受殴责，如果自卫，导致尊长受伤，要负刑事责任。[4] 即便是尊长无理殴打，卑幼抵抗，无意中导致尊长毙命，卑幼都难逃罪责。乾隆三十九年（1774），姜珍祥之女姜小曼因买棉布欠八十文钱，私取家中高粱二十升抵债。姜珍祥声言打死，姜小曼畏惧，逃至胞叔姜兆祥家躲藏。姜珍祥持枪往收取高粱之家闹事。其弟兆祥前去劝阻，珍祥怒弟回护他人，持枪向扎，兆祥闪避，珍祥追扎，兆祥无退路，遂用锄头抵格，伤兄肋骨，伤重而死。判姜兆祥斩决。[5]

---

① 瞿同祖：《中国法律与中国社会》，第43页。
② 参见瞿同祖《中国法律与中国社会》，第43～44页。
③ 参见瞿同祖《中国法律与中国社会》，第43页。
④ 参见瞿同祖《中国法律与中国社会》，第45页。
⑤ 郑秦、赵雄主编《清代"服制"命案——刑科题本档案选编》，第174页。

在实际生活中，有些卑犯尊的事例较为特殊，问题也较为复杂。如父与叔相殴，为救护父亲而将叔叔打死，又如奉较尊尊长之命殴杀另一较卑尊长，卑幼又该负什么样的责任呢？① 这方面古代法典中没有直接的规定，清代以前，对于这样的案件是如何定罪量刑的，也没有发现现成的案例。从《刑案汇览》所载清代的案例来看，卑幼都逃脱不了责任。若为救父而致死其他尊长，一般是在原刑的基础上减一二等。

乾隆五十七年（1792）云南省王业洪救护伊母，用杆殴伤大功堂兄王业浩身死；又乾隆五十八年（1793），浙江省蔡阿贤救父情切，先后用刀划伤小功堂叔蔡士清顶心等处三伤倒地，垫伤腰眼身死。以上两案均原拟斩立决，经刑部夹签声请，均改拟斩候。② 嘉庆十六年（1811），谭元川见小功服兄谭元贵将伊父谭宽按地刀戳，不能动弹，该犯情急，即用木棒铁锄殴伤谭元贵倒地，谭宽业已身死，谭元贵亦移时丧命，将谭元川于殴死小功服兄斩罪上量减二等，杖一百，徒三年。③

谭元川之案，很有分析的价值。按明清法律，父母为人所杀，子孙即时将仇人杀死，勿论。④ 此案中，谭元川之父被谭元贵以刀刺死，元川当即击毙凶手，理应免罪。但这一条文一般是指无亲缘的常人杀自己的父母，若杀父母者为其他尊长，是否可适用这一条文，法司也犹豫不决，难以判决。其实，在此之前已有类似的案例。如乾隆十三年（1748），江西省余干县民陈功俚因缌麻服叔陈善士戮杀己父陈开士身死，陈功俚当即将陈善士殴毙。江西地方官原拟减等为斩

---

① 参见瞿同祖《中国法律与中国社会》，第46页。
② 《刑案汇览》卷四二《刑律·斗殴·殴大功以下尊长》"救父情切殴伤小功叔身死"条，第1527页。
③ 《刑案汇览》卷四二《刑律·斗殴·殴大功以下尊长》"瞥见父被殴毙即时殴死功兄"条，第1526~1527页。
④ 参见《大清律例》卷二八《刑律·斗殴下》"父祖被殴"条，第468页。

候，刑部以父母被杀，子即时毙凶无罪条，判勿论。① 但谭元川之案发生后，法司一方面承认复父之仇是正当的，另一方面又认为杀死亲属凶犯与常人凶犯一律勿论，又失之过轻，故于原刑减二等。

至于听从较尊尊长之命而杀死较卑尊长，从伦理上讲，卑幼自应服从尊长之命，两个尊长发生冲突时，当然应接受较尊尊长的命令，但名分攸关，卑幼毕竟不应殴伤尊长。② 法律双重考虑的结果，一般是在原罪的基础上减一等执行。嘉庆五年（1800），李洪听从胞叔李开先之命殴伤小功服伯李开尧身死，减斩决为斩候。③ 嘉庆十六年（1811），陈焕魁因侄陈长青与己争租田地，喝令其子陈选良殴打其大功兄陈长青，陈选良殴伤其大功兄胸后、胸膛等多处而致其毙命，减斩决为斩候。④

按现代刑法的规定，精神病人不能辨认或不能控制自己行为的时候造成危害结果的，不负刑事责任。中国古代法律虽无这方面的明确规定，但司法实践中，对于因"疯病"而杀伤人者，一般都能宽免处罚。清代法律本无"疯病"杀人治罪明文，雍正三年（1725）始定条例，"疯病"杀人者，须从犯人名下追银收赎；乾隆五年（1740），议定"疯病"杀人者，除追银收赎外，疯病之人须报明地方官，令亲属看守锁锢。乾隆十九年（1754），议定疯病杀人之犯照例收赎，须行监禁，监禁若痊愈后一年不复发，再交亲属领回看守防范。至乾隆二十七年（1762），刑部以"疯病"难保其不再复发，奏请改为永远监禁，即使痊愈也不准释放，并纂入例册。至嘉庆七年

---

① 《刑案汇览》卷四二《刑律·斗殴·殴大功以下尊长》"瞥见父被殴毙即时殴死功兄"条，第1526页。

② 瞿同祖：《中国法律与中国社会》，第46页。

③ 《刑案汇览》卷四一《刑律·斗殴·殴大功以下尊长》"听从胞叔主使殴伤功伯身死"条，第1484页。

④ 《刑案汇览》卷四一《刑律·斗殴·殴大功以下尊长》"听从伊父主使叠殴功兄致死"条，第1490页。

（1802），刑部以"疯病杀人之案多有到案覆审供吐明晰之犯，若仅照例监禁，恐其装疯捏饰，冀图免抵，奏请嗣后如到案及覆审时供吐明晰者，仍按本律例拟抵"。嘉庆十一年（1806），又考虑到"疯病"杀人者"有锁锢已逾一二十年，而又年逾七十，疯病久经痊愈者，逢此大赦未能释放，情堪矜悯，题请分别查办。经本部查疯病之人时发时愈，其曾经杀人之犯防范尤宜倍加详慎，议请以监禁二十年为断，如监禁未至二十年者，年分尚浅，即现报病痊，自毋庸议释。如监禁已逾二十年，及年逾七十者，旧病不至举发，精力就衰，取具印甘各结，题请省释"①。尊长杀伤卑幼，罪责本轻，若因"疯病"而杀伤卑幼，罪责自然更轻，被官府锁锢者一般能提前释放：

> 定柱因疯扎伤伊女身死，前经本部拟以锁锢，嗣据伊子国龄阿以伊父业已病痊，呈请释放。经本部以疯病杀人例应永远监禁。该犯因疯杀死伊女，罪止满杖，与致死平人者不同，惟监禁甫经四年，难保不复再发，当经批示，俟监禁二三年后再行诊验办理。今据伊子遵批请释，该司援引疯病杀人病已痊愈，监禁五年后不复举发，遇有亲老丁单，准其留养之例，仿照办理。查定柱并非亲老丁单，未便援引留养之例，惟因疯杀女，按非理殴杀子孙罪止满杖，与致毙平人不同。且监禁已逾七年，疯病并不举发，伊子国龄阿念切天伦，呈请释放，并据犯兄景照族长富森布具结保领，复经本部取具医士司狱印甘各结，自应原情准其释回。②

按上引条例规定，"疯病"杀人者，到案覆审供吐明晰之犯，不

---

① 参见《刑案汇览》卷三二《刑律·人命·戏杀误杀过失杀伤人》"因疯杀人虽罪不至死仍监禁"条，第1183~1184页。
② 《刑案汇览》卷三二《刑律·人命·戏杀误杀过失杀伤人》"因疯杀女监禁七年原情准释"条，第1185~1186页。

能减刑，仍按本律例拟抵。但尊长因"疯病"而杀卑幼，因为罪不至死，则不适用这一规定。嘉庆八年（1803）十一月，唐尚桑因疯戳伤胞弟唐尚举身死，该犯病已痊愈，到案覆审供吐明晰，四川省法司遂以本律拟以流罪发配。上报刑部后，刑部法司"以疯病杀人，到案及覆审时供吐明晰，按各本律例拟抵，系指罪犯应死者而言，若罪不至死即供吐明晰，仍应照例永远锁锢，将唐尚桑改拟永远锁锢"，并通行各省，此后各案均照此遵办。① 可见，尊长因"疯病"而杀伤卑幼，均有宽免。

但卑幼因精神病发作而杀伤尊长的行为，因事关尊卑秩序，很难得到宽大处理。道光七年（1827），山东省王大辛因精神病发作用刀砍伤胞叔王洪泽，伤已平复。山东省法司以因疯伤人之案例内止有执持凶器伤人依过失伤收赎一条，其余因疯刃伤凡人及有关服制等案并无治罪明文。而山东省上年所办高苑县民王聿荣因疯刃伤大功兄王聿太平复一案，依殴大功兄折伤以上递加凡斗刃伤人三等，拟杖一百、流二千里，以伤由疯发无知，并非有心干犯比，照疯疾执持凶器伤人依过失杀人收赎，奉部覆准在案。"如因疯刃伤，果可比照过失问拟，则现在王大辛之案按律止应拟徒，惟案关服制，律例究无专条，咨请部示。"刑部批覆如下：

> 嘉庆二十一年本部审办吉祥因痰迷疯病复发，适伊妻用刀切菜，该犯赶至身旁，夺刀将伊妻砍伤，经伊胞婶李氏惊见夺刀，不期刀尖误将李氏右手划伤。平复。将该犯依刃伤期亲尊属，讯非有心干犯例拟绞监候，题结在案……查因疯杀死期亲尊长之案，向俱仍照本律问拟，是因疯刃伤胞叔照刃伤期亲尊属，讯非

---

① 《刑案汇览》卷三二《刑律·人命·戏杀误杀过失杀伤人》"因疯杀人虽罪不至死仍监禁"条，第1184页。

有心干犯之例问拟绞候，贷其立决已属持平。若照过失伤减二等
律拟徒，不特生死悬殊，且与办过成案不符。至王聿荣因疯刃伤
大功兄依律拟流，比照凡人例收赎，系因刃伤大功尊长本律罪止
拟流，故可仍依本罪收赎，与刃伤期亲尊长本律应拟绞决者不
同，自不得牵引凡人因疯执持凶器伤人依过失伤之例问拟，应咨
覆该抚将王大辛一犯详核例案妥拟。①

按照刑部的批覆，卑幼因"疯病"杀伤尊亲，亲等愈近，获得
宽免的机会愈小，若是直系尊亲，则无机会，仍按杀伤尊长本律
处罚：

> 苏朝滋染患疯病，时发时愈，伊父苏平令其赴地拾柴回家，
> 苏朝滋疯病复发，顺取菜刀跳舞，苏平拦夺，被苏朝滋用刀砍伤
> 苏平左脚踝，刀背殴伤右脚腕骨折，伤未平复。该抚将苏朝滋依
> 子殴父，无论伤之轻重，即行奏请斩决例，拟斩立决具题。臣等
> 查子殴父母，无论伤之轻重，即行奏请斩决之例，系指有心干犯
> 者而言，如子因疯殴父，伤经平复，应按律拟以斩决。臣部仍将
> 可原情节于疏内声明具题。奉旨饬下九卿核拟，改为斩候，其被
> 殴之伤未经平复，未便先行奏请斩决，致与有心干犯者毫无区
> 别。今苏朝滋因疯砍殴，致伤伊父苏平右脚腕等处，自应俟被殴
> 之伤曾否平复，再行按律办理，该抚将该犯奏请即行立决，系属
> 误会例意，应令该抚验明苏平之伤现在曾否平复，详细声明，按
> 律妥拟具题，到日再议等因。去后兹据该抚查验明确，苏平所受
> 各伤均已平复，惟右脚腕一伤骨已损折，行走不能如常，将苏朝

---

① 《刑案汇览》卷三二《刑律·人命·戏杀误杀过失杀伤人》"因疯刃伤期亲尊属"
条，第 1189～1190 页。

滋依律拟斩立决，声明并非有心干犯等因具题。臣等核其情节，苏朝滋殴伤伊父系由疯发无知，并非有心干犯，惟伦纪攸关，仍应按律问拟。应如所题，苏朝滋合依子殴父律，拟斩立决。[1]

按此，子孙因疯殴祖父母、父母造成轻伤痊愈者，方有可能由斩立决减为斩候，伤筋动骨难以痊愈之伤，则不能减轻。若因"疯病"致死直系尊亲，更无减刑之可能。道光三年（1823），周传用患有间歇性精神病，时发时愈，其父周建爱怜其子，并未报官锁锢。后周传用疾病复发，持枪乱舞，周建上前拦阻，被周传用戳伤身死。官府提审周传用时，周传用目瞪口呆，语无伦次，诘以如何将其父戳死，全然不知，加以酷刑威吓，亦不畏惧，官府认定并非伪装，确为精神病患者。但因伦纪攸关，仍依子殴杀父律凌迟处死。[2] 上报中央后，刑部认为此类逆伦重犯，应先行正法，避免犯人因故死去而不能明正典刑：

> 查例载：审办逆伦重案，如距省在三百里以内，无江河阻隔者，于审明后即恭请王命委员，会同该地方官押赴犯事地方正法，若距省在三百里以外，即在省垣正法，仍将首级解回犯事地方枭示等语。是子孙殴死祖父母、父母之案，例内既有恭请王命正法之语，自应于审明后恭请王命即行正法。至疯病杀人之犯，虽由疯发无知，然所杀系祖父母、父母，则伦纪攸关，迥非常人可比，在本犯身为人子，戕及所生，实属罪大恶极，执法者亦未便因其疯发无知，即令日久稽诛，必俟奏明后方加刑戮，设本犯

---

[1] 《续增刑案汇览》卷十一《刑律·斗殴·殴祖父母父母》"因疯殴父能否伤痊再行核办"条，第355页。

[2] 《刑案汇览》卷四四《刑律·斗殴·殴祖父母父母》"殴杀父母无论因疯先行正法"条，第1617～1618页。

于未奉旨之先或在监病毙，不得明正典刑，殊非所以重伦常而惩枭獍，应请嗣后除子孙殴伤、误伤、误杀及过失杀祖父母、父母仍各照定例奏明办理外，其子孙殴杀祖父母、父母之案，无论是否因疯，悉照本律问拟，一面恭请王命即行正法，一面恭折具奏，庶逆伦重犯不致久稽显戮，而办理亦无歧误等因奏准。①

即使因"疯病"而致死父母的子孙，官府未及逮捕就已死去，仍要锉尸示众：

> 姜聚添因疯砍死伊父姜志洁，旋即被母周氏砍死。查该犯虽被伊母立时砍毙，究未明正典刑，将该犯比照殴父致伤问拟斩决后其父因伤身死将犯锉尸例，锉尸示众。②

四　妻妾杀伤夫君

妻妾故杀夫君，自然罪当凌迟。嘉庆十五年（1810），四川人程邓氏因"伊夫程洪受平日酗酒嫖赌，屡被伊夫程洪受殴打，又见其站立伊媳房门外，辄疑图奸，商同伊子程德帮勒毙命，实为人伦至变。该督审明后即将程德恭请王命正法，而程邓氏一犯当照寻常谋毙夫命案情，仍请敕下部议，未免拘泥，程邓氏着即凌迟处死"③。嘉庆十七年（1812），李氏与奸夫合谋毒死丈夫李瑶先，李氏依律凌迟

① 《刑案汇览》卷四四《刑律·斗殴·殴祖父母父母》"殴杀父母无论因疯先行正法"条，第1617～1618页。
② 《刑案汇览》卷四四《刑律·斗殴·殴祖父母父母》"因疯杀父被母砍毙仍锉尸"条，第1618页。
③ 《刑案汇览》卷二三《刑律·人命·谋杀祖父母父母》"商同伊子谋杀亲夫应先处决"条，第830～831页。

处死。① 此等因奸杀夫事例，司法实践中绝无减刑之可能，因奸谋杀的即便是未婚夫，也无宽待。乾隆四十三年（1778），湖南有童养媳田氏与奸夫合谋杀死未婚夫张成业，"田氏仍照因奸谋死亲夫律凌迟处死"②。

妻妾与人通奸而致使奸夫杀本夫，妻妾虽不知情，仍处以绞刑。即使"当时喊救与事后即行首告，将奸夫指拿到官，尚有不忍致死其夫之心者，仍照本律定拟"③。特殊情况下才会减一等处罚：

> 邢氏因与史振花通奸，被本夫查知责打，该氏即立意改悔，并屡次同史振花拒绝，史振花续奸不遂，将本夫谋杀。该氏事后闻知往看，投保报案，是该氏之悔过拒绝已有确证，临时并不在场，事后即行首告，其不忍致死其夫之心较之奸未悔拒、致夫被杀者，情更可原。该省将该氏依奸妇不知情绞候声请减流上再减一等，科以满徒，衡情准理，似为允协，尚可照覆。④

因奸谋杀夫而未造成实际伤害，处罚也重。乾隆五十三年（1788），山西地方吴王氏听从奸夫吴万钧谋杀纵奸本夫，但行而未伤，"该抚审照伤而未死，于斩罪上量减拟流改发驻防兵丁为奴，不准收赎"。刑部认为，按法律规定，谋杀人已行未曾伤人，为首者杖一百，徒三年；为从同谋杖一百。妻妾谋杀纵奸本夫伤而未死，例有明文，奸妇拟斩监候；但行而未伤之案，并无治罪之条。比照法条，

---

① 《刑案汇览》卷二三《刑律·人命·杀死奸夫》"因奸谋杀本夫旁人知情买砒"条，第858~859页。
② 《刑案汇览》卷二三《刑律·人命·杀死奸夫》"奸夫谋死未婚夫奸妇不知情"条，第853页。
③ 《刑案汇览》卷四九《刑律·诉讼·子孙违犯教令》"子妇与人通奸翁被奸夫杀死"条，第1824~1825页。
④ 《刑案汇览》卷二四《刑律·人命·杀死奸夫》"拒绝后奸夫谋杀夫奸妇首告"条，第838页。

不过"亦止拟杖"而已。地方督抚判处发遣，"已属从严办理"，但并没有改判，而是认为"似可照覆"①。这反映出法司上下对服制命案从严判处、不敢轻纵的态度。

不过，刑部也有对地方法司"从严办理"的服制命案进行改判的案例。乾隆二十二年（1757），广东省小张氏未婚时与钱至隆通奸，知自己出嫁有期，即已杜门拒绝。钱至隆因不能复合，故于小张氏已嫁之次日将小张氏之本夫曾成茂谋死。广东巡抚将"小张氏照奸妇虽不知情拟绞"上报。刑部认为："在室女与人通奸，奸夫自杀许配之夫，历来成案止科奸罪，小张氏虽已嫁夫，仅止两日，其与钱至隆通奸系在未经出嫁以前，与已经成婚之后，复招引奸夫往来，以致本夫被害者有别，经本部议将小张氏改依军民相奸例拟以枷杖"②。但这样的改判、驳正少之又少，绝大部分这样的妇女通奸案中，奸夫若擅自杀本夫，都是按谋杀本夫律而不是按通奸律来处置的。

《大清律例》设有"妻妾殴夫"的专条，规定妻妾只要有殴夫的行为，均杖一百，折伤，加凡人斗殴三等处罚；殴夫至笃疾，绞立决；若殴死，斩立决；如系故杀，则凌迟处死。③ 实际生活中，妻妾故意、主动杀伤夫的案例，其实很少发生，多半是出于自卫。但只要殴死夫，一般不会减刑。

道光九年（1829），罗小么逼迫其妻王阿菊卖淫，王阿菊不从，罗小么时常打骂，王阿菊无奈允从。之后罗小么与奸夫安阿二因嫖资争吵，将安阿二驱逐，罗小么欲另寻奸夫，复令王阿菊卖淫，王阿菊不允，罗小么辱骂并拾棒扑殴，王阿菊虑被殴伤，顺手拿起砂锅滚水

---

① 《刑案汇览》卷二四《刑律·人命·杀死奸夫》"听从奸夫谋杀纵奸本夫未伤"条，第852~853页。
② 《刑案汇览》卷二四《刑律·人命·杀死奸夫》"奸夫谋死未婚夫奸妇不知情"条，第853页。
③ 参见《大清律例》卷二八《刑律·斗殴下》"妻妾殴夫"条，第460页。

吓泼，冀其退避，不期泼伤罗小么胸膛等处身死。贵州地方拟斩立决上报刑部。刑部认为罗小么"逼令卖奸，无耻已极，该氏被殴吓泼适伤致毙，尚非无故逞凶干犯，惟死系伊夫，名分攸关，仍应按律问拟，应如该抚所题，王阿菊合依妻殴夫至死者斩律，拟斩立决"①。

值得注意的是，此案贵州地方虽拟斩立决上报刑部，但同时认为王阿菊并非有心干犯，有酌减之情，但刑部并没有采纳。以下两例妻殴夫致死减刑，都是因丈夫有不孝行为在先：

> 缘范日清买有腐干三块在家，旋赴邻村饮酒。是日午后，范日清之父范彩荣缺少饭菜，令媳姚氏煮食。傍晚范日清回家寻取腐干，姚氏回称已经为翁煮食，范日清言欲下酒，怒詈姚氏，做情叫骂赶殴，因醉失跌，被桌角磕伤左眉，随即站起用拳打伤姚氏左眼胞，并拾扁挑打伤姚氏左肩甲。姚氏欲行走避，范日清举挑向殴，姚氏情急随手用擂茶木槌举起一格，致伤范日清额颅倒地，垫伤左臀殒命，将姚氏拟斩立决具题。②

> 史卢氏因义子史幅贵屡窃家中衣物，并偷人庙内木头，向斥不服顶撞，气忿莫遏，起意揉瞎其两目，逼令伊媳史王氏帮同捆按。应以史卢氏为首，将史卢氏依非理殴打乞养子成笃律杖九十收赎。史王氏听从捆按，致史幅贵不能动展，被史卢氏揉瞎两眼，系迫于姑命，勉从下手，应照为从于妻殴夫致笃疾绞罪上减一等，拟流收赎。③

---

① 《刑案汇览》卷四十《刑律·斗殴·妻妾殴夫》"被夫屡次殴逼卖奸将夫殴死"条，第1466页。

② 《刑案汇览》卷四十《刑律·斗殴·妻妾殴夫》"殴死不孝之夫立决改为监候"条，第1466~1467页。

③ 《刑案汇览》卷四十《刑律·斗殴·妻妾殴夫》"迫于姑命听从帮按致夫笃疾"条，第1465页。

范姚氏一案，刑部并没有采用夹签声请，依旧按律拟斩立决呈报。乾隆下旨："姚氏格伤伊夫范日清致毙，刑部因名分攸关将姚氏拟以斩决，固属按律定拟，但细阅案情……是范日清不顾养父转因而嗔责其妻，已干不孝之罪，姚氏本无不合，因其夫叠殴，情急随用擂茶木槌举手一格，致伤范日清倒地垫伤殒命，与无故干犯者不同。而范日清之死，孽由自作，姚氏着从宽改为斩监候，秋后处决。钦此。"① 范姚氏是靠皇帝恩旨才得以减刑。史王氏一案中，主谋揉瞎史幅贵两目的史卢氏处罚要轻于史王氏，原因就在于身份不同：史卢氏是主犯，但身份是受害人的母亲，处罚轻；史王氏是胁从犯，因身份为受害人之妻，处罚反倒重于主犯。

---

① 《刑案汇览》卷四十《刑律·斗殴·妻妾殴夫》"杀死不孝之夫立决改为监候"条，第 1466~1467 页。

第三章　奸　　盗

一　奸　非

　　亲属间的性禁忌是人类古老的禁忌之一，中国古代这方面的禁忌更是严格，不但包括有血缘关系的亲属，也包括亲属的配偶。① 古代伦理要求家族之内，尊卑有序，男女有别，亲属之间的性行为被认为是乱人伦的禽兽之行，所以历代法律对这种行为处罚极重，而且惩罚力度有逐渐加重的趋势，如明清律的处罚就比唐宋律要重。

　　常人相奸，唐、宋律，和奸，若为无夫奸，徒一年半，有夫奸，徒二年，强奸，加等，致伤者再加折伤罪一等。明清律，和奸，无夫奸，杖八十，有夫奸，杖九十，强奸，绞。② 可见，常人和奸的处罚有逐渐减轻的趋势。

---

①　古代的其他国家，血亲之间的性禁忌是普遍存在的，处罚也重于常人之间。但通常，亲属间的性禁忌不包括亲属的配偶。众所周知，各少数民族都有妻后母、报寡嫂之俗，不以此为禁忌。西方国家古代、近代法律中，除去岳母、子媳等特殊个体，亲属间的性禁忌也不包括亲属的配偶。

②　以上关于常人相奸的法律规定，参见《唐律疏议》卷二六《杂律》"凡奸"条（第483页）；《宋刑统》卷二六《杂律》"诸色犯奸"条（第478页）；《大明律》卷二五《刑律·犯奸》"犯奸"条（第197页）；《大清律例》卷三三《刑律·犯奸》"犯奸"条（第521页）。

但亲属相奸，无论和奸、强奸，其惩罚逐渐加重。奸同宗无服亲及妻，唐宋律皆同常人奸，而明清律重于常人奸，常人奸，杖八十，但与同宗无服亲及妻奸，杖一百。若奸缌麻亲及妻，已属有服亲，处罚就重得多。唐宋律，和奸，男女各徒三年；强奸，流二千里，致伤者，绞。明清律，和奸，徒三年，加杖一百；强奸，无论有无伤，皆绞。若奸小功以上亲及妻，则罪入十恶中的"内乱"罪，处罚更为严酷。唐宋律，与小功、大功亲及妻通奸，男女流二千里，强奸，绞；明清律，和奸，男女皆绞，强奸，斩。至于期亲，亲等则更近，他们之间犯奸，为灭绝人伦之事，法律绝不宽贷，有死无赦。如与叔伯母、姑、姊妹、侄女以及子孙之妻，和奸者，唐至清律皆处斩，强奸者，斩。① 至于更近的亲属之间，如女、孙女、母、祖母，乃"圣人所不忍书"，"法律所不忍书"，禽兽不如，法律都没有规定如何处置，大概任何刑罚也不为过。②

按照服制亲等原则，本宗女性亲属出嫁，亲等随之降低，称为降服。如姊妹，在室为期亲，出嫁则降为大功；堂姊妹，在室为大功，出嫁则为小功。与已出嫁的亲属发生相犯行为，处罚时，亲等是按照

---

① 以上亲属相奸的法律规定，参见《唐律疏议》卷二六《杂律》"奸缌麻以上亲及妻"条、"奸从祖母姑等"条、"奸父祖妾等"条（第493～494页）；《宋刑统》卷二六《杂律》"诸色犯奸"条（第478页）；《大明律》卷二五《刑律·犯奸》"亲属相奸"条（第198页）；《大清律例》卷三三《刑律·犯奸》"亲属相奸"条（第524页）。

② 当然这样的事例也极少发生，笔者仅见一例。《汉书》卷三五《燕王刘泽传附刘定国传》："定国与父康王姬奸，生子男一人，夺弟妻为姬，与子女三人奸。……下公卿，皆议曰：'定国禽兽行，乱人伦，逆天道，当诛。'"（中华书局，1962，第1903页）清代各种案例汇编中，则无这样的案例，只有一例是发生在养子与养母之间的。嘉庆二十二年（1817），李张氏于夫故孀居多年，适听邻近有娶亲之家，顿萌淫念，遂勾诱伊夫前妻之子李明则通奸，李明则幼为该氏抚养，因被勾诱，亦即罔顾继母名分，均属淫乱蔑伦，惟例无子与继母通奸作何治罪明文，将李张氏、李明则均比照奸伯叔母律，各斩立决。参见《刑案汇览》卷五二《刑律·犯奸·亲属相奸》"子与继母通奸比例拟斩"条，第1974页。

降服来计算的。如殴伤已出嫁之姊，并不按殴伤期亲尊长处罚，而是按殴伤大功尊长来处罚。但值得注意的是，亲属间的相奸行为，一般不适用降服处罚的原则：

> 凡奸同宗无服之亲及无服亲之妻者，各杖一百（强者，奸夫斩监候）。奸内外缌麻以上亲及缌麻以上亲之妻，若妻前夫之女，同母异父姊妹者，各杖一百，徒三年；强者，（奸夫）斩（监候）。若奸从祖祖母、（祖）姑、从祖伯叔母、（从祖伯叔）姑、从父姊妹、母之姊妹及兄弟妻、兄弟子妻者，（奸夫奸妇）各（决）绞；惟出嫁祖姑、从祖伯叔姑，监候绞。）强者，（奸夫决）斩。（惟强奸小功再从姊妹、堂侄女、侄孙女出嫁降服者，监候斩。）①

上引条文中，对于亲属相奸行为中适用出嫁降等治罪的范围作出了限定，和奸案内的祖姑、从祖伯叔姑，强奸案内的再从姊妹、堂侄女、侄孙女，才适用出嫁降等治罪的原则，与其他亲属之间发生相奸行为，则不适用这一原则。清代刑部对于地方官员超范围适用奸罪出嫁降等治罪的案件都一一进行了驳正，如乾隆五十五年（1790）吴宗顺与出嫁表妹鄂陈氏通奸案，② 嘉庆二十一年（1816）张启文与出嫁堂妹张卯英通奸案，③ 道光七年（1827）阎庭桂与出嫁堂姊阎氏通奸案。④ 同样，本宗子弟出继，若与亲属相奸，也不降等治罪，道光

---

① 《大清律例》卷三三《刑律·犯奸》"亲属相奸"条，第 524 页。
② 参见《刑案汇览》卷五二《刑律·犯奸·亲属相奸》"奸出嫁缌麻表妹"条，第 1965 页。
③ 参见《刑案汇览》卷五二《刑律·犯奸·亲属相奸》"奸出嫁缌麻堂妹"条，第 1966 页。
④ 参见《刑案汇览》卷五二《刑律·犯奸·亲属相奸》"与已出嫁从父姊妹通奸"条，第 1963 页。

九年（1829），周文元出继胞伯为嗣，与本生胞弟之妻陈氏和奸未成败露，刑部认为亲属相奸并无出继降等治罪之说，仍以本律处罚。①道光十年（1830），曹二斤十先与寡妇赏氏通奸，后赏氏嫁于其胞弟曹四十二为妻，曹二斤十仍与赏氏续奸。此案，若以奸同胞兄弟妻律拟罪，曹二斤十应处绞决。但曹二斤十自幼出继于堂伯为子，与胞弟曹四十二降服为大功，陕西地方官遂以奸内外缌麻以上亲之妻例发附近充军。上报中央后，刑部在"说帖"中明确指出"亲属相奸，女不言出嫁，男不言出继，有犯仍依本宗服制论，不得与杀伤之案降等科罪"②，驳回重审。

对于娶亲属妻妾，《刑案汇览》中所收各案均进行了制裁，而且处罚较为严厉。道光六年（1826）杨秉德娶大功兄妻王氏为妻，系杨秉德之母杨麻氏主婚，杨麻氏被判杖一百、徒三年；嘉庆二十一年（1816），潘怀全因贫将妻唐氏嫁卖于大功弟潘怀年为妻，结果，潘怀全、潘怀年兄弟及唐氏均被判杖一百、徒三年。③清代各级法司对于娶亲属妻妾的婚姻，一律不予承认，态度非常坚决。嘉庆二十二年（1817），刘二娶大功堂弟之妻白氏为妻，后白氏与张文通奸，刘二与弟将张文共殴身死，白氏畏惧自尽。地方法司认为刘二与白氏婚姻非法，故没有依据本夫捉奸杀死奸夫律来判处，但考虑到刘二系白氏前夫之大功堂兄，依有服亲属捉奸而擅杀奸夫律来判处，对刘二拟以流刑。上报中央，刑部认为不妥：

> 刘二娶大功弟妇白氏为妻，系伊胞叔主婚，应罪坐主婚之

① 参见《刑部比照加减成案续编》卷二八《刑律·犯奸·亲属相奸》"广西司道光九年"条，第719页。
② 《刑案汇览》卷五二《刑律·犯奸·亲属相奸》"兄之奸妇弟娶为妻后复并奸"条，第1972页。
③ 以上二例参见《刑案汇览》卷八《户律·婚姻·娶亲属妻妾》"娶大功兄妻为妻应独坐主婚"条、"娶大功兄卖休之妻"条，第253、254页。

人。惟白氏究非该犯应娶之妇，律应离异，是该犯既不得为白氏
后夫，而其甘心收娶大功弟妇，罔顾服属，即亦不得为白氏大功
夫兄，该犯因张文与白氏通奸，纠弟将张文共殴毙命，不得以擅
杀定拟，将刘二改照凡人共殴律拟绞监候。①

在刑部法司的批覆中，刘二因为娶大功弟妇白氏为妻，连白氏大
功夫兄的身份也一并丧失，其不承认娶亲属妻妾婚姻的态度，可见
一斑。

就是娶亲属未婚之妻，也要制裁。乾隆六十年（1795），刘八原
聘苏从德侄女苏大各为妻，尚未过门，刘八旋即逃亡，八年无踪，苏
从德恐误侄女苏大各终身，起意将苏大各许配给刘八之兄刘七为妻。
事发，苏从德及主婚之刘七胞兄刘美被判徒刑，苏大各与刘七被强制
离异。道光六年（1826），汪一受原为次子汪洸伦聘魏么女为妻，尚
未过门，汪洸伦即病逝，汪一受与魏么女之母魏李氏商定，将魏么女
改嫁长子汪洸美为妻。结果，汪一受与魏李氏均杖一百、徒三年，魏
么女与汪洸美强制离异。②

但娶亲属妻妾，风俗较为普遍，③ 而《刑案汇览》《驳案汇编》
《刑部比照加减成案》等三大清代的案例汇编总共收录有此类案件

---

① 《刑案汇览》卷二七《刑律·人命·杀死奸夫》"收娶弟妇为妻之犯杀死奸夫"
　　条，第 972 页。
② 以上二例参见《刑案汇览》卷八《户律·婚姻·娶亲属妻妾》"娶未婚弟妇为妻
　　系尊长主婚"条、"娶未婚弟妻主婚媒人俱收赎"条，第 255、256～257 页。
③ 关于娶亲属妻妾，山西沁水、闻喜、夏县，安徽贵池、和县，江西赣南各县、赣
　　县，浙江义乌、浦江、东阳、临海、平湖、泰顺，湖北襄阳、谷城、郧县、汉阳、
　　兴山、潜江、恩施、竹山，湖南长沙、沅陵、宝庆、石门、慈利、澧县、桃源、
　　临澧，陕西镇巴、邻阳、汉阴、定边、平利，甘肃泾原、陇西等地，都习以为常。
　　参见前南京国民政府司法行政部编《民事习惯调查报告录》，中国政法大学出版
　　社，2000，第 829、839、850、864、880、883、891、906、911、913、945、954、
　　968、977、978、984、985、1005、1022、1039、1053 页。

八例，① 数量极其有限，说明清代司法实践并不重视对这一类行为的制裁。在四川南部县档案中，对于光绪二十一年（1895）、二十五年（1899）、三十二年（1906）分别发生的四件娶亲属妻妾案例，县官只是判定婚姻无效，强制离异，但对于当事人及媒人、主婚人等责任人，地方官虽强调依律应予以制裁，但皆以"念其乡愚无知"为理由，免予制裁或从轻处罚。②

从清代遗留下来的案例来看，血亲之间，尤其是近亲之间，发生性行为或性侵犯的事例并不多见。③ 这与人类的本性有关，血亲之间的性禁忌是天然存在的。所以，亲属相奸，大多发生在与血亲的配偶或是无服远亲之间。

清代遗留下来的亲属相奸案例，单纯和奸案例较少，因为和奸本为隐秘之事，不易为外人知晓，作为案例保留下来的可能性较小，故亲属相奸案例大多为强奸或伴有杀伤行为。如上节所述，在遇见伴有杀伤行为的亲属相盗案件时，法律遵循的原则是"轻盗窃而重杀伤"，案件的性质由侵犯财产转为人身侵犯，完全按亲属杀伤律来处罚，而引起杀伤的盗窃事由则可忽略。但在伴有杀伤的亲属相奸案件中，情况就完全不同了，引起杀伤的事由是被充分考虑的。

---

① 其中，《刑案汇览》卷八《户律·婚姻·娶亲属妻妾》类收录 7 个案例，《刑部比照加减成案续编》卷三《户律·婚姻·娶亲属妻妾》收录 2 例，其中 1 例与《刑案汇览》重复，共计 8 例。

② 参见《南部县正堂清全宗档案》，四川省南充市档案馆藏，档案号：12～936、12～963、15～144、17～900。

③ 笔者所见清代各种案例汇编中所载亲属相奸之案例，并没有直系血亲之间相奸的案例，只有二例是在同胞兄妹之间。乾隆四十五年（1780），江西人杨李氏婚前即与胞兄李云奉通奸，出嫁后，仍续奸情，又嫌夫丑陋且家贫，遂与胞兄合谋害死夫。结果，杨李氏凌迟，李云奉斩决。参见郑秦、赵雄主编《清代"服制"命案——刑科题本档案选编》，第 239～240 页。光绪二年（1876），湖南阙五英与胞兄阙春生通奸而合谋害死未婚夫陈海生，阙五英凌迟，阙春生斩决。参见《新增刑案汇览》卷十三《刑律·犯奸·亲属相奸》"兄妹通奸谋杀未婚夫身死"条，北京古籍出版社，2004，第 703 页。

清律赋予亲属捉奸的权利，且范围很广，有服亲属皆许捉奸。①
在捉奸时，殴伤通奸的亲属，无论尊卑，皆可以免责：

　　　李青凤因小功服叔李均明私娶伊嗣母凌氏为妻，该犯外归查
　　知，央恳凌氏仍回己家过活，凌氏悔悟允从。李均明将该犯打骂
　　撵逐，禁止凌氏不许见面。该犯纠人欲拿李均明送官，因其不服
　　拘拿，夺刀砍伤其右臁肋，复挖瞎其两目，致成笃疾……应与捉
　　奸殴伤尊长之犯一体勿论。②

如果在捉奸时，杀死亲属，也可减轻处罚。登时（立即）杀死
者，照夜无故入人家，已就拘执而擅杀律，杖一百，徒三年，非登时
而杀，则依擅杀罪人律处罚，最重为绞监候。只有所杀为期功尊
长，才照亲属杀伤本律来处罚。③ 司法实践中，对于卑幼捉奸而杀期功尊
长，一般允许夹签声明，④ 多可减等处置。如嘉庆四年（1799），崔
文娃随伯父捉奸故杀犯奸之叔母；嘉庆十五年（1810），刘好小随父
捉奸杀死犯奸之伯母，均夹签声明。⑤ 即使并非捉奸时杀死曾经犯奸
之尊长，也有从宽处理的可能。嘉庆二十四年（1819），赵元儿因伯
母赵解氏与人通奸，臭名在外，前往劝阻，不料反遭辱骂、殴打，气
愤之下，夺刀杀死伯母。地方督抚在上报时夹签声明，刑部认为不合
夹签之制，应以"情尚可矜原，似应于稿尾叙明，恭候钦定，冀可

---

① 《大清律例》卷二六《刑律·人命》"杀死奸夫"条赋予本夫捉奸的权利，本条附
　　例规定"有服亲属，皆许捉奸"，第 424 页。
② 《刑案汇览》卷二六《刑律·人命·杀死奸夫》"殴伤占娶伊母之小功叔成笃"
　　条，第 959 ~ 960 页。
③ 参见《大清律例》卷二六《刑律·人命》"杀死奸夫"条附例，第 422 页。
④ 参见俞江《论清代九卿定议——以光绪十二年崔霍氏因疯砍死本夫案为例》，《法
　　学》2009 年第 1 期。
⑤ 以上二案参见《刑案汇览》卷二四《刑律·人命·杀死奸夫》"随同胞伯捉奸勒
　　死犯奸胞婶"条、"随父捉奸听从帮按杀死伯母"条，第 866、867 页。

幸邀恩宥"①。

在捉奸时，若杀死直系尊亲，也可夹签减罪。嘉庆十年（1805），马香捉奸时杀通奸之继母万氏，原拟凌迟，后奉旨改为斩候；道光十五年（1835），张经成因捉奸杀继祖母张李氏，原拟凌迟，也奉旨改为斩候。② 当然，这两个捉奸时杀死直系尊长减罪之例，所杀为继母或继祖母，或许还不能说捉奸时杀死亲生父母，也可以减罪。但可以肯定的是，子孙在捉奸时误伤父母或致父母自尽，是可以减罪甚至免罪的：

> 姚哑叭因小功堂叔姚七与伊母陈氏通奸，先经撞破不依，反被姚七捆殴，嗣见姚七复在伊母窑内奸宿，一时忿激，持刀扑砍，因伊母从背后抱住，疑系姚七，以致误伤伊母殒命，仍应按律定拟，将姚哑叭依子殴母杀者律凌迟处死……惟该犯意在杀死奸夫，误毙母命……可否量从末减，改为斩监候之处，恭候钦定。③

> 王锦元因母李氏与王卓通奸，经伊窥破，当欲殴打王卓泄忿。因碍伊母颜面，是以隐忍并屡劝伊母不听。嗣王卓复至李氏屋内续旧，被伊堂兄王三元窥见通知，邀同往捉。王卓逃避，李氏因奸情败露，羞愧自尽。是王锦元闻知伊母与奸夫现在行奸，随同堂兄前往，实属出于义忿，而李氏之死由于奸情败露。既有

---

① 《刑案汇览》卷二四《刑律·人命·杀死奸夫》"伯母犯奸不听劝止故杀伯母"条，第867页。

② 以上二案参见《续增刑案汇览》卷八《刑律·人命·杀死奸夫》"孙捉祖母之奸忿激砍死祖母"条，第233~234页。

③ 《续增刑案汇览》卷八《刑律·人命·杀死奸夫》"忿激扑砍母之奸夫误毙母命"条，北京古籍出版社，2004，第230~231页。

奸夫王卓照例拟徒，王锦元自应免其置议。①

至于尊长，在捉奸时杀死犯奸之卑幼，皆可减罪：

> 陈玉泽因伊侄女李陈氏与李红茂通奸，邀同陈玉祥赶至李红茂家，将李陈氏拿获，系奸所获奸，追至中途，因李陈氏哭骂不肯同行，将其推入塘内溺毙，实属杀非登时……合依本妇有服亲属捉奸，杀死犯奸卑幼之案，如非登时而杀，无论谋故，各按服制于殴杀卑幼本律上减一等例，于殴死同堂大功弟妹满流罪上减一等，杖一百，徒三年。②

若是直系尊长，杀死犯奸子孙则可直接免罪：

> 川督题周俸瀍奸拐李世楷之女同逃，被李世楷拿获，登时殴伤李二姐身死一案。将周俸瀍比照本夫登时奸所获奸将奸妇杀死，审明奸情属实，将奸夫拟绞例拟绞监候，李世楷比照本夫杖八十例杖八十等因具题。钦奉谕旨：父母殴毙无罪子女予以杖罪，尚为慎重人命起见，今李二姐既系犯奸，即属有罪之人，李世楷将伊女殴毙，系出于义忿，尚有何罪？虽所拟杖罪声明遇赦援免，但究不应以杖罪科断。嗣后遇有似此情节者，其父母不必科以罪名，并着刑部将此例删除，以昭明允。③

---

① 《刑案汇览》卷二六《刑律·人命·杀死奸夫》"子侄捉奸致母因奸败露自尽"条，第956页。
② 《续增刑案汇览》卷八《刑律·人命·杀死奸夫》"捉奸杀死出嫁降服大功侄女"条，第215页。
③ 《刑案汇览》卷二五《刑律·人命·杀死奸夫》"父母捉奸仅杀奸妇毋庸科罪"条，第916～917页。

本夫捉奸时，登时杀死通奸的妻妾，当然无责，事后再杀，比照拘执而擅杀律拟徒。如果奸夫为亲属，即便是尊长，本夫捉奸时殴伤或登时杀死，法律也没有治罪的明文。乾隆二十九年（1764），蔡通砍伤与己妻通奸的胞叔蔡奕凡，江苏地方官原拟蔡通绞立决，上报中央后，刑部批覆曰：

> 查律载：本夫于奸所亲获奸夫奸妇，登时杀死者，勿论。此言本夫杀死奸夫，统得勿论。即至杀死有服尊长，亦无另有治罪之条。若本夫因捉奸致伤尊长，则更可无论也。又杀奸例载：本夫本妇有服亲属皆许捉奸，但卑幼不得杀尊长，犯则依故杀伯叔母姑兄姊科断。此则专言应许捉奸之两家卑幼服数，不得干犯尊长，亦止言杀而不言伤，而本夫之捉奸致伤尊长者，则尤可无论也。是以乾隆六年臣部议覆河南按察使条奏本夫捉奸杀死尊长，当随时酌量议拟在案。是因奸而杀尊长，尚在矜疑之列，若致伤未死，自应照律勿论。盖尊长内乱，律干斩绞重辟，既予本夫捉奸之权，自难禁其必不致伤。详查律例，检阅条议，从无本夫获奸致伤有服尊长，仍应科罪之文……蔡通既无科罪之条，自应予以勿论。①

按此，本夫捉奸时殴伤尊长，可以不论；登时杀死尊长，也无治罪专条。若事后再杀，虽不能免罪，但可以减轻处罚。嘉庆十七年（1812），王文魁因缌麻叔王礼与己妻通奸，遂将王礼与己妻一并活埋，并非登时而杀，减死为流。② 可见，比起亲属间的杀伤，法律更

---

① 《刑案汇览》卷二四《刑律·人命·杀死奸夫》"捉奸致伤尊长照律应予勿论"条，第873页。
② 参见《刑案汇览》卷二四《刑律·人命·杀死奸夫》"妻与缌叔通奸被夫一并活埋"条，第869页。

重视奸非。

即使在强奸未遂案中，本夫登时杀死犯奸有服尊长，若犯时不知，也不按杀伤尊长本律处罚，只按杀伤常人律处罚。[1] 若明知尊长而致死，条例规定：“有服尊长强奸卑幼之妇未成，被本夫忿激致毙，系本宗期功卑幼，罪应斩决者，无论登时、事后，均照殴死尊长情轻之例夹签声明。”[2] 一般是在亲属杀伤本律的基础上减等处罚，如乾隆五十年（1785），陈上沅殴死强奸己妻未成的胞叔陈鹤，由斩立决减等为斩监候；[3] 又如道光十三年（1833），申佐言故杀强奸伊妻未成的胞兄申佐亨，也经夹签声明，减等处罚。[4]

但是，本夫在捉奸中登时杀死尊长不治罪的规定，并不适用于直系尊长。道光三年（1823），直隶地区有强奸子媳已成者，其子与媳将父当即殴死，子以凌迟处置，妇减为斩候。[5] 光绪三年（1877），关佶舜登时殴死与己妻通奸的父亲，也以凌迟处置。[6] 即使子妇在拒

---

① 《大清律例》卷五《名例律下》“本条别有罪名”条规定：“其本应罪重，而犯时不知者，依凡人论”（第122页）。按此，本夫捉奸杀死奸尊长，犯时不知，应按常人相杀处罚。清代条例又规定：本夫捉奸，杀死犯奸有服尊长，犯时不知及止殴伤者，均照律勿论。两条律文之间似有抵牾之处。嘉庆十六年（1811），阎昶殴死强奸己妻未成的胞兄阎宽并毁尸灭迹，直隶省地方官以黑夜殴毙，犯时不知，照律勿论，但以毁损尊长尸体拟斩。刑部批覆说，捉奸杀死尊长犯时不知者勿论，系指强奸既遂或奸情已成之事，图奸未成不得适用。故仍按《名例律下》中“犯时不知者，依凡人论”的规定，以斗杀罪拟斩候。参见《刑案汇览》卷二四《刑律·人命·杀死奸夫》“杀死强奸伊妻堂叔犯时不知”条，第872页。
② 《刑案汇览》卷二四《刑律·人命·杀死奸夫》“杀死强奸伊妻堂叔犯时不知”条引例，第872页。
③ 参见《刑案汇览》卷二四《刑律·人命·杀死奸夫》“殴死图奸伊妻胞叔情轻夹签”条，第875页。
④ 参见《续增刑案汇览》卷八《刑律·人命·杀死奸夫》“故杀强奸伊妻未成之胞兄”条，第213~214页。
⑤ 参见《刑案汇览》卷五三《刑律·犯奸·亲属相奸》“子妇拒奸致毙伊翁奏请定例”条，第1978~1983页。
⑥ 参见《新增刑案汇览》卷十三《刑律·犯奸·亲属相奸》“因奸殴毙亲父逆犯监毙奸妇在监生产”条，第702页。

奸的过程中致死伊翁，也只能减轻处罚而不能免罪。按清律，妻妾殴夫之父母，斩；致死者，凌迟；因拒奸而致死，则律无明文。这主要还是因为此等败伦伤化之事，人类所不忍闻，圣人所不忍书，故律无专条。但生活实践中却有此类事例发生，需要法司判案定刑。此类案件，按清代成案，一般是由凌迟减为斩候，而斩候往往在秋审时再判缓决，实际上是永远监禁。道光四年（1824），四川地区有子妇拒奸，斧砍其翁致死；道光七年（1827），黑龙江地区有子妇因拒奸而刀伤其翁下体致死，都是按此处理。至道光十年（1830），陕西地区民妇林谢氏因拒奸也刀伤其翁下体而死，此案若按成例，也应判斩候再减为永远监禁，但陕西巡抚认为永远监禁太重，奏请能否在改缓决后，再减等为收赎并离异归宗，刑部于是奉旨议定条例。[1] 但刑部认为，虽拒奸杀翁，但毕竟伦纪攸关，收赎太轻，于是将原来成案的判决作为定例，即先判斩候秋审再缓决，实际执行永远监禁。[2] 至此，清代方有这方面的专门条例。

子妇如果在拒奸过程中致伤其翁，属于正当防卫，法律原本有捉奸致伤尊长不治罪的条款，被害人拒奸而致伤尊长，从情理上讲，更不应该治罪。但翁媳之间名分特重，与卑幼捉奸伤尊长勿论不能等同。所以，这一类的案件，在判决时，往往需要酌情定罪量刑。嘉庆十七年（1812），有一子妇拒奸咬落其翁嘴唇的案例，地方官以子妇殴伤夫父母罪，拟斩立决，嘉庆上谕，免其子妇罪。后撰新例，子妇拒奸殴伤伊翁之案，如实系情急势危，仓促捍拒，仍依本律定拟（即以子妇殴伤夫父母律定罪问斩），法司将应否免议之处奏请定夺，

---

① 在清代，新例的撰定主要是奉旨撰定，皇帝下令才能议新例，而皇帝下令的前提一般为大臣奏请，以前有子妇拒奸杀翁之案，但未有请求定例的奏请，故这方面一直没有条例，陕西巡抚奏请后，才议定条例。

② 以上案例及修撰条例之事，参见《刑案汇览》卷五三《刑律·犯奸·亲属相奸》"子妇拒奸致毙伊翁奏请定例"条，第 1978～1983 页。

由中央法司决定是否免罪。① 条例之所以规定先以本律问斩，然后酌情是否免罪，一是法律中原本有子妇诬执翁奸的罪名，② 二是可能担心如直接规定因拒奸而伤其翁者免罪，实际上就授予了子妇殴伤尊长的借口。刑部的这种担心并非全出臆想，而是有根据的。乾隆五十年（1785），"山东省民妇韩氏因与奸夫张习可谈笑，经伊翁赵刚撞遇斥詈，张习可教令诱引伊翁，拿其柄据，使不敢管束以便往来。该氏听从，乘间勾引伊翁亲嘴，咬落舌尖"③。所以，对待这类案件，刑部要求一定要详查，据实上报。为防止舞弊，即便是证据确凿、无可争议之案，地方官也不能擅自先判无罪，而一定要按子妇殴伤夫父母律定罪问斩，再将应否免议之处据实写明，由中央法司奏请定夺是否免罪。道光八年（1828），霍岳氏因伊翁霍登鳌黑夜图奸，不辨何人，咬伤霍登鳌手指。此案证据确实，又系黑夜不知伊翁的情况下误伤，审案的地方官或许认为无须刑部再确认，便自作主张，先判霍岳氏无罪。刑部却以不合规制为由，退回题本，要求以定制重新具题上报。④ 当然，刑部在审查后，若情形属实，子妇一般是免罪的。嘉庆十七年（1812），山东安邱人王锡强被子妇拒奸所伤，道光八年（1828），江西王建得图奸子妇被伤，均查实免议。⑤

　　按清律规定，如果子孙之妇有罪或违犯教令，祖父母、父母依法决罚，殴伤是不论的，在决罚中失手致死，也可以免责；即使非理殴

---

① 参见《刑案汇览》卷五三《刑律·犯奸·亲属相奸》"强奸子妇被咬落唇皮"条，第 1983～1984 页。
② 《大清律例》卷三三《刑律·犯奸》"诬执翁奸"条："凡男妇诬执亲翁，及弟妇诬执夫兄欺奸者，斩（监候）"，第 525 页。
③ 参见《刑案汇览》卷五三《刑律·犯奸·亲属相奸》"强奸子妇被咬落唇皮"条，第 1983 页。
④ 参见《刑案汇览》卷五三《刑律·犯奸·亲属相奸》"黑夜不知伊翁图奸将翁咬伤"条，第 1985 页。
⑤ 参见《刑案汇览》卷五三《刑律·犯奸·亲属相奸》"强奸子妇被咬落唇皮"条、"调奸义子之妻未成被妇咬伤"条，第 1984、1986 页。

杀子孙之妇，处罚也不严厉：致令笃疾者，杖八十；至死者，杖一百、徒三年；故杀者，杖一百、流二千里。① 但因奸而伤、杀子孙之妇者，处罚极重，这反映出亲属间严格的性禁忌。如果强奸子媳不成，导致媳羞愤自尽，清律规定为发遣为奴。嘉庆二十五年（1820），常亮图奸守寡儿媳不成，便常令使女殴詈儿媳，持刀吓唬，并逼改嫁，儿媳忍受不了折磨，遂自尽。此案中，儿媳自尽，原因并非只是翁父调奸，而是多方面的，主要的原因还在于逼令改嫁，但照强奸子妇未成而妇自尽例，发遣新疆当差。② 又嘉庆二十一年（1816），张四屡次图奸儿媳不从，找借口用火箸将儿媳手指烙伤，被发遣边远为奴。③ 若是强奸不成而杀人灭口，清律规定斩立决。但因翁、媳和奸已是斩决，强奸且杀人灭口，仍是斩决，有失公允。因此，清代前期的成案中，翁强奸子妇不成而杀人灭口者，也有斩决外加罚枭示者。但道光七年（1827），伍济瀛乘子往县城修辑志书，图奸子妇不成而登时杀人灭口，然后伪装自缢。当江西地方官请求刑部准以往成例，判伍济瀛斩决并枭示时，刑部认为此类案件也有不枭示之例，以后各省统一，罪止斩决。④

---

① 参见《大清律例》卷二八《刑律·斗殴下》"殴祖父母父母"条，第463 ~ 464页。

② 参见《刑案汇览》卷五三《刑律·犯奸·亲属相奸》"图奸孀媳不从折磨逼嫁自尽"条，第1995 ~ 1997页。

③ 参见《刑案汇览》卷五三《刑律·犯奸·亲属相奸》"调奸子媳不从将媳凌虐致伤"条，第1997页。

④ 参见《刑案汇览》卷五三《刑律·犯奸·亲属相奸》"图奸子媳不从登时掐死灭口"条，第1993~1995页。另有一案，也是图奸儿媳不成，屡加折磨并活埋儿媳，但只判绞候。此案较为特殊，周幅珍图奸儿媳小王氏不成，屡加折磨，又诬子妇与雇工有奸，并贿赂儿媳胞叔诬指其侄女与雇工有奸，两人一同活埋小王氏，更令人气愤的是，小王氏的丈夫在其父的命令下，也帮同活埋。有外人参与，且是被活埋者的丈夫与胞叔，其翁的责任便减轻了，仅判绞候，另二人皆发遣为奴。参见《刑案汇览》卷五三《刑律·犯奸·亲属相奸》"因调奸不从事后活埋子媳"条，第1991 ~ 1992页。

二 盗 窃

中国古代的礼法都提倡亲属同财共产，共财的亲属范围越大越好，最理想的状态是父祖死后子孙也不分家，形成累世同居的共财之家。这当然难度很大，不好作强制规定，所以，礼、法只是要求父祖在世，子孙不得擅自别籍异财，从而形成了以父为中心包括其直系后代的共财团体。直系亲属之间，由于财产共有，在法律上便不能成立侵犯财产的罪名。如果同财团体还包括其他亲属，无论有服、无服，也不存在盗窃一类的财产侵犯罪名，只有卑幼私擅用财的罪名。处罚卑幼私擅用财，主要是因为卑幼违犯了尊长教令，而不是侵犯了财产。

古代法律虽不允许子孙擅自与父祖别籍异财，但父祖许令子孙异财而分析家产者，无罪。那么，析产后的父子之间能否成立侵犯财产的罪名呢？这是一个不易回答的问题。严格意义上说，父子之间析产后，原有的共有关系业已终止，已不属于共财团体，当然可以成立侵犯财产的罪名。但清律中关于亲属间财产侵犯的条文，如亲属相盗、恐吓取财，皆以期亲为始，并不涉及父子、祖孙等至亲，[1] 说明清律中亲属间成立财产侵犯罪的最高亲等为期亲，父子、祖孙之间似乎不能成立侵犯财产的罪名。在清代著名的三部案例汇编——《刑案汇览》《驳案汇编》《刑部比照加减成案》中，我们没有发现一例至亲相盗的案例，只有一例发生于义子、义父之间的抢夺财产案：

　　外结徒犯许振昆系许调义子，恩养年久，配有家室。该犯因

---

① 参见《大清律例》卷二五《刑律·贼盗下》"亲属相盗"条、"恐吓取财"条，第 400 ~ 403 页。

私欠无还，纠抢义父许调布匹，当钱还欠。应照例即同子孙问拟。惟例无子孙抢夺父母财产治罪明文，查抱养义子于养父母身故，例应持服一年，与期亲服制相同。亲属无抢夺之文，应比照期亲以下自相恐吓，卑幼犯尊长，以凡论，将许振昆照恐吓取财计赃，准盗窃论，加一等律，拟杖八十。①

值得注意的是，上引案例中所谓"例无子孙抢夺父母财产治罪明文"的说法，应该是指业已析产的父子之间，否则，就称不上抢夺而是私擅用财。既然抢夺父母财产无治罪明文，盗窃父母财产当然也没有治罪的明文规定，反过来，如父母抢夺、盗窃子孙财产，更不可能治罪。上引案例发生于义子、义父之间，服制为期亲，才比照恐吓取财治罪。假设此案发生于父祖子孙之间，恐怕无法比照恐吓取财来定罪，因为父子之间根本不能成立此罪，只能按违犯教令来治罪。据此，我们似乎有理由认为，直系亲属间的财产共有体制永远有效，即使父子之间已经财产分立，互相之间也不能成立侵犯财产的罪名。

异居亲属之间，则可以成立侵犯财产罪，但处罚明显轻于常人之间的财产侵犯：

凡各居（本宗外姻）亲属，相盗财物者，期亲，减凡人五等；大功，减四等；小功，减三等；缌麻，减二等；无服之亲，减一等。并免刺。②

亲属相盗的刑事责任明显轻于常人相盗，是因为亲属之间本有互相周济的义务，亲等越近，互助的义务越是不可推卸。减轻处罚，有

---

① 《刑案汇览》卷十八《刑律·贼盗·亲属相盗》"义子抢夺义父财物计赃拟杖"条，第647页。
② 《大清律例》卷二五《刑律·贼盗下》"亲属相盗"条，第400页。

利于促进亲属间的和睦。如果行窃过程中伴有杀伤行为，案件的性质则变为亲属间的杀伤。失窃之人杀伤行窃的亲属，都按亲属杀伤律来处罚：

> 孙守智系孙伦元无服族孙，因孙伦元窃锯树枝，该犯用枣木铁钩背殴伤孙伦元……嗣孙伦元因行窃被殴，无颜做人，羞愧自缢身死。职等查孙伦元身死之处，系行窃败露，轻生自尽，与人无尤。惟孙伦元系孙守智无服族祖，尊卑名分犹存，该抚将该犯依折伤成废满徒律上加一等，拟杖一百，流二千里，与律相符，应请照覆。奉批：究因尊长犯窃所致，应令再行查核等因。遵查亲有养赡之义，故相盗律内得以服制递减免刺。若有杀伤，仍以本律从其重者论，所以轻盗窃而重杀伤也。职等检查并无办过此等成案，公同酌核，应请仍照前议照覆。奉批：既无成案，只可照覆。①

> 贵抚题黄定陇殴伤小功叔黄光甲身死一案，奉批交馆核。职等查例载：卑幼殴死期功尊长，罪干斩决之案，若核其所犯情节，实可矜悯者，夹签声明，恭候钦定等语。此案黄定陇因小功服叔黄光甲盗卖伊家木植，该犯途遇向理，因被追殴，先后用锄回格，致伤黄光甲右臂膊、右后肋，并磕伤两额角右太阳等处殒命。查该犯虽衅起理直，惟用锄回格二下，伤及致命，与事在仓猝、徒手抵格、一伤适毙实在可矜者，情稍有间。检查并无恰对夹签成案，至亲属相盗致有杀伤，卑幼犯尊长，以凡盗杀伤之罪与服制杀伤之罪从其重者论一条，从前定例系专指贼犯拒伤事主而言，今该犯以卑幼殴死相盗之尊长，未便引用，且系罪关服制

---

① 《刑案汇览》卷十八《刑律·贼盗·亲属相盗》"殴伤行窃族祖成废致令自尽"条，第 634~635 页。

之案，稿尾内亦毋庸叙及，死系罪人，致滋淆混，谨改拟
稿尾。①

以上两案都是卑幼杀伤行窃尊长，处理此类案件，都是遵循
"轻盗窃而重杀伤"的法律原则，而引起杀伤的盗窃事由往往不被考
虑，甚至也不能成为获得减刑的理由。说明法律看重的是亲属间的人
身伤害而非财产侵犯。

同理，尊长杀伤行窃卑幼，也不考虑引起杀伤的盗窃事由，只按
亲属杀伤本律来处罚。嘉庆年间，李守信因小功侄孙李五德两次偷窃
己家财物，主使伊孙李驴子并李五德胞弟李夫城将其活埋。直隶省地
方官按故杀小功尊长律判李驴子斩决，以故杀期亲尊长律判李夫城凌
迟；李守信按故杀小功卑幼律，应判流刑，但可能考虑到事出有因，
故减等为徒。上报中央后，刑部认为亲属盗窃不同于寻常盗窃，李守
信为此而故杀小功卑幼，残忍之极，不准减等，仍按故杀小功卑幼律
拟流。②

失窃之人杀伤行窃的亲属，地方原判有时也以罪人拒捕而擅自杀
伤律来处罚，但中央法司多进行驳正。嘉庆十六年（1811），邓建则
偷窃缌麻叔祖家布匹，被叔祖母邓杜氏等殴死，地方官就按照罪人拒
捕而擅自杀伤律判邓杜氏绞监候。案件上至中央刑部，改为以缌麻尊
长殴死有服卑幼律判绞监候。道光二年（1822），张四财勒死行窃之
大功堂弟张开言，案发地广东省原依故杀大功卑幼律拟绞监候。但在
案件上报中央刑部后，广东在接受山东充军案犯时，发现案犯韩奇系
殴死抢夺自己财物的小功堂弟韩锦而被充军，判决书中韩奇是以罪人

---

① 《刑案汇览》卷十八《刑律·贼盗·亲属相盗》"卑幼格毙行窃功尊改为斩候"
　条，第650页。
② 《刑案汇览》卷四三《刑律·斗殴·殴期亲尊长》"谋杀亲属相盗尊长不准夹签"
　条，第1579～1580页。

拒捕而擅自杀伤律来处罚的。所以，广东省法司又咨请刑部，张四财也应以罪人拒捕而擅自杀伤律来处罚。中央刑部批覆认为，山东省韩奇案判决书中，地方官在判词中同时引用了尊长殴死小功卑幼律和罪人拒捕而擅自杀伤律的条文，刑部因无论按哪一条罪名判决都是绞监候，无关出入，故没有驳正，照拟题覆。但韩奇案并非通行定例，刑部在"说帖"中强调不得援引为据："嗣后各居亲属相盗，如尊长抢窃卑幼财物，被卑幼杀伤，或卑幼抢窃尊长财物，被尊长杀伤者，均各按服制，以杀伤尊长、卑幼本律论罪，不得照平人以擅杀伤科断。"①

所谓亲属抢窃杀伤不得照擅杀而必须以亲属杀伤律论的原则，并非绝对。若是行窃者在盗窃过程中杀伤亲属，尤其是卑幼行窃杀伤尊长，如按杀伤亲属本律定罪，则有可能量刑轻于常人行窃杀伤事主，不符合卑幼杀伤尊长从重处罚的原则。乾隆时，王二妮行窃缌麻服叔王汝栋衣物并将王汝栋殴死，山东地方依殴死缌麻服叔本律拟以斩候。上报中央后，刑部部议认为，常人行窃因拒捕而杀死事主，尚拟斩决，现卑幼行窃因拒捕而杀死尊长，反倒轻于常人，与律意不符，驳令另拟。乾隆四十一年（1776），文科行窃小功堂叔文宗汤家耕牛，被文宗汤发现，文科拒捕并刃伤文宗汤。湖北地方官府在审理此案时，认为若按亲属杀伤本律判决，文科仅罪至杖流；若比照"凡人窃盗拒捕"律，则可拟绞候。对于卑幼杀伤尊长，自应从重处罚，故从重拟绞候。他们提出，判决此类案件，"似应合服制、盗伤各罪互相比较：如服制杀伤罪重，则科其服制杀伤之罪；窃盗杀伤罪重，则科其窃盗杀伤之罪。未便拘泥服制，转至轻重悬殊"。湖北官府的判决最终得到了刑部的认可。②

---

① 《刑案汇览》卷十八《刑律·贼盗·亲属相盗》"亲属抢窃杀伤不得照擅杀论"条，第 639~641 页。
② 本段案例及引文，均见《驳案汇编》卷八《刑律·贼盗中》"卑幼行窃拒伤小功尊长"条，法律出版社，2009，第 152~155 页。

亲属相盗而引发的杀伤案件，无论是严格按照服制定罪，还是服制、盗伤各罪比较从重处罚，都说明法律看重的是亲属间的人身伤害而非财产侵犯。

清律中原有卑幼杀伤尊长，若犯时不知，以常人相犯论的规定。①按此，卑幼杀伤行窃尊长，若犯时不知，也应按常人杀伤律来处罚。清代司法实践中原本也依此条款处罚卑幼黑夜不知行窃者为尊长而杀伤的案例。至嘉庆二十四年（1819）新定"通行"，规定所谓犯时不知，除本律注内所载叔侄异地生长、素未谋面及弓箭伤人并卑幼捉奸杀死尊长等项外，其余均不得混行牵引。盗窃案内，惟殴死卑幼与无服族人始依常人相杀定断，若卑幼疑贼殴死尊长之案，均依律拟斩夹签，不准援引犯时不知之条。道光十七年（1837），四川省陈潮遂因胞兄陈潮发黑夜至己家行窃，登时起捕，陈潮发用棒将陈潮遂殴伤，陈潮遂将陈潮发格戳致毙，属犯时不知。此案如何办理，四川省法司颇为踌躇：如照历年成案定断，只应依犯时不知依凡论，且有"如道光十四年南部县民宋正选因胞叔宋维才黑夜窃砍柏树，登时追捕，犯时不知，殴伤宋维才身死，十六年忠州民袁正毓因缌麻表兄袁正宝黑夜偷窃胡豆，登时追捕，犯时不知，殴伤袁正宝身死，将宋正选、袁正毓均依犯时不知以凡论，事主登时捕贼，殴打致死例拟徒，均奉准部覆在案"，而按新奉通行之款，所谓犯时不知，惟殴死卑幼与无服族人始依凡人定断，则陈潮遂即应依殴杀期亲尊长律拟斩立决。因"罪名出入甚巨，特咨请部示"②。刑部批覆如下：

此案陈潮遂因分居胞兄陈潮发黑夜至伊家行窃，伊母闻知声

———————————

① 《大清律例》卷五《名例律下》"本条别有罪名"条律注曰："如叔侄别处生长，素不相识，侄打叔伤，官司推问，始知是叔，止依凡人斗法。"第122页。
② 《续增刑案汇览》卷十一《刑律·斗殴·殴大功以下尊长》"捕贼格杀胞兄仍照本律拟斩"条，第341～343页。

·90·

喊，该犯登时起捕，陈潮发用木棒殴伤伊左肩胛等处，该犯用尖刀格戳其左肋，陈潮发声喊，该犯听系陈潮发声音，当即住手，陈潮发越日殒命。该督以陈潮遂犯时不知，将胞兄格戳致毙，援照该省历办成案，陈潮遂只应依犯时不知依凡论，贼犯持杖拒捕，被捕者登时格杀律勿论；而新奉通行则陈潮遂即应依殴杀期亲尊长律拟斩，罪名出入甚巨，咨部请示等因。本部查卑幼疑贼杀伤尊长，虽犯时不知不准依凡论者，原因卑幼之于尊长，服制攸关，若因其供系犯时不知，遽照凡人定拟，恐无以杜狡卸而重伦常，故叠经本部声明律意通行遵照，至卑幼捕贼杀伤行窃之尊长，虽与卑幼疑贼杀伤并未行窃之尊长微有不同，然亲属重奸不重盗，卑幼寻常干犯尊长之案，不能因尊长行窃而稍逭其诛，则卑幼犯时不知杀伤尊长之案，岂能因尊长行窃而遂轻其罪？今陈潮遂因胞兄陈潮发黑夜至家偷窃，该犯起捕被拒受伤，将其格戳致毙，虽属犯时不知，并非有心干犯。惟死系期亲尊长，服制攸关，自应仍依殴死尊长本律拟斩夹签，不得援引犯时不知之条，以符律意。所有该督援引办过各案，均非通行案件，不得援以为据，应毋庸议。①

盗窃案内，卑幼杀伤尊长，不准援引犯时不知之律，也从一个侧面说明亲属相犯轻视盗窃罪的特征。

---

① 《续增刑案汇览》卷十一《刑律·斗殴·殴大功以下尊长》"捕贼格杀胞兄仍照本律拟斩"条，第342~343页。

下　篇

第四章　"亲亲"与"尊尊"

一　儒家亲属伦理的出发点

"亲亲"与"尊尊"是儒家亲属伦理的两大原则。"亲亲"是指爱自己的亲人，"尊尊"是指敬重亲人。《礼记·大传》："上治祖祢，尊尊也；下治子孙，亲亲也。"孔颖达疏："上治祖祢，尊尊也者，治犹正也，上正治祖祢，是尊其尊也；下治子孙，亲亲也者，下正于子孙，是亲其亲也。上主尊敬，故云尊尊；下主恩爱，故云亲亲。"①

"亲亲"与"尊尊"是可以结合在一起的，如子女对父母，就同时存在着恩爱与尊敬之情。但从性质上说，"亲亲"与"尊尊"是两个不同的概念。

《说文解字·见部》释"亲"为"至"，段玉裁注："情意恳到曰至。"②《尔雅·释亲》邢昺疏："亲，爱也，近也。然则亲者，恩爱狎近不疏远之称也。"③ "亲"与"仁"大约意义相当，《说文解字》释"仁"："亲也，从人二。"段玉裁注曰："按人耦，犹言尔我

---

①　参见（清）阮元校刻《十三经注疏》（下册），第 1506 页。

②　（汉）许慎著，（清）段玉裁注《说文解字注·见部》，上海古籍出版社，1981，第 409 页。

③　（清）阮元校刻《十三经注疏》（下册），第 2592 页上栏。

亲密之词。独则无耦，耦则相亲，故其字从人二。"① 而"尊"，原意
为酒（礼）器，含有礼、尺度、法度之义，② 与"义"略同。《说文
解字》释"义"为"己之威仪也"，段注："义作仪，度也。"③ 因
此，从儒家的道德概念上讲，"亲亲"属于"仁"的范畴，而"尊
尊"属于"义"的范畴：

亲亲，仁也；敬长，义也。④

仁者爱人，义者循理。⑤

仁者，天下之表也，义者，天下之制也……厚于仁者薄于
义，亲而不尊；厚于义者薄于仁，尊而不亲。⑥

儒家虽然既讲"尊尊"又讲"亲亲"，但其亲属伦理的出发点，
应该是"亲亲"：

故王者始起，先本天道以治天下，质而亲亲，及其衰敝，其
失也，亲亲而不尊；故后王起，法地道以治天下，文而尊尊，及
其衰敝，其失也，尊尊而不亲，故复反之于质也。⑦

这里的所谓"后王"是指周天子，"王者始起"中的王者是泛指

① （汉）许慎著，（清）段玉裁注《说文解字注·人部》，第365页。
② （汉）许慎著，（清）段玉裁注《说文解字注·酋部》，第752页。
③ （汉）许慎著，（清）段玉裁注《说文解字注·我部》，第633页。
④ 《孟子·尽心上》，（清）阮元校刻《十三经注疏》（下册），第2765页。
⑤ 《荀子·议兵》，中华书局，1988，第279页。
⑥ 《礼记·表记》，（清）阮元校刻《十三经注疏》（下册），第1639页。
⑦ 《公羊传》，（清）阮元校刻《十三经注疏》（下册），第2220页。

夏商两代。故《史记》中也言"殷道亲亲,周道尊尊"①。司马贞《史记索隐》解释说:

> 殷人尚质,亲亲,谓亲其弟而授之;周人尚文,尊尊,谓尊祖之正体,故立其子,尊其祖也。

按此,"亲亲"属于"质",而"尊尊"属于"文"。"质"通朴或野,"文"当华或雅讲,也就是说,"亲亲"是人的天性,是人伦的出发点和起始点,而"尊尊"是"亲亲"的发展与升华。

"亲亲"的范围一般以九族②为限,《尚书·尧典》有"以亲九族"的说法,《左传》"桓公六年"条也说"亲其九族"。《礼记·丧服小记》所以言:"亲亲,以三为五,以五为九,上杀,下杀,旁杀,而亲毕矣。"

九族之内,对亲等属于缌麻、小功的亲属,大概做到不疏远就算是"亲亲"了,礼制中没有具体的要求。更近范围的大功亲属,则要同居共财,③ 亲密相处,不分彼此。亲等在大功以上的亲属,则称

---

① 《史记》卷五八《梁孝王世家》,中华书局,1982,第 2091 页。
② 九族的范围有多大、应该包括哪些人,在汉儒那里就存在着争论。在古文经学派看来,家族是专指宗族而言的,范围只包括同姓亲属,同族即是同宗,故九族是指同宗高祖至玄孙的上下九代亲属;但在今文经学派看来,家族的范围除了同姓亲属外,还应包括异姓有服亲属,即母亲和妻子方面的近亲,故九族是指内、外有服亲属共同组成的亲属集团,其中父族四:五属之内为一族、父女昆弟适人者与其子为一族(也即姑及子)、己女昆弟适人者与其子为一族(也即姊妹及子)、己之女子适人者与其子为一族(也即女儿及外孙);母族三:母之父姓为一族、母之母姓为一族、母女昆弟适人者与其子为一族(也即姨及子);妻族二:妻之父姓为一族、妻之母姓为一族。今文经学家关于九族的说法多有谬误之处(具体论述请参见魏道明《始于兵而终于礼——中国古代族刑研究》,第 151～154 页),故采用古文经学家的说法,认为九族是指同宗高祖至玄孙的上下九代亲属。
③ 古礼倡导人们"大功同财",如郑玄在注《仪礼·丧服》中的"大功之亲"时就说:"大功之亲,谓同财者也。"

至亲或期亲，更应亲密无间，与己视为一体：

> 父子一体也，夫妻一体也，昆弟一体也。故父子首足也，夫妻牉合也，昆弟四体也。①

"亲亲"原则下，亲属之间的关系以和为贵。因此，道德要求是双向的，要求父慈、子孝、兄爱、弟悌、夫义、妇听、长惠、幼顺。② 其中，父慈、兄爱是子孝、弟悌的前提，即孔子所谓"己欲立而立人，己欲达而达人"③。传说舜之弟象多有恶行，以杀舜为事，而舜却是"象忧亦忧，象喜亦喜"，④ 被立为天子后，还封象于有庳。孟子的弟子万章不解而问，孟子回答道：

> 仁人之于弟也，不藏怒焉，不宿怨焉，亲爱之而已矣。亲之欲其贵也，爱之欲其富也，封之有庳，富贵之也。身为天子，弟为匹夫，可谓亲爱之乎？⑤

对卑幼的道德要求也不是绝对的，同样以舜为例。按礼，娶妻应有父母之命，而舜娶妻却不告父母。因为舜之父母，为人恶劣，父顽母嚣，常欲害舜，告则必不听，故不告而娶。孟子认为舜的做法并没有错："告则不得娶，男女居室，人之大伦也。如告则废人之大伦，以怼父母，是以不告也。"⑥

为保证亲属之间的和睦，"亲亲"原则还要求"父子之间不责

---

① 《仪礼·丧服》，（清）阮元校刻《十三经注疏》（上册），第1105页。
② 《礼记·礼运》，（清）阮元校刻《十三经注疏》（下册），第1422页下栏。
③ 《论语·雍也》，（清）阮元校刻《十三经注疏》（下册），第2479页下栏。
④ 《孟子·万章上》，（清）阮元校刻《十三经注疏》（下册），第2734页下栏。
⑤ 《孟子·万章上》，（清）阮元校刻《十三经注疏》（下册），第2735页。
⑥ 《孟子·万章上》，（清）阮元校刻《十三经注疏》（下册），第2734页下栏。

善"，应易子而教。若父自教子，必然会导致父子间的不和：

　　子曰："爱亲者不敢恶于人，敬亲者不敢慢于人。"①

　　教者必以正，以正不行，继之以怒，继之以怒则反夷矣。夫
子教我以正，夫子未出于正也，则是父子相夷也。父子相夷则恶
矣。古者易子而教之，父子之间不责善，责善则离，离则不祥莫
大焉。②

　　所谓"父子相夷则恶""离则不祥莫大焉"的说法，是将亲属之
间的和睦相处看作亲属之道的根本，是亲属伦理的基础和出发点。

二　从"亲亲"到"尊尊"

　　"亲亲"与"尊尊"，有其内在的矛盾之处。"亲亲"有为己的
一面，属于自发的情感；而"尊尊"属于克己，出于自觉的理性。③
　　"亲亲"是人类朴素的自然情感，它以血缘关系为纽带、为基
础，发自本心，近乎本能。这种朴素的情感，天然地缺乏等级、秩序
等观念，在中国古代家族本位的特殊背景下，并不适合作为处理亲属
关系的一般规则。
　　众所周知，中国在步入阶级社会之后，由于氏族血缘体系遗存较
多，加上浓厚的祖先崇拜文化，导致血缘体系与阶级体系的并存；同

---

① 《孝经·天子章》，（清）阮元校刻《十三经注疏》（下册），第2545页。此语也
见于《吕氏春秋·孝行览》，不过表述略有不同："故爱亲不敢恶人，敬其亲不敢
慢人。"诸子集成本，中华书局，2006，第2版，第137页。
② 《孟子·离娄上》，（清）阮元校刻《十三经注疏》（下册），第2722页。
③ 参见刘家和、何元国、蒋重跃《孝与仁在原理上矛盾吗？》，《中国哲学史》2004
年第1期。

时因为农业文明的关系，血缘集团占有固定和毗连的土地，并安土重迁，又促成了血缘单位和领土单位的合一。因此，宗族或家族不仅是古代社会重要的政治、经济单元，也是流布最普遍的社会组织、最重要的社会关系网。正如费孝通先生所言，中国古代的"家"或者"族"，并非人类学意义上的生育社群，而是相当于氏族，是一个事业组织，具有政治、经济、宗教等各项功能。①

家具有的复杂功能，使得家族内部的关系由简单趋向复杂，家族是社会的缩影，政治、经济等各种社会关系浓缩于此；家族成员之间，不仅仅只是亲属关系，也包含有阶级关系。"亲亲"这种人类朴素的自然情感，显然难以适应日益复杂的家族内部关系。同时，家具有的复杂功能，也使得家族本位成为中国传统文化的一大特色，家族中的父子关系成为社会关系的基本模式，其他各种关系均是父子关系的衍射。

既然亲属关系是整个社会关系的基础，事关秩序与统治，那么亲属关系就不能以恩爱、狎近为特点的"亲亲"作为原则，必须以象征秩序、法度的"尊尊"为原则：

> 天下之道二：仁、义而已。仁者所以爱亲亲为先，义者所以制尊尊为尚。圣人之心未尝不欲两存，不幸时有以害吾之仁义，吾则舍其一存其一。既存，则事之大者必举，而小者有所不恤也。非不足恤也，事不能以兼全，在圣人亦不可得而恤也……故周公去亲亲之仁，而存尊尊之义，不忍舍尊尊之义而自顾其小节也。宁在已有自愧之德而措天下之安宁，不忍使王室之危而为天下之害也。此所谓不幸不获于两全，舍其小而存其大者矣。②

---

① 费孝通：《乡土中国·生育制度》，北京大学出版社，1998，第40页。
② 黄伦：《尚书精义》卷四一《君奭》，文渊阁四库全书本，台湾商务印书馆，1986，第58册，第597页上、下栏。

儒家伦理的本原依据是血亲伦理，其社会伦理不过是血亲伦理的推及和延伸，《礼记·祭义》中所谓"立爱自亲始"、《孟子·梁惠王》中所谓"老吾老以及人之老，幼吾幼以及人之幼"就是其典型表述。而血亲伦理的基础是"亲亲"，但其并不适合作为处理社会关系的一般规范。当儒家试图将血亲伦理推广为社会一般伦理时，遇到的最大问题便是需要重新诠释"亲亲"原则，包括以"亲亲"为核心的"仁"。

一般认为，孔子贵仁，《论语》中讲"仁"的次数有 109 次之多。[①] 但是，孔子很少主动谈"仁"，所以《论语·子罕》中才有"子罕言利与命与仁"之语。《论语》中的"仁"，多半是被动回答，而且含义模糊，多有歧义，难以捉摸。学者把这一问题的出现，通常解释为"仁"作为儒家的基本（普遍）道德规范，内涵丰富，不易把握。其实，问题的关键可能不在于"仁"是基本的道德规范而不易解释——"仁"的内涵之所以丰富恰恰是解释含混的结果——而在于"仁"是否能够作为基本或普遍的社会规范：

> 子曰："知及之，仁不能守之，虽得之，必失之。知及之，仁能守之，不能以莅之，则民不敬。知及之，仁能守之，庄以莅之，动之不以礼，未善也。"[②]

这一段话，历来虽有不同的解释，但邢昺所谓此章"论居官临民之法"[③] 的看法得到了大多数人的认可。翻译成现代汉语，其大意为：

> 孔子说："居官临民，并不能依靠仁，（如果依靠仁）即使得到官位，也不能持久。居官临民，如果依靠仁，不以威仪临民，则百

① 杨伯峻：《试论孔子》，载氏著《论语译注》，中华书局，1980，第 16 页。
② 《论语·卫灵公》，（清）阮元校刻《十三经注疏》（下册），第 2518 页。
③ 参见《论语》邢昺疏，（清）阮元校刻《十三经注疏》（下册），第 2518 页。

姓不敬。但仅以威仪临民，必不能以德正民，也不符合善政之道。"

孔子很清楚，以"亲亲"为核心的"仁"，属于人的本能情感，缺乏秩序观念，不足以成为社会的通行规则，维持社会秩序，包括家族内部的秩序，还得靠等级、尊卑制度，也即以"尊尊"为核心的"义"。《论语·子路》载孔子所言："上好义，则民莫敢不服。"但"亲亲"是儒家伦理的本原依据，是人伦关系的基础，无论是家族关系还是社会关系，都应该"亲亲"与"尊尊"并重，在"亲亲"的基础上实现"尊尊"。缺乏"亲亲"基础的"尊尊"，既不符合伦理要求，也缺少可靠性与稳定性。

同时，按照孔子贤人政治的理想，为政者应该"己欲立而立人，己欲达而达人"，必须成为民众行为的楷模。如果只讲"义"或"尊尊"，为政者就必然会放松对自己的道德约束，道德要求就由双向转为单向，此并非善政之道。所以，孔子一生的主张都在"仁"（亲亲）与"义"（尊尊）之间徘徊，试图将二者结合起来，以仁为本，在仁的基础上实现义。

但"仁"（亲亲）与"义"（尊尊）的矛盾是内在的，难以调和，顾此失彼，诚所谓鱼和熊掌不可兼得。将"亲亲"与"尊尊"结合在一起，在仁的基础上实现义，本身就是可望而不可即的事情。简便的办法是舍"亲亲"而取"尊尊"，孔子也有类似的主张：

> 颜渊问仁。子曰："克己复礼为仁。一日克己复礼，天下归仁焉。为仁由己，而由人乎哉？"颜渊曰："请问其目。"子曰："非礼勿视，非礼勿听，非礼勿言，非礼勿动。"颜渊曰："回虽不敏，请事斯语矣。"[1]

---

[1] 《论语·颜渊》，（清）阮元校刻《十三经注疏》（下册），第2502页。

"克己复礼为仁"意味着要将"亲亲"这一自发的情感上升为自觉的理性。但这不是孔子所希望的。因此,在亲属关系及社会关系中,到底是遵循"亲亲"原则还是"尊尊"原则,大概孔子也没有绝对的原则。他的弟子公西华、曾参在处理亲属关系时,就采用了两种截然不同的方式:

> 故公西华之养亲也,若与朋友处;曾参之养亲,若事严主烈君。[1]

如果说孔子一生还在为调和"仁"(亲亲)与"义"(尊尊)的矛盾而努力的话,那么,到了孟子那里,就已经放弃了这种无谓的努力,舍"仁"而取"义"了:

> 仁,人心也;义,人路也。舍其路而弗由,放其心而不知求,哀哉![2]

> 爱而不敬,兽畜之也。[3]

孟子重"义"而轻"仁",将"义"看作"仁"的升华,由"仁"到"义",不仅是道德发展的必由之路,也是亲属关系及社会关系的最终归宿。

重"义"(尊尊)的主张,虽符合现实社会的秩序要求,但因此也将"仁"(亲亲)与"义"(尊尊)对立起来,导致二者之间的矛盾极致化。为了消除这一矛盾,儒家做了不少努力,《论语·学而》

---

[1] 《淮南子·齐俗训》,诸子集成本,中华书局,1954,第174页。

[2] 《孟子·告子》,(清)阮元校刻《十三经注疏》(下册),第2752页。

[3] 《孟子·尽心上》,(清)阮元校刻《十三经注疏》(下册),第2770页。

中记载，孔子的弟子有若曾试图将"仁"的本质由恩爱而解释为尊敬，他说："孝弟也者，其为仁之本与!"孟子也把"亲亲"与"尊尊"视为一事：

> 仁之实，事亲是也；义之实，从兄是也；智之实，知斯二者弗去是也；礼之实，节文斯二者是也；乐之实，乐斯二者，乐则生矣。①

按此，仁为"事亲"，义为"从兄"，而"事""从"在这里都当崇敬讲，"仁"或"亲亲"的含义由"爱"变为"敬"。后世之儒家也一般从"义"的角度来解释"亲亲"：

> 亲亲、尊尊、长长、男女之有别，人道之大者也。孔颖达疏曰：亲亲，谓父母也；尊尊，谓祖及曾祖高祖也；长长，谓兄及旁亲也，不言卑幼，举尊长则卑幼可知也。②

"三礼"中《礼记》成书最晚，大约在汉末才独立成书，至唐代才取得经典的地位。③ 书中的论述、孔颖达的注疏及《礼记》地位的提升，均反映出汉唐之间，将"亲亲"与"尊尊"合二为一的做法，已经得到世人较为普遍的认同。到了朱熹那里，不仅认为仁的本质是孝悌，甚至仁、义、礼、智这"四端"的本质都是孝悌：

> 问：孝弟为仁之本。曰："论仁，则仁是孝弟之本，行仁则

---

① 《孟子·离娄上》，（清）阮元校刻《十三经注疏》（下册），第 2723 页。

② 《礼记·丧服小记》，（清）阮元校刻《十三经注疏》（下册），第 1496 页。

③ 王文锦：《礼记》，载文史知识编辑部编《经书浅谈》，中华书局，1984，第61 页。

当自孝弟始。"又云:"孟子曰:'仁之实,事亲是也;义之实,从兄是也;智之实,知斯二者弗去是也;礼之实,节文斯二者是也,乐之实,乐斯二者是也。'以此观之,岂特孝弟为仁之本?四端皆本于孝弟。"①

在朱熹这里,"亲亲"已经失去了踪影,剩下的只有"尊尊"。将"亲亲"与"尊尊"视为一体,其理由在于:

> 其为人也孝弟,而好犯上者,鲜矣;不好犯上,而好作乱者,未之有也。②

> 自仁率亲,等而上之至于祖,自义率祖,顺而下之至于祢。是故,人道亲亲也。亲亲故尊祖,尊祖故敬宗,敬宗故收族,收族故宗庙严,宗庙严故重社稷,重社稷故爱百姓,爱百姓故刑罚中,刑罚中故庶民安,庶民安故财用足,财用足故百志成。③

借着这样的解释,儒家构建起一个由家至国、家国一体的社会治理方式:先在家庭中以父子为轴心,推行等级与权威,然后,视社会为扩大化的家庭,将家庭内的尊卑等级推广到社会的各个层面。④ 治家与治国由此合二为一,儒家伦理因此从血亲伦理上升为国家伦理,从"齐家"之术转变为"治国"之策。

---

① 《朱子语类》卷二十《论语二·学而篇上》,文渊阁四库全书本,台湾商务印书馆,1986,第700册,第397页上栏。
② 《论语·学而》,(清)阮元校刻《十三经注疏》(下册),第2457页。
③ 《礼记·大传》,(清)阮元校刻《十三经注疏》(下册),第1508页。
④ 参见张德胜《儒家伦理与社会秩序:社会学的诠释》,上海人民出版社,2008,第52~53页。

三　法律对于"尊尊"秩序的强化

自汉代"独尊儒术"以来，儒家思想便占据了绝对地位，支配各个领域，法律也不例外。从魏晋开始，法典的编纂与修订落入儒生之手，他们把握机会，尽量将纲常伦理杂糅于法律之中，开始了法律儒家化的过程。经过魏晋南北朝至唐代，法律儒家化的过程最终完成。《唐律》把伦理纲常奉为最高的价值评判标准，是一部标准的伦理化法典，经它确定的原则、制度、篇目，甚至具体的条文，多为宋元明清律所继承。清代学者评价《唐律》说：

> 论者谓《唐律》一准乎礼，以为出入得古今之平，故宋世多采用之，元时断狱，亦每引为据。明洪武初，命儒臣四人同刑官进讲《唐律》，后命刘惟谦等详定《大明律》，其篇目一准于唐……本朝折衷往制……要惟《唐律》为善。①

所谓《唐律》"一准乎礼"，无非是说《唐律》是一部充满等级、尊卑观念的法典。礼是一套有差别性的行为规范，地位不同，权利、义务各不相等。《左传·庄公十八年》中说，"名位不同，礼亦异数"，个人必须按自己的身份、地位去行事，不能逾越。亲属之间也不例外，按照尊卑、长幼关系建立起严格的等级制度，推行尊尊之道，强化家内秩序。

法律对于家内秩序的强化，其宗旨不外乎建立尊卑、长幼有序的亲属关系，因此，强调尊长对于卑幼的支配权，便是强化家内秩序的

---

① 《四库全书总目》卷八二《史部·政书类二·法令·〈唐律疏议〉》，中华书局，1965，第711页下栏。

最重要环节。尊长的支配权，以父权最具代表性。

父权首先表现为对子孙的人身支配权。子孙违犯父祖的意志，不遵管束，父祖自然可以行使权威加以惩罚。伦理和法律都认可这种惩罚。责打子孙难免有殴伤、致死的事情发生，殴伤是无所谓的，法律不追究责任；致死则要受到惩罚。唐、宋、明、清的法律也都规定，父祖故杀——毫无理由地杀死子孙，是绝对不可以的；非理殴杀——因违犯教令而用残忍的方式（活埋、刃杀等）将子孙杀死，也是不允许的。比如，《唐律》规定，非理殴杀，徒一年半，兵刃杀，徒二年，故杀，罪加一等。但同时又网开一面，规定过失杀子孙者，不追究责任。如《唐律》至《大清律例》都规定，子孙违犯教令，父祖依法责罚，邂逅致死者，无罪。① 这一规定，事实上给予了家长杀死子孙的权力。而"违犯教令"和"邂逅致死"的含义，抽象含混，前者可以作为责打的理由，后者可以作为致死的借口，法律事实上给予了家长杀死不听教令的子孙的权力。犯有死罪的不肖子孙，父祖即使非理殴杀，官府也不一定追究责任。关于此，本书上篇已多有涉及，这里仅举一例：

> 孔梆子与王氏通奸拒捕，刃伤氏父王希贤，并王希贤登时奸所勒死王氏一案。查例载：本夫登时奸所获奸，将奸妇杀死，奸夫当时脱逃，后被拿获到官，审明奸情是实，奸夫供认不讳，将奸夫拟绞监候。又本夫之父母如有捉奸杀死奸夫者，其应拟罪名悉与本夫同科。若止杀奸妇者，不必科以罪名。②

---

① 参见《大清律例》卷二八《刑律·斗殴下》"殴祖父母父母"条，第464页；《唐律疏议》《宋刑统》《大明律》同。

② 《刑案汇览》卷二六《刑律·人命·杀伤奸夫》"捉奸杀死奸妇奸夫刃伤氏父"条，第935页。

父祖对不听教令的子孙的惩罚，既可以自己施行，也可以请官府代为惩治。官府对于被父母控告的子孙，处置一般是听父母的意见，或者是加重处罚。子孙的一些小过失，由于父母的控告，往往带来极重的惩罚，清代《刑案汇览》中有不少因小过而被父母控告的事例，如懒惰、酗酒、赌博、私擅用财等。这些罪过，若按律文处置，最多至杖刑，但因其父母所控，皆判发遣。当然，对于不听教令的子孙，到底是杖还是发遣，这取决于父母的意旨，官府会完全遵照父母的要求来行事。如本书第二章所引朱汪氏的案例中，朱汪氏先是要求官府发遣不听教令之子朱志洪，复又后悔，恳请免于发遣，官府完全照办。

综上所述，古代法律虽然对父母杀子的权力有所限制，但法律赋予了父祖对子孙的绝对人身支配权，对于违背父母意旨的子孙，父母不仅可以责打、惩罚，也可以交给官府代为处治，在责罚的过程中，致死子孙，可以不论；故杀有罪的子孙；法律也会网开一面。父权对于子孙来说，是绝对的，永远不能违抗。①

其次，是对子女婚姻的决定权。父母的意旨是子女婚姻成立或撤销的先决条件。他可以为子女选择配偶，也可以命令他们离婚，子女个人的意愿是不在考虑之列的，② 子女的反抗是无效的，法律也不会支持。父母之命是婚姻成立的要件，卑幼私自娶妻是不被认可的。只有当卑幼仕宦或经商在外，尊长没有为其订婚或订婚在后而卑幼不知者，卑幼若自娶妻，法律才承认其婚姻的合法性。③ 这是卑幼在婚姻方面唯一可能享有自主权的机会。

再次，是对财产的控制权。法律将财产的控制权、管理权、调度权都交付给了家长。而子孙不能拥有个人私产，所有的收入都要上缴

---

① 瞿同祖：《中国法律与中国社会》，第 6 页。
② 瞿同祖：《中国法律与中国社会》，第 17 页。
③ 参见《大清律例》卷十《户律·婚姻》"男女婚姻"条，第 204 页。

父祖，未经家长许可，也不得私擅用财，否则，法律要给予惩罚。①
而且只要父母在，也绝不允许子孙擅自别籍、异财，否则构成不
孝罪。②

在强调尊长对于卑幼支配权的同时，法律也要求卑幼对于尊长的
绝对服从精神，要求他们善事尊长，孝顺父母。"孝"作为伦理最基
本的范畴，有着极其丰富的内涵，《唐律疏议》中说："善事父母曰
孝，既有违犯，是名不孝。"③ 这就使得不孝罪的含义抽象含混，外
延无限扩大，对父母意旨的任何违抗，都可能构成不孝罪。

清律虽取消了《唐律》中这样含混不清的解释，但立法精神并
没有改变，绝对禁止以卑犯尊、以幼犯长，卑幼对于尊长的侵犯行为
包括辱骂行为，大多列入十恶罪中的"恶逆""不孝""不睦"等
条，给予严惩。过失杀伤尊长，也不许收赎，要科以重刑。按律条规
定，子孙殴祖父母、父母及妻妾殴夫之祖父母、父母者，皆斩；杀
者，皆凌迟处死。④ 为严格执行这一条款，后又定例："子孙殴祖父
母、父母，审无别情，无论伤之轻重，即奏请斩决。"⑤ 嘉庆十八年
（1813），白鹏鹤因向嫂白葛氏借取灯油不给，出街嚷骂，白葛氏出
门理论，白鹏鹤拾取土坯向白葛氏掷殴，不期母白王氏出劝，以致误
伤殒命。刑部引子殴父母杀者凌迟处死律，又引斗殴误杀旁人以斗杀
论律，拟以凌迟处死。上报皇帝后，嘉庆帝认为"白鹏鹤遥掷土坯，
误杀其母，非其思虑所及，与斗殴误杀者究属有间"，下旨改为斩立

---

① 参见瞿同祖《中国法律与中国社会》，第 16 页。
② 参见《大清律例》卷八《户律·户役》"别籍异财"条、"卑幼私擅用财"条，
第 186、187 页。
③ 《唐律疏议》卷一《名例》"十恶"条疏议，第 12 页。
④ 《大清律例》卷二八《刑律·斗殴下》"殴祖父母父母"条，第 463 页。
⑤ 《刑案汇览》卷四四《刑律·斗殴·殴祖父母父母》"误杀伤祖父母父母援案办
理"条引例，第 1613 页。

决，并要求"嗣后有案情似此者，即照此问拟"①。又道光二年（1822），陇阿候与余茂胜口角争殴，误伤祖母阿潮奶致死。地方法司依孙殴祖父母杀者律凌迟处死，道光帝下诏改为斩立决。嘉庆二十一年（1816），樊魁因弟樊沅窃取铜壶而争吵，其母王氏训斥樊沅，樊沅不服嚷闹，樊魁顺用菜刀吓砍，其母用右手将刀夺去，因刀刃向左自行划伤左肘。刑部将樊魁依子殴父母律拟斩立决，嘉庆帝下诏改为斩监候。②但嘉庆的诏谕中并无后有案情类似者，均照此问拟之语。所以，此类过失殴伤祖父母、父母之案，"因未奉明文，办理未能画一"，不断有地方法司向刑部咨请。在道光二年（1822），就有山东省请示翟小良误伤伊父翟玉阶一案、湖北省咨请赵才鼎误伤伊母张氏一案、广西省咨请葛莫氏误伤伊姑葛邓氏一案。于是刑部在上奏皇帝批准后告示各地法司："嗣后误伤祖父母、父母致死，律应凌迟处死者，援引白鹏鹤案内钦奉谕旨及陇阿候案内现奉谕旨，恭候钦定。其误伤祖父母、父母，律应斩决者，援引樊魁案内钦奉谕旨，恭候钦定。至误杀误伤夫之祖父母、父母者亦即照此办理。"③

可以看出，误杀、误伤直系尊亲，按律是不能减罪的，即使有情有可原之处，法司也要按故意律条处以凌迟或斩立决，不能擅自减轻。卑幼没有错误的行为，若尊长心胸狭窄而自尽，卑幼也要被处以重罚：

> 牛高氏煮豆送与伊姑萧氏食用，不虞豆内硬粒未能一律煮烂，致萧氏扛痛摇动牙齿叫骂。经高氏做就面条送食，萧氏因牙

---

① 《刑案汇览》卷四四《刑律·斗殴·殴祖父母父母》"误杀伤祖父母父母援案办理"条，第1614页。
② 《刑案汇览》卷四四《刑律·斗殴·殴祖父母父母》"误杀伤祖父母父母援案办理"条，第1614页。
③ 《刑案汇览》卷四四《刑律·斗殴·殴祖父母父母》"误杀伤祖父母父母援案办理"条，第1615页。

痛难吃，复向叫骂。该氏总未回言，萧氏气忿拾棍向殴，因被高氏拦阻，忿激投井身死。严讯高氏并无触忤违犯别情，邻里周知供证可凭。惟萧氏因扛伤牙痛向殴被阻，忿激自尽，究由高氏未及煮烂硬豆所致，固非有心违犯，第法严伦理，应将高氏比照子贫不能养赡致父母自缢例满流。①

李许氏轮应供膳翁姑之期，因耕作事忙，一时忘记，迨翁姑来家，该犯妇记忆赶回，备办不及，仅炒茄子与姑下饭。伊姑嫌菜不好，向其斥骂，该犯妇自知错误，往找伊子另买荤菜。经伊翁埋怨伊姑贪嘴，致伊姑气忿自尽。将李许氏比照子贫不能养赡致父母自缢例满流。②

以上两例中的子妇，其行为并没有故意之处，尊长自尽，完全是自己心胸狭窄之故，法司也承认"并非有心违犯"，但出于纲常伦理，子妇仍被处以流三千里的重罚。如果说以上两例中子妇毕竟还有过失可言，以下二例中的卑幼，应该没有错误或过失可言，但依旧逃脱不了重责：

萧似远向在四川生理，乾隆十七年五月内折本回家，欲将伊母刘氏赡田卖银前往翻本，刘氏不允……六月初二日，萧似远又向其母刘氏称必欲卖田作本，刘氏詈骂，萧似远逞凶犯上，将母推跌……萧政万上前救护。萧似远即向萧政万推殴，萧政万举脚一踢，冀图踢开，不虞中伤萧似远肾囊，逾时殒命……将萧政万

① 《刑案汇览》卷三四《刑律·人命·威逼人致死》"因媳煮豆不烂致姑气忿自尽"条，第1251页。
② 《刑案汇览》卷三四《刑律·人命·威逼人致死》"姑嫌菜寡被翁抱怨致姑自尽"条，第1251页。

拟斩立决。①

> 李全信因胞兄李全贵将伊地侵卖，该犯查知阻止。嗣李全贵因卖地未谐，无钱度岁，情急自缢身死。讯明该犯仅止向伊兄李全贵理阻，并无吵闹逼迫情事，将李全信依逼迫期亲尊长致死绞候上量减一等拟流。②

总之，卑幼对于尊长，只能是绝对服从，任何对尊长权威的侵犯，哪怕是无心冒犯，都会构成犯罪行为，从而遭到重罚。法律看重和强调的是秩序而非亲情。

法律对于家内秩序的强化，不仅仅体现在强调尊长对于卑幼的支配权以及卑幼对于尊长的绝对服从，也表现在其他方面。如鼓励亲属间的捉奸行为，也是将秩序置于亲情之上。

清代法条规定："凡妻妾与人通奸，而（本夫）于奸所亲获奸夫、奸妇，登时杀死者，勿论"；"如本夫登时奸所获奸，将奸妇杀死，奸夫当时脱逃，后被拿获到官，审明奸情是实，奸夫供认不讳者，将奸夫拟绞监候，本夫杖八十。其非奸所获奸，或闻奸数日，杀死奸妇，奸夫到官供认不讳，确有实据者，将本夫照已就拘执而擅杀律拟徒"；只有在"非奸所获奸，将奸妇逼供而杀，审无奸情确据者，依殴妻至死论"③。按此，丈夫捉奸当场杀死犯奸的妻妾，是可以免罪的，事后再杀，最高刑也不过徒刑，实际上是在纵容甚至可以说是鼓励丈夫杀通奸之妻妾。因此，清代丈夫故杀通奸妻妾的事例，

---

① 郑秦、赵雄主编《清代"服制"命案——刑科题本档案选编》"萧政万踢死胞兄萧似遂案"条，第103页。
② 《刑案汇览》卷三四《刑律·人命·威逼人致死》"阻止胞兄侵卖伊地致兄自尽"条，第1254页。
③ 《大清律例》卷二六《刑律·人命》"杀死奸夫"条及附例，第423~424页。

极为常见,《刑案汇览·杀死奸夫》类下载有众多案例,不再赘举。

按律文规定,丈夫杀死犯奸妻妾无罪或轻罪的前提是在奸所获奸并登时杀死,但在司法实践中,所谓奸所获奸、登时杀死,都是可以灵活掌握的因素,并不绝对。道光十二年(1832),冯吉沅乘韩玉富外出,潜至其家与韩玉富之妻韩李氏在房说笑,韩玉富回家听闻,踢门进入房内将冯吉沅扭住,冯吉沅挣脱逃跑,韩玉富尾追不及,转回向韩李氏盘出奸情,气愤莫遏,将韩李氏殴伤身死,投约首验;冯吉沅获案后,对奸情供认不讳。冯吉沅只是与韩李氏在房说笑,并无行奸之事,韩玉富并非现场获奸,也不是登时杀死韩李氏,但地方法司仍然轻判,在本夫登时奸所获奸、杀死奸妇本夫杖八十例的基础上,加杖二十,对韩玉富拟以杖一百,已是非常宽大的处罚。上报刑部后,刑部却认为判决还是过重:

> 本部查本夫捉奸杀死奸妇之案,奸夫应否拟抵,总以奸妇之被杀是否登时为断,而被杀之是否登时,总以本夫之杀奸有无间断为断。今韩玉富目击伊妻与奸夫冯吉沅在房说笑,当将冯吉沅扭住,冯吉沅挣脱逃走,韩玉富因追赶不及,转回向伊妻盘出奸情,气忿莫遏,殴伤伊妻身死。是韩玉富殴伤伊妻之时,即在盘出奸情之时,而盘出奸情之时,即在追赶奸夫无获之时,并未稍缓须臾,实属奸所获奸,登时而杀。自应将奸夫冯吉沅问拟绞候,本夫韩玉富问拟杖八十,方与例意相符。该督辄因韩玉富追杀奸夫无获,始行杀死奸妇,遽牵引杀非登时之例,将本夫问拟满杖,奸夫仅拟满流,是略本夫义忿之心而转宽奸夫拟抵之罪,殊未允协。[①]

① 《刑案汇览》卷二五《刑律·人命·杀死奸夫》"追赶奸夫无及回家杀死奸妇"条,第882~883页。

又道光四年（1824），刘玉茂之妻刘杨氏与徐阿二通奸，被刘玉茂在奸所撞获，徐阿二挣脱跑逃，刘玉茂追赶不及，回家殴打刘杨氏，欲寻获徐阿二一并送究。刘杨氏畏责，逃至徐阿二家躲避，刘玉茂赶入，将刘杨氏殴死。地方法司将刘玉茂比照闻奸数日、杀死奸妇例拟以满徒。应该说，地方法司的判决是符合法条规定的，但上报刑部后，刑部认为不妥：

> 详查本夫杀死奸妇，例义宽本夫忿激之情，严奸夫淫邪之罪，所以维风化也。是奸所获奸，非登时杀死奸妇，本夫之罪自宜较非奸所获奸或闻奸数日杀死者为轻，奸夫之罪亦应于满徒上从严，以示区别。且查本夫本妇有服亲属捉奸，登时杀死奸妇例，应将奸夫拟流，本夫捉奸，自较之亲属尤为忿激，其奸所获奸，非登时将奸妇杀死，即比照亲属登时杀死奸妇之例，将奸夫拟流，揆之情法，较为平允。应将奸夫徐阿二改拟杖一百、流三千里。本夫刘玉茂改拟杖一百。①

以上二例，刑部的改判，其实不合法条原意，有意纵容丈夫杀通奸妻妾。道光六年（1826），李魁撞遇妻唐氏与孙成林通奸，孙成林逃走，唐氏跪求悔过，经邻居陈帼扬等在旁劝解，李魁隐忍息事。后李魁见唐氏与孙成林在路旁树下坐地嬉笑，赶往捉拿，孙成林不服，李魁拾石掷伤孙成林凶门倒地，孙成林称欲杀害报复，李魁愤起杀机，拔刀割伤孙成林咽喉，唐氏拢护，李魁亦用刀割伤其咽喉，孙成林、唐氏先后身死。地方原依本夫奸所获奸、非登时而杀例，判李魁杖一百、徒三年。上报中央，法司认为孙成林与唐氏同在树下共坐仅

---

① 《刑案汇览》卷二五《刑律·人命·杀死奸夫》"奸所获奸非登时杀死奸妇"条，第884～885页。

止嬉笑，并非行奸，不得谓之奸所，驳令照本夫捉奸已离奸所、非登时杀死例拟绞监候。这是中央法司改判中少见的从重之例，但当地方再次咨询时，刑部法司的态度又变了：

> 查李魁先见伊妻唐氏与孙成林在房行奸，当时追拿无获，因唐氏自认悔过，隐忍息事。嗣复见唐氏与孙成林在路旁树下嬉笑，捉拿不服，用刀将孙成林、唐氏一并杀死。是该犯前次在家获奸，追捕奸夫未得，嗣复在途见伊妻与奸夫共聚嬉笑，虽此时唐氏与孙成林并未行奸，揆诸本夫，目睹忿激之情，实与奸所获奸无异，且为知非唐氏与孙成林因不能在家续奸，遂为田野草露之约，是唐氏等此时虽未行奸，亦犹之奸夫在奸妇家饮酒嬉乐，虽未行奸，被本夫撞获杀死，不得不以奸所论也。该省将李魁拟徒系属衡情酌断，似可照覆，所有该司议请驳令拟绞之处，应毋庸议。①

总之，清代法律出于伦常的考虑，对于丈夫杀通奸妻妾，处置已非常宽大，司法实践中的处置则更为宽大，说明法律看重的是秩序而非亲情。

当然，最能体现秩序重于亲情特点的是允许亲属捉奸的法律规定。清代条例规定："本夫之兄弟及有服亲属，皆许捉奸。如有登时杀伤者，并依已就拘执而擅杀律。若非登时杀伤，以斗杀伤论。其妇人之父母、伯叔、姑、兄姊、外祖父母，捕奸杀伤奸夫者，与本夫同。但卑幼不得杀尊长，犯则依故杀伯叔母、姑、兄姊律定罪。尊长杀卑幼，照服轻重科罪。"②

---

① 《刑案汇览》卷二五《刑律·人命·杀死奸夫》"获奸逃走别处撞遇复行杀死"条，第887~888页。
② 《大清律例》卷二六《刑律·人命》"杀死奸夫"条附例，第424页。

按此，尊长在捉奸时殴伤卑幼，勿论，杀死通奸的卑幼，则按服制轻重来决定是否科罪。如果直系尊长杀死通奸的卑幼，可以免罪。嘉庆二年（1797），李世楷之女李二姐与奸夫周俸滢私奔出逃，被李世楷拿获，登时殴死李二姐。法司将李世楷比照本夫捉奸杖八十例来判处。上报嘉庆皇帝后，嘉庆下旨曰：

> 父母殴毙无罪子女予以杖罪，尚为慎重人命起见，今李二姐既系犯奸，即属有罪之人，李世楷将伊女殴毙系出于义忿，尚有何罪？虽所拟杖罪声明遇赦援免，但究不应以杖罪科断。嗣后遇有似此情节者，其父母竟不必科以罪名，并着刑部将此例删除，以昭明允。①

有了父母杀通奸子女，不必科以罪名的圣旨，父母杀通奸子女，一定意义上就成了合法、合理的事情，故清代父母杀通奸子女的事例较多，以下略举二例：

> 高文泰因女改子与王西林通奸，被王西林拐逃至冀吕氏家，经冀吕氏认系高文泰之女，虑恐拐逃，往向高文泰查问，高文泰找至其家，一并捉获送官，因王西林不肯前行，用棍将王西林殴毙，并将伊女勒死。②

> 陶幅与王荣之女王二姐通奸，拐带至家，经王荣寻获，时陶幅正在家中与王二姐同坐谈笑，虽未行奸，即与奸所无异，王荣

---

① 《刑案汇览》卷二五《刑律·人命·杀死奸夫》"父母捉奸仅杀奸妇毋庸科罪"条，第916~917页。
② 《刑案汇览》卷二五《刑律·人命·杀死奸夫》"拐所杀奸与奸所杀奸同"条，第914~915页。

一经查见，气忿莫遏，将女勒死。①

帮助直系尊长杀死通奸卑幼，虽不能免罪，但处罚很轻：

> 杨尚青与无服族妹杨慎慎子通奸败露，被氏母杨史氏逼令伊子杨存真将杨慎慎子勒死，杨尚青照亲属捉奸，非登时杀死奸妇，奸夫拟徒例拟徒。杨史氏照本妇之母捉奸，止杀奸妇者不必科以罪名。杨存真听从伊母帮同将伊妹勒死，应照杀奸案内听从加功之亲属照余人杖一百。②

除去直系尊长，其他尊长杀死通奸卑幼，本应照服制轻重来科罪，如期亲尊长故杀卑幼，按律应处杖一百、流三千里，③ 但因卑幼犯奸而故杀，可以减等治罪：

> 陈元先之妹陈氏先与邓献桃通奸，经伊母掩饰奸情，将陈氏许配奸夫为妻。嗣陈氏不待迎娶，私奔邓献桃家，该犯屡唤不回，虑人耻笑，将陈氏殴伤致毙。是该犯殴死犯奸私奔有罪胞妹，应于流三千里例上减等满徒。④

即使用兵刃、活埋等残忍方式杀死通奸卑幼，照样可以减罪：

---

① 《刑案汇览》卷二五《刑律·人命·杀死奸夫》"至拐犯家将被奸拐之女杀死"条，第916页。
② 《刑案汇览》卷二四《刑律·人命·杀死奸夫》"听从母命帮同勒死犯奸胞妹"条，第871~872页。
③ 《大清律例》卷二八《刑律·斗殴下》"殴期亲尊长"条，第462页。
④ 《刑案汇览》卷二四《刑律·人命·杀死奸夫》"殴死犯奸私奔胞妹按例减徒"条，第880页。

王起贵因缌麻服侄王友江贪利纵妻胡氏与王世信通奸，气忿，邀族人王庆先等捉奸，王世信当时逃逸，该犯王起贵令王庆先等将胡氏并本夫王友江一并活埋身死。查有服尊长杀死犯奸卑幼，无论奸夫奸妇均应按服制减殴死卑幼本罪一等，今王友江虽非自行犯奸，第其贪利纵妻与人通奸，实属无耻伤化，与身自犯奸无异。该犯王起贵系王友江缌麻尊属，因其玷辱祖宗并伤阖族颜面，将其夫妇一并致死，委系激于义忿，先据该省咨请部示，业经本部行令，照尊长杀死犯奸卑幼例问拟。至死虽二命，惟例内不应拟抵命案至三命者始照例加等，二命仍从一科断，今该省将王起贵依有服亲属杀死犯奸卑幼，如非登时而杀，无论谋故，各按服制于殴死卑幼本律上减一等例拟杖一百、流三千里，年逾七十，照律收赎。①

因捉奸而杀伤亲属，若为尊长杀伤卑幼，则亲等（服制）越近，责任越轻。究其理由，不外乎亲属皆有义愤之情，亲等愈近，义愤之情愈甚，故亲等愈近，罪责愈轻。按此逻辑，卑幼因捉奸而杀伤尊长，也应是亲等愈近，责任愈轻。嘉庆四年（1799），崔文娃见期亲服婶崔陈氏与曹添恩奸宿，告知胞伯崔之才捉奸，崔之才起意致死，崔文娃听从加功，二人共同将崔陈氏勒死。山西省地方将崔之才照例拟徒，至于如何处置听从加功的崔文娃，法司认为卑幼杀通奸尊长，也适用服制越近、责任越轻之理，故从轻处罚。上报刑部后，刑部认为断无此理：

侄殴伯叔父母死者斩，故杀者不分首从凌迟处死。又本条言

皆者罪无首从，不言皆者依首从法，从无因奸殴故杀尊长，服愈近则罪愈轻之例。若如该司所议，服愈近则罪愈轻，设遇子捉母奸，将伊母杀死，竟可置之勿论乎？恐必无此情理。①

地方法司与中央刑部对于崔文娃应从轻还是从重处罚，虽意见不一，但他们都是把秩序置于亲情之上，只是考虑问题的角度有所不同而已。地方法司之所以轻判，理由在于亲属之间应以秩序为重，无论尊卑，都有义务维护秩序，亲等越近，义务越重，为维护秩序而杀伤亲属，当然应给予一定的免责，亲等越近，免责的尺度应该越大。中央刑部之所以重判，考虑的则是尊卑秩序是亲属关系的基础，在各种秩序关系中，首先应该维护尊卑秩序。

当然，上引刑部法司所论，只是针对卑幼因捉奸而杀死尊长的行为，若卑幼捉奸时因义愤而殴伤尊长，则可以不论。乾隆二十年（1755），蔡奕凡与胞侄蔡通之妻卢氏通奸，被蔡通用刀砍伤，地方将蔡奕凡依奸兄弟子妻律拟绞立决，蔡通依刃伤胞叔律也拟绞立决。上报中央后，刑部法司认为蔡通殴伤胞叔属于正当行为，应予勿论：

　　杀奸例载：本夫本妇有服亲属皆许捉奸，但卑幼不得杀尊长，犯则依故杀伯叔母姑兄姊科断。此则专言应许捉奸之两家卑幼服属，不得干犯尊长，亦止言杀而不言伤，而本夫之捉奸致伤尊长者则尤可无论也……是因奸而杀尊长，尚在矜疑之列，若致伤未死，自应照律勿论……此案蔡通因胞叔蔡奕凡与伊妻卢氏白日行奸撞获，登时互殴致伤，并未致死，该抚遽将蔡通援照刃伤胞叔律拟以绞决，殊未允协。臣等详绎案情，折衷成例，蔡通既

① 《刑案汇览》卷二四《刑律·人命·杀死奸夫》"随同胞伯捉奸勒死犯奸胞姊"条，第866~867页。

无科罪之条，自应予以勿论。应将该抚拟以绞决之处毋庸议等因。乾隆二十年九月初五日题初十日奉旨：蔡奕凡着即处绞，余依议。钦此。①

卑幼捉奸殴伤尊长不治罪，当然是鼓励卑幼捉奸，因此，清代亲属捉奸的行为极为常见，甚至不乏子女捉父母奸情之例。② 在申张保捉母奸情、杀死母之奸夫从而导致父母自尽一案中，法司虽判申张保有罪，但判词中却极力肯定子捉母奸行为的正当性：

> 至若母犯奸淫，经伊子非奸所将奸夫登时杀死，父母因奸情败露忿愧自尽，似此案情，在为子者，杀死奸夫实系情切天伦，事关义忿。推其身罹重辟，皆缘伊母之败名丧节相激而成，并非自作罪恶，则其父母之羞忿轻生，亦由自取，以视子犯应死，致累其亲自尽者，情节自属不同，若将此等案犯一例拟以绞决，则是与累亲致死者无所区别，于情理实不得其平。③

在执法者看来，申张保捉母奸情，"实系情切天伦，事关义忿"，本应是值得褒奖的行为，只是父母因此而自尽，申张保才"身罹重辟"，实在是可叹可悲。法官对于申张保的同情及对其行为的肯定，实际上就是用秩序否定亲情。

---

① 《刑案汇览》卷二四《刑律·人命·杀死奸夫》"捉奸致伤尊长照律应予勿论"条，第873页。
② 如申张保捉母奸情，杀死母之奸夫；余诗捉母奸情，杀死母之奸夫；李青凤捉母奸情，殴死母之奸夫；等等。参见《刑案汇览》卷二六《刑律·人命·杀死奸夫》"殴死母之奸夫以致父母自尽"条、"子捉母奸案内奸妇毋庸官卖"条、"殴伤占娶伊母之小功叔成笃"条，第952~953、959、959~960页。
③ 《刑案汇览》卷二六《刑律·人命·杀死奸夫》"殴死母之奸夫以致父母自尽"条，第953页。

四　亲属间秩序为上的理由

如上所述，儒家的亲属伦理由"亲亲"转变为"尊尊"，从追求恩爱转变为讲求秩序。在儒家思想成为社会主流意识形态后，法律也深受影响，极力强化亲属间的秩序。在礼法两方面的共同促进下，亲属间的关系全部被构建成尊卑或上下的纵向关系，秩序取代了亲情，成为调整亲属关系的主要手段。

礼法要求亲属间秩序为上，显然与亲属组织的高度事业化有关。中国古代的家族，事业化的特征非常显著，其社会功能涉及政治、经济、文化的各个领域，功能十分全面。在一个高度事业化的家族组织中，仅靠亲情来维系正常关系，面临一定的困难。

在高度事业化的家族组织中，成员之间各方面的联系尤其是经济方面的联系，十分紧密，容易产生利益纠纷。而利益往往蒙蔽亲情。在清代的案例汇编中，我们经常可以见到亲属间经济利益蒙蔽亲情的事例：

> 王均连系王均进同父异母之弟，王均进因母董氏欲将故夫余产与夫妾张氏均分，张氏因生有两子，欲作三股分派，该犯听闻不甘，适见张氏四岁幼子王均连在凳睡卧，起意将王均连致死，以便均分产业，随取菜刀连砍致毙。①

> 叶绍山因胞侄叶兆魁、叶超扬占耕祖遗公田，经该犯投众理处，始行退出轮耕，嗣叶兆魁等工人窃挖该田芋子，该犯疑其复图霸占，使令行窃，随纠众前往，勒令将工人交出送究，致相争

---

① 《刑案汇览》卷四三《刑律·斗殴·殴期亲尊长》"欲图多分家产谋杀四岁幼弟"条，第1587~1588页。

殴，该犯当场主令胞侄叶惟一、叶轻一帮殴，致将叶兆魁、叶超扬殴伤身死。①

王全泗因缌麻叔祖王子林嗔伊检取竹笋，屡向辱骂，忿恨莫遏，起意将王子林叠戳致毙，王子林之子王在先赶至，该犯亦起意致死，用刀将其戳伤身死，适缌麻服兄王全贵闻声趋拿，该犯持刀吓戳，致伤其肚腹殒命。②

张怀玉同弟张怀柱向姊夫王仁秀借贷，王仁秀以伊姊已死，亲戚断绝，不允借给。张怀玉商同张怀柱将王仁秀致死，取其包谷衣物，并将其女王寅女、王二女致死灭口。③

以上数例都是因经济利益而残杀亲属。说明在家族组织高度事业化的状态下，经济利益往往取代亲情，亲属关系变得现实和实在，世俗化的特征较为明显。在这样一个世俗化的亲属团体内，讲亲情，有时是一种很"奢侈"的行为：

张文忠火烧胞弟张文珍身死一案。缘文忠素性强暴，文珍时为规劝成仇。乾隆十五年十二月内，文忠为子张罗完婚，借住文珍瓦房一间。迨乾隆十七年二月初七日，文忠执意将子分出另居，文珍因文忠不听理劝，遂令腾房，又相争闹，文忠怀恨，顿思杀害。于是月二十八日夜，窥文珍夫妇、幼子就寝，遂用高粱

---

① 《续增刑案汇览》卷八《刑律·人命·杀一家三人》"主令共殴致殴死胞侄二命"条，第 237 页。
② 《续增刑案汇览》卷八《刑律·人命·杀一家三人》"杀缌尊父子二命又殴死缌兄"条，第 240 页。
③ 《续增刑案汇览》卷八《刑律·人命·杀一家三人》"图财杀死姊夫又杀甥女二命"条，第 241 页。

秆塞入文珍窗内燃烧,又恐文珍逸出,将门反锁。院邻张文顺出救,用斧砍开房门,将火救息,并将文珍夫妇并幼子先后救出。其妻张氏并幼子熏晕未死,文珍烧伤深重,移时殒命。①

李二妮系李文学共祖堂弟,分居无嫌。李二妮只身游荡,乾隆四十五年十月,李文学收留同居。四十六年五月底,李二妮租赵永太地亩欲种红薯……向李文学借牛犁地,李文学未给……李二妮责其薄情,李文学詈其无良。李二妮气忿,随手用镰从李文学背后横砍……诓李文学伤重,延至二十六日殒命。②

石二与胞兄石美含分居各度,石美含卖面生理,石二并无妻子,向做木匠手艺,懒怠工作,难于过度,向石美含索钱帮助,石美含先曾给与,后石二时向索钱不给,石二即行吵闹,石美含恶其缠扰,石二遂心怀怨恨。嘉庆元年九月十三日午后,石二因天气寒冷,向石美含索钱做棉衣,石美含仍不肯给,并向村斥……(石二)起意将石美含致死。③

以上三例中,张文珍规劝兄长与子同居而遭兄杀,李文学收留大功弟李二妮反遭其杀,石美含时常资助胞弟而遭杀害,都为讲亲情而付出了生命的代价。

同时,我们还应该看到,个人品行良莠不齐,亲属中也不乏奸恶之徒。浏览《刑案汇览》等清代案例汇编,经常可以见到奸恶之徒

---

① 郑秦、赵雄主编《清代"服制"命案——刑科题本档案选编》"张文忠烧死胞弟张文珍案",第95页。
② 郑秦、赵雄主编《清代"服制"命案——刑科题本档案选编》"李二妮砍伤堂兄李文学身死案",第267页。
③ 郑秦、赵雄主编《清代"服制"命案——刑科题本档案选编》"石二砍死胞兄石美含、砍伤胞侄石得陇侄媳石张氏案",第408~409页。

为非作歹、祸害亲人的事例：

> 胡约一犯先经赵芳与伊母赵氏通奸，因利其资助，并未阻止，已属丧心蔑理。迨赵芳见伊妻向氏少艾，欲图奸宿，嘱令劝诱，向氏坚执不从，正为胡约谨守闺门。乃该犯辄令赵芳至房乘向氏睡卧在床，自行按住，令赵芳强奸，无耻已极。嗣该犯又因向赵芳取钱应用，遂听从主使逼向氏与赵芳奸宿，向氏仍不依允，该犯顺拾木桌腿殴伤其左右胳肘，复经赵芳喝令殴伤其左耳根，以致殒命。[1]

> 荣恒山始则调奸长媳，致子媳逃散躲避，继因调奸次媳刘氏，不从吵闹。（妻）吴氏正言斥责，该犯辄用刀柄叠殴成伤，以致吴氏投河毙命。[2]

对于这些品行低劣的奸恶之徒，亲情感化，一般难以奏效，甚至可能会助长其嚣张气焰：

> 郝申华因自幼出继，与本生胞兄郝会子降服大功，郝生裕系郝会子、郝申华大功服兄。郝会子贫不务正，人极凶横，屡向郝生裕、郝申华告助，郝生裕等各帮给钱米不记次数。嗣郝会子复向郝生裕索钱，郝生裕无钱回覆，郝会子不依嚷骂，经人劝散。后郝生裕祭扫回归，邀郝申华至家饮酒，郝会子见未邀伊同饮，心怀忿恨，走至门首嚷骂。郝生裕因屡被欺辱，起意殴打泄忿。

---

[1] 《刑案汇览》卷三五《刑律·人命·威逼人致死》"强奸不从主使本夫殴死其妻"条，第 1272 ~ 1273 页。

[2] 《刑案汇览》卷四十《刑律·斗殴·妻妾殴夫》"调奸子媳被妻斥责殴妻自尽"条，第 1451 页。

虑其力大凶横，当令郝申华帮殴……郝生裕上前揪其发辫，郝申华用棒殴伤其左胯、左臁秸倒地，郝生裕乘势揿按，喝令郝申华先后殴伤其右膝等处，郝会子辱骂，郝申华复殴伤其右脚踝殒命。[1]

邵朴系邵在志降服小功堂侄，邵朴素性游荡，乾隆五十四年，邵朴行窃邵在葵家衣物，邵在志将赃偿还。五十五年十二月初五日，邵朴在符璜家借宿，复窃取白布而逸，符璜向邵在志告知，邵在志亦即赔赃，均未呈报。初九日傍晚，邵在志同兄邵在恭将邵朴寻回，搜出原赃，邵朴祖母唐氏见而向责，邵朴将唐氏推跌倒地，唐氏生气，令邵在志等将邵朴捆缚柱上，待明日送官。唐氏进房寝息，邵在恭亦出门挑水，邵在志劝其改过，邵朴声言送官并无死罪，回家后当须放火杀人，邵在志因其行窃玷辱祖宗，复不知改悔，出言强横，一时气忿，起意杀死。[2]

总之，由于家族事业化的特征过于显著，加之个人品行良莠不齐，仅靠亲情来维系亲属关系，面临一定的困难，家族内部也需要秩序。但需要秩序并不意味着秩序为上，亲属毕竟是一个特殊群体，与常人不同，在重视亲情的基础上适当照顾秩序，应该是一个合理的选择。儒家亲属伦理的缺陷在于过分强调伦常尊卑秩序而忽视亲情，把亲属关系等同于常人关系，试图通过强化秩序来化解亲属间的矛盾与纠纷。这一化解方式，由于忽略了亲属之间的情感需求，注定是行不通的。

---

[1] 《刑案汇览》卷四一《刑律·斗殴·殴大功以下尊长》"听从大功兄殴死降服胞兄"条，第 1489~1490 页。

[2] 《刑案汇览》卷四三《刑律·斗殴·殴期亲尊长》"尊长杀死为匪卑幼分别科罪"条，第 1590 页。

第五章　容　　隐

一　何为容隐

容隐，又称"亲亲相隐"，是允许一定范围内亲属间互相隐匿犯罪行为的法律制度，其手段包括藏匿人犯、湮灭证据、帮助逃亡等。容隐，本是伦理学说，可能在汉代成为法律制度，其后各代法律皆继承，清代也不例外：

> 凡同居（同居谓同财共居亲属，不限籍之同异，虽无服者亦是），若大功以上亲（谓另居大功亲属，系服重），及外祖父母、外孙、妻之父母、女婿，若孙之妇、夫之兄弟及兄弟妻（系恩重），有罪，（彼此得）相为容隐；奴婢、雇工人（义重），为家长隐，皆勿论（家长不得为奴婢、雇工人隐者，义当治其罪也）。若漏泄其事及通报消息，致令罪人隐匿逃避者（以其于法得相容隐），亦不坐（谓有得相容隐之亲属犯罪，官司追捕，因而漏泄其事及暗地通报消息与罪人，使令隐避逃走，故亦不坐）。其小功以下相容隐及漏泄其事者，减凡人三等，无服之亲减一等（谓另居小功以下亲属）。若犯谋叛以上者，不用此律（谓虽有服亲属，犯谋反、谋大逆、谋叛，但容隐不首者，依律

科罪。故云不用此律）。①

规定容隐制度的本意，在于贯彻"亲亲"原则，是对亲情的认可和尊重。在中国古代法律中，基于"亲亲"原则的法规，虽为数众多，但由于家国一体的关系，这些法规也往往以国家利益和社会秩序为重，大多背离了"亲亲"原则，转向"尊尊"，从而成为维护尊卑、长幼秩序的等级制度。而容隐制度并没有向"尊尊"原则靠拢，始于"亲亲"，终于"亲亲"。这主要表现在以下三个方面。

首先，亲属范围重情义而轻服制。中国古代的服制不仅是指人们居丧时所穿着的丧服，也是确定亲等的标准。由于服制的精神在于强调宗法伦理，古代亲等也成为一种等级亲等制，表现在男女不平等、长幼不平等、内外亲不平等等方面。古代法律中绝大多数体现血缘本位的法条，在界定亲属范围时，一般以服制为标准，如继承（身份继承、财产继承）、析产、族刑、独坐等。而容隐制度确定亲属范围的标准主要是情义，按规定，有权容隐的亲属包括同居亲属，大功以上亲及外祖父母、外孙、妻之父母、女婿、孙之妇、夫之兄弟及兄弟妻等三类。其中，只有大功以上亲是以服制来确定的，其余两类，都是依据情义：像外祖父母、外孙等一些服制虽轻但情意深重的亲属都被纳入进来，而且只要有同居共财的生活情义，无论亲等远近，也不论有服无服，也皆在容隐的范围之内。

其次，尊卑之间权利平等。基于血缘本位的法规，在涉及具体权利义务关系时，多根据身份界定彼此的权利义务，尊卑之间权利义务不对等，如干名犯义、尊卑同罪不同罚等。而容隐是双向的，尊卑互隐，没有身份上的差别。

最后，违犯尊卑伦常的犯罪行为也可以容隐。一般而言，体现血

---

① 《大清律例》卷五《名例律》"亲属相为容隐"条，第 120～121 页。

缘亲情的法条，多以"尊尊"为重，即讲亲情以不违犯伦常为前提。如唐宋明清各朝法律中都有"存留养亲"的制度，犯罪人在直系尊亲无人侍奉时可免刑或缓刑而回家侍亲，但犯"不孝""恶逆"等违犯伦常的犯罪行为，则不适用留养制。容隐制度就没有类似的限定，按照上引律文的规定，除去谋反、谋大逆、谋叛等"不忠"罪行，其余各罪皆可以容隐，这就意味着违犯尊卑伦常的犯罪行为，也适用容隐制。

正是以上的区别，使得容隐制度显得较为"另类"，在性质上有异于其他法规。一般来说，中国古代法律具有"不讲平等、无视个人、不知权利为何物，只看身份，没有自由合意"的特点，[①] 所以，法律中多见身份特权而罕见普遍权利。容隐重平等而不看身份，既不讲等级、阶级，"地位最卑微的奴隶也可以一样隐亲"，[②] 也不重伦常名分，尊卑可以互隐，甚至准许容隐有违伦常的犯罪行为。同时，容隐权利的行使也取决于自由意志，对于犯罪的亲属，个人可以自行抉择进行容隐或放弃容隐，法律从来不曾规定必须容隐，包括卑幼对尊长。身份平等、意志自由这两点，使容隐成为古代法律中罕见的普遍性权利。

这样一种符合现代民主、法治精神的权利，能够出现在中国古代的法律中，不能不说是个奇迹。然而，权利不能落实，难以保障，在与权力的对抗中，总是败下阵来，这是古今中外一直普遍存在的问题。尤其在中国古代，公共权力强盛，少有权利及保障权利的概念，容隐权的生存环境可能更不容乐观。出于这样的考虑和担心，笔者遂

---

① 梁治平、齐海滨等：《新波斯人信札——变化中的法观念》，贵州人民出版社，1988，第117页。

② 参见范忠信《容隐制的本质与利弊：中外共同选择的意义》，《比较法研究》1997年第2期。范忠信教授甚至据此认为容隐最接近于法治的平等精神，"可能是中外历史上最无阶级、等级之差别待遇的平等制度"。

萌发了以案例入手，考察容隐权实际生存状态的想法。以下就以清代为例，通过各种案例汇编中所见容隐案例，着重说明容隐权究竟只是法条层面上的虚拟权利还是有司法保障的实际权利，并兼及容隐权的正当性问题。

二　清代对容隐行为的司法处置

笔者翻阅清代的案例汇编，在《刑案汇览》《续增刑案汇览》《新增刑案汇览》《刑部比照加减成案》《刑部比照加减成案续编》《驳案汇编》《驳案汇编续编》《大清律纂修条例》中共搜集到 42 例容隐案件，列表如下。

编号	年份	亲属关系	案情简介	判决	资料出处
1	乾隆二十七年（1762）	兄弟	殷从荣容隐（移尸灭迹）因通奸杀死本夫萧天贵之胞兄殷从仁	（在逃）通缉	《驳》卷一一《刑律·人命》"奸夫自杀本夫奸妇不知情拟杖"条，第 222～223 页
2	乾隆四十一年（1776）	叔侄	郭昭清容隐（投尸水中灭迹）杀死奸夫郑家训之胞叔郭仓五	杖百	《驳》卷一三《刑律·人命》"已就拘执而擅杀"条，第 255～258 页
3	乾隆四十二年（1777）	父子；母子	王超民容隐（私埋、拦阻报官）杀死继祖母苗赵氏之亲生子王锦；王陈氏容隐（私埋、拦阻报官）杀死继祖母苗赵氏之亲生子王锦	杖八十；已罪及其夫、免议	《驳》卷二二《刑律·斗殴下》"毒死继母之母按照新定服制斩决"条，第 414～417 页
4	乾隆四十七年（1782）	主仆	武清成容隐（私埋匿报）杀妻张赵氏之主人张翔鹄	免议	《驳》卷一六《刑律·人命》"听从妻母将妻勒毙"条，第 329～331 页
5	乾隆五十三年（1788）	母子	冯克应容隐（匿报、共逃）殴死丈夫冯青之母冯龚氏	杖八十	《纂》"亲属相为容隐"条续纂条例所引案例，第 810～811 页

编号	年份	亲属关系	案情简介	判决	资料出处
6	乾隆五十六年（1791）	姐弟	孙万全容隐（知情匿报）犯奸之出嫁胞姊陈孙氏	不得容隐、责令改拟	《刑》卷五《名例·亲属相为容隐》"犯奸不得容隐埋尸亦系侵损"条，第185页
7	乾隆五十六年（1791）	兄弟	严懋连容隐（埋尸灭迹）杀死奸夫陈标之胞兄严懋田	科以埋尸为从之罪	《刑》卷五《名例·亲属相为容隐》"犯奸不得容隐埋尸亦系侵损"条，第185页
8	嘉庆八年（1803）	夫妻	李绍燮容隐（私行殓埋、贿嘱乡约）咬伤婆母李绍氏并致其自尽之妻李周氏	绞决	《驳续》卷七"子媳殴毙翁姑犯夫匿报及贿和分别拟罪"条，第754~755页
9	嘉庆九年（1804）	兄弟	张其助容隐（移尸、伪造自缢现场）杀死王照沅之胞兄张其陇	杖七十	《驳续》卷二"疑贼共殴毙命装缢移尸"条，第640~642页
10	嘉庆十九年（1814）	叔嫂	孙癸娃容隐（匿报私埋）通奸杀夫之嫂	杖百、流二千里	《刑》卷二一《刑律·贼盗·发冢》"胞兄被嫂谋杀听从埋尸灭迹"条，第745页
11	嘉庆二十年（1815）	夫妻	李碌容隐（匿报私埋）违犯教令致婆母李陈氏自尽之妻李赵氏	满流	《刑》卷四四《刑律·斗殴·殴祖父母父母》"妻违犯母自尽其夫听从匿报"条，第1620页
12	嘉庆二十年（1815）	母子	顾章氏容隐（贿求匿供）肇衅致酿人命之子顾章咬	杖七十	《刑》卷三六《刑律·人命·尊长为人杀私和》"因子肇衅酿命其母贿求匿供"条，第1341~1342页
13	嘉庆二十一年（1816）	父子	王现容隐（许钱求和）殴死王董氏之子王莺	杖九十	《加》卷一八《刑律·人命·尊长为人杀私和》"江苏司"条，第197页

编号	年份	亲属关系	案情简介	判决	资料出处
14	嘉庆二十二年（1817）	父子	袁我松容隐（弃尸、匿报）杀死祖父袁万镒之子袁涌照	斩决	《刑》卷四四《刑律·斗殴·殴祖父母父母》"孙殴死祖犯父任听弃尸匿报"条，第1619～1620页
15	嘉庆二十五年（1820）	母子；翁婿	胡姜氏容隐（匿报）殴死父亲胡觐尧之子胡成琳；黄谦受容隐（匿报）殴死父亲胡觐尧之婿胡成琳	徒三年；杖八十	《刑》卷三六《刑律·人命·尊长为人杀私和》"子杀父而母容隐"条，第1341页
16	嘉庆二十五年（1820）	母子；夫妻	郭杨氏容隐（听任捏报）谋杀父亲之子郭春年；郭马氏容隐（听任捏报）谋杀父亲之夫郭春年	发遣为奴；徒	《刑》卷三六《刑律·人命·尊长为人杀私和》"犯母溺爱致子杀父尤复不报"条，第1341页
17	道光二年（1822）	叔嫂	宋八容隐（私行殓埋）殴夫宋六并致其自尽之嫂宋谢氏	杖八十、徒一年半	《加》卷一八《刑律·人命·尊长为人杀私和》"浙江司"条，第196页
18	道光二年（1822）	兄弟	吴贞元容隐（许钱贿和）作伪证之胞兄吴集元	满徒	《加》卷一八《刑律·人命·尊长为人杀私和》"陕西司"条，第197页
19	道光三年（1823）	兄弟	余均山容隐（私埋匿报）谋杀父亲余帼兴之胞弟余长才子	杖百、流三千里	《刑》卷三六《刑律·人命·尊长为人杀私和》"父被胞弟谋死犯兄畏累不报"条，第1340～1341页

编号	年份	亲属关系	案情简介	判决	资料出处
20	道光三年（1823）	夫妻；父女	蒋胜发容隐（匿报）通奸而谋杀婆母蒋王氏之妻蒋杨氏；杨正发容隐（匿报贿和）通奸而谋杀婆母蒋王氏之女蒋杨氏	满流；满流	《刑》卷四四《刑律·斗殴·殴祖父母父母》"因奸杀姑地保贿和犯夫匿报"条，第1620~1621页
21	道光四年（1824）	夫妻	罗韦氏容隐（贿和匿报）殴死陆老二之夫罗阿便	杖百	《加续》卷一八《刑律·人命·尊长为人杀私和》"贵州司"条，第600页
22	道光四年（1824）	兄弟	林洸上容隐（匿报、收殓埋尸）殴死胞叔林文连之胞兄林洸生	杖七十、徒一年半	《刑》卷三六《刑律·人命·尊长为人杀私和》"胞叔被兄殴死听从埋尸匿报"条，第1338~1339页
23	道光四年（1824）	兄弟	唐礼云容隐（私埋匿报）误毙长兄唐边方之次兄唐受羔	杖八十	《续刑》卷一〇《刑律·人命·尊长为人杀私和》"因次兄误毙长兄听从匿报"条，第307页
24	道光四年（1824）	兄弟	周正敖容隐（匿报、殓埋）因违犯教令致父周彬才自尽之胞弟周正沅	拟徒	《刑》卷三六《刑律·人命·尊长为人杀私和》"弟违犯致父自尽兄听从匿报"条，第1339页
25	道光四年（1824）	父子	胡进贤容隐（贿和、毁尸）杀死妻子胡张氏之子胡五十一	杖百	《加续》卷一八《刑律·人命·尊长为人杀私和》"陕西司"条，第600~601页
26	道光四年（1824）	母子	周均友容隐（匿报、私埋）致夫自尽之母	杖八十	《加续》卷一《名例·亲属相为容隐》"湖广司"条，第367页
27	道光六年（1826）	兄弟	张宝成容隐（匿报、私埋）触忤干犯致父自尽之胞弟张魁	杖百、徒三年	《续刑》卷一〇《刑律·人命·尊长为人杀私和》"弟触犯伊父自尽兄听从匿报"条，第307页

续表

编号	年份	亲属关系	案情简介	判决	资料出处
28	道光六年（1826）	母子	刘陈氏容隐（匿报、私埋）殴死祖母刘朱氏之子刘丑	杖百、流三千里	《加续》卷一八《刑律·人命·尊长为人杀私和》"四川司"条，第600页
29	道光七年（1827）	主仆	夏兰花容隐（帮助伪造自缢现场）因图奸子媳伍彭氏未成而杀媳之主人伍济瀛	免议	《刑》卷五三《刑律·犯奸·亲属相奸》"图奸子媳不从登时搕死灭口"条，第1993~1995页
30	道光七年（1827）	父子	张庭斗容隐（匿报、弃尸）殴死奸夫宋挺之父张华山	杖七十	《续刑》卷七《刑律·贼盗·发冢》"杀死奸夫案内奸妇之兄移尸"条，第195~196页
31	道光八年（1828）	兄弟	刘应发容隐（匿报、私埋）致父气愤自尽之胞弟刘玉发	杖百、徒三年	《续刑》卷一〇《刑律·人命·尊长为人杀私和》"弟违犯伊父自尽兄听从匿报"条，第307~308页
32	道光十年（1830）	兄弟	席加仁容隐（匿报、私埋）因奸杀死本夫路臣儿之胞兄席加积	杖八十	《续刑》卷七《刑律·贼盗·发冢》"兄谋杀人其弟事后听从埋尸"条，第195页
33	道光十年（1830）	母子	江玉淋容隐（匿报、移尸、证不言情）杀夫江相明之母江王氏并以父尸图赖	杖百、流二千里	《续刑》卷一〇《刑律·人命·尊长为人杀私和》"父被母杀不报听从移尸图赖"条，第306页
34	道光十年（1830）	兄弟	吴老土容隐（匿报、私埋）殴死父亲吴老海之胞弟吴老汶	杖百、流三千里	《续刑》卷一〇《刑律·人命·尊长为人杀私和》"父被胞弟殴死犯兄私埋匿报"条，第306页

编号	年份	亲属关系	案情简介	判决	资料出处
35	道光十年（1830）	夫妻（妾）	王正品容隐（匿报、私埋）因违犯教令致婆母王覃氏自尽之妾王孙氏	杖百、流三千里	《续刑》卷一〇《刑律·人命·尊长为人杀私和》"妾违犯致伊母自尽听从匿报"条，第308页
36	道光十一年（1831）	母女	姜吴氏容隐（匿报、私埋）因奸谋死父亲姜万友之女姜观女	杖百、流二千里	《续刑》卷一〇《刑律·人命·尊长为人杀私和》"夫被女因奸谋死辄听从匿报"条，第304~305页
37	道光十一年（1831）	叔侄	张牛庇容隐（匿报、贿和）助父张旺得自尽之胞侄张燕	杖百、流三千里	《续刑》卷一〇《刑律·人命·尊长为人杀私和》"兄被子杀死胞弟贿和匿报"条，第307页
38	道光十二年（1832）	叔侄	张淋书容隐（匿报）误毙父亲张际善之胞侄张初老、张咸老	杖九十、徒二年半	《加续》卷一八《刑律·人命·尊长为人杀私和》"安徽司"条，第599页
39	道光十三年（1833）	兄弟	黄价人容隐（匿报、私埋）误毙长兄黄汶琴身死之胞弟黄汶兹	杖八十	《续刑》卷一〇《刑律·人命·尊长为人杀私和》"胞弟误毙长兄听从私埋匿报"条，第307页
40	道光十三年（1833）	兄弟	贾大容隐（匿报、伪造自缢、私埋）殴死张三之胞弟贾四	满徒	《加续》卷一一《刑律·贼盗·发冢》"浙江司"条，第499页
41	光绪十年（1884）	夫妻	刘李氏容隐（匿报、私埋）搭死父亲之夫刘凡荣，并在私埋时拉伤尸身	斩候	《新刑》卷八《刑律·人命·谋杀祖父母父母》"逆伦案犯妇并未预谋只帮抬尸身"条，第608~609页

编号	年份	亲属关系	案情简介	判决	资料出处
42	光绪十一年（1885）	兄弟；母子	金茂禾容隐（匿报、私埋）殴死父亲金阿翔之胞弟金阿二；金姚氏容隐（匿报、私埋）殴死父亲金阿翔之子金阿二	杖百、流三千里；杖百、徒三年	《新刑》卷一〇《刑律·人命·尊长为人杀私和》"逆命案内徇隐匿报之犯兄比例定拟"条，第641页

备注：1. 为节省篇幅，本表"资料出处"一栏所列清代案例汇编等均采用简称，其中《刑》为《刑案汇览》，《续刑》为《续增刑案汇览》，《新刑》为《新增刑案汇览》，《驳》为《驳案汇编》，《驳续》为《驳案汇编续编》，《加》为《刑部比照加减成案》，《加续》为《刑部比照加减成案续编》，《纂》为《大清律纂修条例》。

2. 表引各书版本：《刑案汇览》《续增刑案汇览》《新增刑案汇览》，北京古籍出版社，2004；《驳案汇编》《驳案汇编续编》《刑部比照加减成案》《刑部比照加减成案续编》，法律出版社，2009；《大清律纂修条例》，收入刘海年、杨一凡总主编《中国珍稀法律典籍集成》丙编第一册，科学出版社，1994。

以上42例容隐案中，2例（个案4、29）为雇工（奴婢）为主人隐，其余40例皆为亲属互隐，共涉及容隐行为人47人。从处理结果看，有44位行为人皆被处罚，只有3人未遭处罚，分别为个案3中的王陈氏、个案4中的武清成、个案29中的夏兰花。其中，武清成、夏兰花都属于仆为主隐，王陈氏则为亲属相隐。这三人未遭处罚的理由，只有武清成是按"律得容隐"的原则而免议；其余二人，夏兰花是因为"迫于主命"，王陈氏是因为与夫同隐杀人之子，"念女流无知，且已罪及伊夫"，故而免议。也就是说，47人中，只有1人的容隐权利得到了法司的认可，其余46人的容隐权利全部被否定。大体而言，法司限制容隐权的方法，有以下两种。

一是制定新条例来限定某些案件不得适用容隐。法律原本对容隐的适用范围有所限定，从唐律到清律，都不例外。但这样的障碍条款并不多，只是规定"犯谋叛以上者，不用此律"，即谋反、谋大逆、谋叛三项罪名，不适用容隐条款。除此之外的各项罪行，亲属都可以进行容隐，属于正当的权利。但清代从乾隆年间开始，制定新条例来限制容隐权的适用。

乾隆五十三年（1788），冯克应父亲冯青被母亲冯龚氏殴死，冯克应容隐母亲的罪行，不仅随母潜逃，到官后也不主动供述（个案5）。四川地方官在判决时，对于冯克应的处置意见是"请免置议"。此案上报中央后，迟迟得不到刑部的批覆意见。直到乾隆六十年（1795），刑部才奉旨批覆认为，律虽准子容隐父母，但父母尊卑有别，母被父杀，可以容隐，而父被母杀，如迫于母命，当时未敢声张，到官后也应立即供述，方为人子折中之道。而冯克应到官后仍不主动供述，至破案后才供明实情，不得免议。遂制定新例云："父为母所杀，其子隐忍，于破案后始行供明者，照不应重律，杖八十；如经官审讯，犹复隐忍不言者，照违制律杖一百；若母为父所杀，其子仍听依律容隐免科。"① 这样一来，母杀父的行为，不仅不能容隐，而且必须告发。这一条例，虽只是专门针对母杀父这一行为的，但在司法实践中，容隐弟杀兄的行为，比照此条例处置，如个案23、39。其后，又有"子妇殴毙翁姑，如犯夫有匿报贿和情事，拟绞立决"的条例，② 容隐子孙杀父祖的行为，也比照容隐子妇殴毙翁姑例加重为斩立决，如个案14。至此，清代法条将不得适用容隐的范围由原来的谋叛以上

---

① 《大清律纂修条例（乾隆六十年）·名例下》"亲属相为容隐"条续纂条例，收入刘海年、杨一凡总主编《中国珍稀法律典籍集成》丙编第一册，第810～811页。

② 参见《刑案汇览》卷四四《刑律·斗殴·殴祖父母父母》"孙殴死祖犯父听任弃尸匿报"条引例（第1619～1620页）。这一条例大约制定于嘉庆十五年至二十二年（1810～1817）。嘉庆八年（1803）李绍燮容隐致婆母自尽之妻李周氏，刑部处绞立决（个案8），嘉庆十五年，刑部奏请今后有"子媳殴毙翁姑之案，如犯夫有匿报贿和情事，应照李绍燮一案定拟"（参见《驳案续编》卷七"子媳殴毙翁姑犯夫匿报及贿和分别拟罪"条，法律出版社，2009，第754～755页），说明至少在嘉庆十五年，还没有妻殴毙翁姑夫容隐处绞决的条例，所以还需以成案定拟；而二十二年，在上列题为"孙殴死祖犯父听任弃尸匿报"的案例中，就直接比照该条例定罪，说明此时新条例已经颁布。

扩大到了谋叛以上、卑幼杀尊长两类案件。

二是以其他法条来否定容隐权。在司法实践中，对于容隐行为，法官总是想尽办法从其他法条中寻找治罪的依据，从而否定容隐权。乾隆五十六年（1791），四川省孙万全容隐其姊陈孙氏的奸情（个案6），地方官原以律许容隐判孙万全无罪。此案上报中央后，刑部"说帖"却提出了完全相反的意见：

> （律载）大功以上亲有罪相为容隐，勿论；又例载本夫本妇之有服亲属皆许捉奸各等语。详绎律例，盖亲属得相容隐，系指寻常犯罪而言。至犯奸则辱没祖宗，在亲属均有义忿防闲之责，故尊长有纵奸科罪之条，即卑幼亦在应许捉奸之列。如有知情容隐，自不得援照得相容隐之律，予以免议。①

"说帖"同时引用了允许容隐和允许捉奸的条文，并以后者来限定前者，得出了奸罪不在容隐范围之列的结论。这是非常片面的解释。允许捉奸并不意味着不能容隐，法律中同时出现允许容隐和允许捉奸的条文，无非是让人们对于亲属间的奸情，多了一个选择，既可以容隐，也可以捉奸告官，两者并不矛盾。退而言之，即使二者是矛盾的，按照上位法优先的原则，也应该是《名例律》中的容隐法优先于《刑律》中的捉奸法条。

这样的做法当然不是个例，而是通例。乾隆四十一年（1776），郭仓五杀人案内，其胞侄郭昭清帮助投尸灭迹，原以"弃尸为从律"拟徒，后遇恩赦减为杖百（个案2）。乾隆五十六年（1791），严懋田杀人案中，严懋连帮助其兄埋尸灭迹，法司认为埋尸行为属于杀人

---

① 《刑案汇览》卷五《名例·亲属相为容隐》"犯奸不得容隐埋尸亦系侵损"条，第185页。

为从行为,以"一家共犯侵损于人"科刑(个案7)。嘉庆十九年(1814),孙癸娃之嫂杀其兄,孙癸娃帮同埋尸,被以"毁弃尊长尸体律"加等科刑,杖一百、流二千里(个案10)。道光十三年(1833),贾四杀人案中,其胞兄贾大帮同伪造现场、抬埋尸身,结果比照"杀人案内听从抬埋、在场帮殴例"加等拟满徒(个案40)。

清代司法实践中,法司之所以惯用其他法条来否定容隐权,根本原因在于对权利的漠视。法官往往将容隐行为看作不正当的行为甚至是犯罪行为,予以否定。上列各案例,容隐者大多被判有罪,就充分证明了这一点。即使承认容隐是权利,法司也将之视为一种不正当的权利。乾隆四十二年(1777),王锦杀人案中,其父王超民容隐,被判杖刑(个案3),刑部判词云:"虽律得容隐,但几致凶徒漏网,所得杖罪虽事犯在恩诏以前,不准援免。"嘉庆二十五年(1820),黄谦受容隐杀父之女婿(个案15),判词云:"本属律得容隐,但案关伦纪,应照不应重律杖八十。"道光十年(1830),席加积杀人案中,席加仁帮助其兄埋尸灭迹(个案32),法司判词中曰:"情切同胞,律得容隐,应比照地界内有死人不报官司而辄移他处律,杖八十。"以上几例中,法官一方面承认当事人具有容隐权,另一方面则将容隐视为有碍社会公义的不正当行为,进行制裁。

清律中的容隐条款,对于何为容隐没有明确的解释,这也为司法判决中否定容隐行为提供了便利。按照常理,藏匿人犯、湮灭证据、帮助逃亡等,皆属于容隐行为,在某些案件的审判中,主审官员及中央法司都认可这些行为属于容隐。如乾隆四十七年(1782)张翔鹄杀妻案中,雇工武清成帮助主人埋尸灭迹(个案4),法司判词中有"(武清成)系张翔鹄雇工,律得容隐"之语;又道光十年(1830),席加积杀人案中,席加仁帮助其兄埋尸灭迹,法司判词中也有"情切同胞,律得容隐"之语(个案32)。

以上两例都是承认埋尸灭迹为容隐行为。但毕竟法典中没有明确写明埋尸灭迹为容隐行为，所以，同样的埋尸行为，法司也可以否认这是容隐行为，而且理由五花八门。如乾隆五十六年（1791），严懋田杀人案中，严懋连帮助其兄埋尸灭迹，法司认为埋尸行为属于杀人为从行为，以"一家共犯侵损于人"科刑（个案7）。道光四年（1824）林洸生殴死胞叔林文连案内，其弟林洸上帮助收敛埋尸，法司比照"尊长为人所杀而卑幼私和律"拟杖并徒（个案22）。而道光七年（1827）张华山杀人案中，其子张庭斗帮助其父弃尸灭迹，法司却照"地界内有死人不报官司，私自掩埋例"杖七十（个案30）。又如嘉庆十九年（1814），孙癸娃之嫂杀其兄，孙癸娃帮同埋尸，被以毁弃尊长尸体律科刑（个案10）。道光十年（1830），吴老汶杀父案内，其兄吴老土帮助埋尸，比照"父为人所杀子受贿私和例"判流（个案34）。光绪十一年（1885），金阿二杀父案内，其兄金茂禾、母金姚氏帮助埋尸，结果，金茂禾比照"故纵与囚同罪至死减一等律"拟流，金姚氏比照"夫为人所杀妻私和律"拟徒（个案42）。因为比照的法条不同，所以相同的容隐行为，判决结果差异也很大。

相同容隐行为在判决结果上的差异，似乎不能看作随意判决。我们注意到，清代司法中，大体上是按照被容隐者所犯罪行的轻重来决定对容隐者的处罚。子孙杀父母、祖父母的行为，属于"十恶"中的"恶逆"行为，故容隐此类罪行，处罚最重，如个案14、15、16、19、24、27、28、31、34、36、37、38、41、42中的容隐者，最轻处徒刑，最重处斩决。只有个案3中王超民、王陈氏夫妇容隐殴死祖母的亲生子王锦，处罚很轻，王超民仅被杖八十，王陈氏更是以"念女流无知，且已罪及伊夫"的理由而免于处罚。这主要是因为王锦自幼出继，所殴死者为继祖母。容隐妻妾致死舅姑，处罚也基本相同，个案8、11、20、35中的容隐者，轻者满流，重者绞决。容隐杀期亲尊长或妻杀夫的行为，处罚一般为徒，如个案 17、22；如容隐因奸而杀夫者，则要加重对容隐者的处罚，如个案 10 中，孙癸娃容隐因通奸而杀夫之嫂，由徒加等为流。容隐弟杀兄，处罚减等为杖，个案 23、39 中的容隐人均为杖八十。至于尊杀卑的行为，本来就是轻罪，对容隐人的处罚也相对较轻，个案 4、25，皆为容隐夫杀妻，个案 29 则为容隐杀子媳者，以上 3 例中，有 2 例免于处罚，惩罚最重者也不过杖百。如果相犯行为是在常人之间，容隐此类行为，处罚也较轻，个案 1、2、7、9、12、13、21、30、32、40 等例，都属于容隐亲属侵犯他人，其中，第 1 例中的容隐人在逃被通缉，第 40 例中的容隐人因有帮殴行为，加重处罚为满徒，其余各例中的容隐者，处罚都在杖七十至杖一百之间。①

容隐者的身份，有时也成为决定处罚轻重的因素。同是容隐妻杀夫的行为，容隐者的身份有别，处罚也不相同。个案 5、10、17、26、33 均为容隐妻杀夫的案例，其中个案 5、26、33 为子容隐母杀夫，处罚仅为杖八十；② 个案 10、17 为叔容隐嫂杀夫，处罚为徒或流，明显加重。个案 15 中，胡成琳殴死图奸己妻胡黄氏的父亲胡觐尧，其母胡姜氏、岳父黄谦受隐匿不报，二人虽容隐手段相同，但身份不同，处罚也不同，一为徒三年，一为杖八十。

依照被容隐者所犯罪行的轻重或容隐者的身份来决定处罚的轻

---

① 其中，第 7 例中的容隐人严懋连，地方官原判无罪，刑部认为应"科以埋尸为从之罪"，要求地方重新改拟，案例中没有说明具体的处罚措施。如按《大清律例》卷二五《刑律·贼盗下》"发冢"条的规定，不告官而私埋尸体应杖八十，以刑部要求的"科以埋尸为从之罪"来处罚严懋连，应减一等，为杖七十。

② 个案 5、26 中的容隐人，处罚均为杖八十，已见前表。但个案 33 中的容隐人最终处罚为杖百、流二千里，这是因为当事人除了容隐行为外，尚有以父尸图赖的行为，故依"将父尸图赖拟徒律"加等为流。刑部判词中有"父为母所杀隐忍不言轻罪不议"之语，可知若是单纯的容隐，处罚并不会重。

重，至少可以说明以下两点：一是法司根本没有将容隐行为看作法律规定的正当权利，而是视为犯罪行为；二是法司在裁量容隐案例时已形成了某些判决上的"定制"，类似的案件判决基本相同，故前文所列 42 个容隐案例完全可以代表清代司法实践处置容隐案件的一般状况，我们即便是找出更多的案例，相信处罚结果与本文所列案例大同小异。

综上所述，容隐虽是法律明确规定的权利，但在清代的司法实践中，法司多以各种理由限制、否定容隐权利，容隐权根本得不到保障，事实上并不存在。

三　容隐的正当性问题

近年来，容隐制度一直是学界的热点论题，讨论从容隐的价值、正当性等问题开始，最终延伸到对儒家伦理的整体评价问题。容隐制度在部分学者那里遭到诟病，认为这一制度有碍社会正义，是现代中国实现法治的一大障碍，是腐败的根源所在。其理由大致有三：一是容隐必然会因地位、权势的不同而有所差异，难以做到权利平等；① 二是容隐

---

① 这方面的非难以刘清平先生为代表，他说："只有君主官员才能凭借手中的权力、关系和门路，在自家亲属犯下罪行（尤其是针对普通人的不义罪行）之后，依据'事亲为大'的儒家精神，将亲情私利凌驾于法律典章之上，采取隐瞒伪证、包庇窝藏、协助潜逃、重罪轻判等途径，帮助自家亲属逍遥法外，结果导致正义不能伸张、受害者的冤屈无法洗雪。试问，即便在今天，同样处于'其父杀人'的情境，同样按照'亲亲相隐'的原则，究竟是高官还是平民更容易将其'窃负而逃，遵海外而处，终身欣然'？从这个角度看，儒家的亲亲相隐观念归根结底还是为权势者利用不正当的制度谋取私利鸣锣开道。"参见氏著《父子相隐、君臣相讳与即行报官——儒家"亲亲相隐"观念刍议》，《人文杂志》2009 年第 5 期。

制度以伦常为本，尊卑之间权利、义务不对等；① 三是容隐制度有碍社会公义。② 其中，前两点责难，系由误会所致。容隐在中国古代，无论作为伦理学说，还是法律制度，都充分考虑到了权利平等的因素，法律将容隐行为主要限制在罪人被捕之前，被捕之后，亲属只享有拒绝作证的权利，而不能进行实际的帮助行为，同时又规定了诉讼回避制度，这就有效地限制了掌权者利用手中权力谋私利的可能。至于所谓容隐制度以尊卑伦常为本，则是将容隐与干名犯义混为一谈，错把干名犯义维护尊卑伦常的精神加到容隐制度上。

说容隐妨碍社会公义，这的确是合理的指责，至少在逻辑推理上是顺理成章的：进行容隐的目的，当然是让犯罪的亲属逃脱法律制裁，自然会妨碍社会公义的实现。清代司法实践中，法司限制、否定容隐权利，理由就是容隐行为有碍社会公义。但问题是，在社会公义与个人私义的较量中，受保护的只应该是社会公义吗？社会公义能够脱离了个人私义而单独存在吗？维护个人私义的制度就没有正当性、

---

① 这方面的非难以邓晓芒先生为代表，他说："现代西方法制社会则把罗马法中这种尊重私有者个体人格的原则平等地扩大到一切成年人，甚至在某种程度上扩大到未成年人，使例外成为常态，才冲破了古代以家庭尊卑结构为原则的容隐方式，建立了今天以一切人的基本人权为普遍原则的容隐方式，从而实现了一次'从量变到质变'的飞跃。对比之下，中国古代的容隐制度，一开始重心都在'子为父隐'，而'父为子隐'是次要的，尊卑伦常压倒了亲情。实际上，亲情只是诱饵，维护尊卑伦常和家长权威才是真正的目的，而最终的目的当然是为了维护皇权了。"参见氏著《再议"亲亲相隐"的腐败倾向——评郭齐勇主编的〈儒家伦理争鸣集〉》，《学海》2007年第1期。

② 这方面的非难以黄裕生先生为代表，他说："亲亲互隐虽然维系了亲情，却伤害了天理——所有绝对原则都被牺牲了。当我们在主张'亲亲互隐其恶'的时候，我们实际上已经在把不正常当正常，把邪恶当仁爱，把伤天害理当正直"；"（亲亲相隐）普遍化的结果就是，所有绝对的普遍伦理原则，也即出自人的本相存在（自由意识）的那些维护与保障人间基本正义的绝对原则，都将在'亲亲互隐'中被牺牲掉。天下由此不是进入秩序化的社会，恰恰是进入了没有正（公）义原则节制的利益角逐。"参见氏著《普遍伦理学的出发点：自由个体还是关系角色？》，《中国哲学史》2003年第3期。

合理性吗？这无疑是值得我们深思的。

事实上，已有学者对容隐制度的正当性、合理性作了很好地阐述。如范忠信先生认为，容隐制度在维系亲情、保护人权、限制株连、维护国家长久利益等方面都具有积极意义；① 张国钧先生则认为容隐行为无论在古代社会还是现代社会，都具备实质上的合法性、合理性；② 郭齐勇、丁为祥、郑家栋、刘军平等诸位先生也在伦理学的层面上对容隐制度的价值与正义性进行了详尽的阐述。③ 为避免重复，以下仅从权利和权力的关系方面，对容隐权的正当性、合理性进行补充论述。

众所周知，民主政治的基本理念就是保障权利，而保障权利的前提是制约权力，因为相对于权力而言，权利总是处于劣势，容易受到权力的侵害。制约权力的重要方式之一，就是赋予民众各种权利，尤其是类似容隐权之类能够对抗和制约国家权力的基本权利。④ 基本权利的存在，意义重大，是衡量民主政治的主要尺度，其重要性无论如何强调都不过分。此类权利，在中国古代，不是多了而是少了，少得不足以对公共权力形成制约，这也是专制政治猖獗、腐败现象蔓延的根本原因所在。所以，对于容隐制度，我们应该给予充分肯定，至少

---

① 参见范忠信《容隐制的本质与利弊：中外共同选择的意义》，《比较法研究》1997年第2期。
② 参见张国钧《亲属容隐的合法性与合理性》，《伦理学研究》2005年第2期。
③ 参见郭齐勇《"德治"语境中的"亲亲相隐"——对穆南珂先生"商榷"的商榷》；丁为祥《恕德、孝道与礼教——儒家三个所谓"腐败"案例的再诠释》；郑家栋《中国传统思想中的父子关系及诠释的面向——从"父为子隐，子为父隐"说起》；刘军平《儒家"亲亲相隐"的伦理依据和法律诉求》。以上诸文均收入郭齐勇主编的《儒家伦理争鸣集——以"亲亲相隐"为中心》一书中，湖北教育出版社，2004。
④ 学界一般将能够对抗和制约国家权力的权利称为基本权利，看作人们在社会生活中最根本、最重要的权利。参见蒋德海《基本权利与法律权利关系之探讨——以基本权利的性质为切入点》，《政法论坛》2009年第2期。容隐权作为对抗国家司法权的制度，无疑属于基本权利的范畴。

不该否定；即使这一类权利带有瑕疵，会对社会公义造成一定的损害，也应该容忍。

其实，所谓个人私义影响了社会公义的逻辑，从来都是进行专制统治的理由和借口。中国古代自有成文法以来，出于专制统治的需要，"废私"成为法律的主旋律。这其中的关系，正如韩非所言："夫立法令者，以废私也；法令行而私道废矣。私者，所以乱法也"（《韩非子·诡使》）；"能去私曲就公法者，则民安而国治；能去私行行公法者，则兵强而敌弱"（《韩非子·有度》）。"废私"有如此重要的功能，自然成为最重要的法律思想和原则。"废私"意味着国家要用强力来干涉私人事务,[①] 规定个人事务的法规也要尽量排除个人私义与权利，从而成为维护伦理纲常、实现政治控制的工具。这也是古代法律多见特权而罕见权利的根源所在。但在排除了所谓妨碍社会公义的个人私义后，包括清代在内的古代社会到底建立了什么样的"公义"社会呢？这种"公义"是不是真正意义上的公义？相信明者可以自断。

论者多以容隐制度为例，认为中国传统伦理以血亲私德为上，社会公德只是处于从属的地位，所以中国人普遍缺乏公德。所谓公德缺失的看法，既不能证明，也不能否定，属于无的放矢的空论，不足为训。退而言之，即便是这一论断能够成立，公德缺失的主要原因也不在于伦理强调血亲私德，而在于国家公共权力对个人权利的漠视。伦理学的研究证明，权利与义务的平衡，才有助于德行的成长：过度肯定权利，自然缺乏对道德义务的敬重心，难以培养高尚的道德情操；无视权利则可能丧失道德动力，同样会导致德行的缺失。尤其是所谓公德一类的公共义务，更需要以充分的个人权利作为前提条件，社会制度公正、合理与否，在很大程度上决定着人们对公共义务的履行程

---

① 张中秋：《中西法律文化比较研究》，南京大学出版社，1999，第 101 页。

度。如果社会制度能够创造出一个公正、合理的社会环境，公共权力也恪守本分，限定自己的权力范围，保障个人的正当权利和利益不受侵犯，个人就有动力履行公共义务，敬重公共义务自然会成为社会风气。相反，如果制度不合理，公共权力横行，则会使人丧失履行公德或公共义务的动力。在中国古代社会，从来都以公权为上，行政与法律都以"废私"为目的，个人的利益被严重忽略，个人权利可以被随意践踏，这样如何让一般人对社会义务或公共道德产生敬重心？所以，在寻找公德缺失的原因时，当以社会制度是否公正、是否保障个人权益为切入点，而不是反过来，以为是个人权益影响了社会公德。

第六章　缘坐与独坐

一　缘坐（族刑）

中国古代有所谓缘坐制度，也即族刑，规定一人犯罪，刑及亲属。法律规定亲属与罪犯同遭处罚，除了要体现一荣俱荣、一损俱损的家族本位主义原则外，还因为亲属有教化不当或劝谏不力的责任。所以，在古人看来，随罪犯同遭处罚的亲属，并非是无辜者，也是犯人，只不过名称有所不同：犯罪人被称作"正犯"，同遭处罚的亲属被称为"缘坐犯"① 或 "缘坐人犯"②。

从清律的规定来看，适用族刑的罪种与唐、宋律大体上保持一致，如"谋反大逆""谋叛"刑及正犯之同宗三代、祖孙与同居亲属，"杀一家非死罪三人及支解人""采生折割人""造畜蛊毒杀人"等罪，刑及妻、子或同居家口。③ 但清律的族刑制度也发生了一些变化：一是

---

① （清）吴坤修等编撰《大清律例根原》卷四《名例律上》"流囚家属"条，第57页。
② （清）王明德：《读律佩觿》卷三 "缘坐"条，法律出版社，2001，第60页。
③ 参见《大清律例》卷二三《刑律·贼盗》"谋反大逆"条、"谋叛"条，卷二六《刑律·人命》"杀一家三人"条、"采生折割人"条、"造畜蛊毒杀人"条，第365、366、426、428、429页。

处罚"谋反大逆""谋叛"的严酷程度远远超过了唐宋律，① 二是除去了唐宋律中"征讨告贼消息"适用族刑的条款，而新增了"奸党""交结近侍官员""上言大臣德政"等适用族刑的条款；② 三是改变了唐、宋律中"谋叛"罪以是否"率部众百人以上"为标准而罪及的亲属范围不同的规定，只要是谋叛，一律刑及正犯三代宗亲与祖孙。③

当然，律典所反映的只是这一时期制度层面上的族刑，司法实践中的族刑远比制度层面上的族刑要复杂、残酷得多。考察史籍记载，清代滥施株连的情况相当普遍。《清史稿》中称，嘉庆八年（1803），吉林将军富俊疏言："一年之内，一千六百余案，应追缴者不下万人，年久转典，株连繁多。"④ 仅吉林一地，遭株连者不下万人，若各地相加，将会是一个非常庞大的数目。这足以说明清代族刑之滥。

清朝始建，便有收孥亲属的习俗，顺治初，仍承袭旧俗，犯罪人的亲属大多收为官奴。顺治二年（1645），给事中孙襄上奏认为，犯人家口入官，妇女给配，有伤风化，收孥亲属才止于叛、逆、强盗一类的犯罪。其后，收孥又呈扩大趋势，顺治七年（1650），"定隐匿钱粮者，本犯正法，仍籍没家产、人口"；十四年（1657），"定窝逃犯人，免死，责四十板，面刺'窝逃'字，家产、人口入官"；十六

---

① 《大清律例》卷二三《刑律·贼盗》"谋反大逆"条："凡谋反及大逆，但共谋者，不分首从，皆凌迟处死。祖父、父、子、孙、兄弟及同居之人，不分异姓，及伯叔父、兄弟之子，不限籍之同异，年十六以上，不论笃疾、废疾，皆斩；其十五以下，及母女、妻妾、姊妹，若子之妻妾，给付功臣之家为奴。财产入官"，第365页。与唐宋律相比，刑等加重，株连的范围也有所扩大。
② 参见《大清律例》卷六《吏律·职制》"奸党"条、"交结近侍官员"条、"上言大臣德政"条，第155、156页。
③ 参见《大清律例》卷二三《刑律·贼盗》"谋叛"条："凡谋叛，但共谋者，不分首从，皆斩。妻、妾、子、女，给付功臣之家为奴，财产并入官。父母、祖孙、兄弟，不限籍之同异，皆流两千里安置"，第366页。
④ 《清史稿》卷三四二《富俊传》，中华书局，1977，第11119页。

年（1659），"定民人自首，身系逃人，借端行诈者，责四十板，妻子、家产、人口入官"①。

康熙朝以后，少有收孥之事，但司法实践中及续修的条例中，族刑的适用范围却不断扩大。清末，修订法律大臣沈家本在论及本朝族刑制度时称："唐律惟反叛、恶逆、不道，律有缘坐，他无有也。今律则奸党、交结近侍诸项俱缘坐矣，反狱、邪教诸项亦缘坐矣。"②

乾隆二十五年（1760），张裕志因父张士英被县差拘捕受辱而自杀，张裕志与弟张富志及妹夫余其仁商议为父报仇，遂杀死知县。按清律规定，谋杀制使及本管长官，已伤者，绞；已杀者，斩。③ 但此案上奏刑部后，刑部批复如下：

> 查张裕志以知县德荣示审稍迟，挟嫌杀害，凶悍残逆，莫此为甚。若照谋杀本管官律定拟，不足蔽辜。应如所请，比照大逆律凌迟处死。余其仁、张富志虽未同行加功而赞成其事，情殊可恶，亦应如所拟，均仍照谋杀本管官已杀者皆斩律，拟斩立决。张尚志一犯虽据该抚以该犯居乡耕种，实无预谋情事，但此等凶恶之徒，气类相同，亦不便复留余孽，应与张裕志之子赶年子一并斩决，以绝根株。仍将所犯罪名通行示喻，俾山野愚顽咸知炯戒。张裕志家属照例核办。④

同治九年（1870）七月，张汶祥因呈诉不准，挟仇刺杀两江总

---

① 《清朝文献通考》卷二〇三《刑考九·徒流配没》，文渊阁四库全书本，台湾商务印书馆，1986，第636册，第671页上栏。
② 《清史稿》卷一四三《刑法志二》，第4200页。
③ 《大清律例》卷二六《刑律·人命》"谋杀制使及本管长官"条，第422页。
④ 《刑案汇览》卷二二《刑律·人命·谋杀制使及本管长官》"因父自尽控审稍迟谋杀知县"，第810页。

督马新贻。① 案发后，张汶祥被比照大逆律凌迟处死，因其世代单传，亲属只有二女一子，二女宝珍、秀珍已许嫁他人，照律各归夫家；十一岁的幼子张长幅先经阉割，再发往新疆为奴。②

　　刁讼、劫（反）狱及强盗，按清律律文，原本不株连亲属，③ 但条例中多适用族刑。顺治十七年（1660）定例："奸民刁讼，持刀抹项，希图幸准者，本人按法究治，妻、子流徙尚阳堡。"④ 乾隆四十五年（1780）六月定例："江洋大盗屡行抢劫，复拒捕致毙弁兵，从重问拟凌迟，并将亲属发遣为奴。"⑤ 乾隆五十三年（1788），撰定新例，聚众劫狱如持械拒杀官兵，依谋反大逆律凌迟处死，妻、子缘坐；至嘉庆四年（1799），刑部遵旨废除聚众劫狱如持械拒杀官兵缘坐亲属的条例；嘉庆十四年（1809）复又规定此类犯罪仍要缘坐亲属。咸丰三年（1853），胡有奎、傅羊群因聚众劫狱，二犯之妻妾发驻防官兵为奴，子女发遣新疆为奴。⑥ 而在理藩院管辖区内，一般性的盗窃，按雍正五年（1727）的条例，也要刑及亲属，⑦ 但属于特殊地区的特殊条例，不再详述。

---

① 《清史稿》卷四二六《马新贻传》，第 12243 页。
② 《新增刑案汇览》卷八《刑律·人命·谋杀制使及本管长官》"谋杀制使大员比照谋反大逆问拟"条，第 606 页。
③ 参见《大清律例》卷二三《刑律·贼盗》"强盗"条，第 377 页；卷二四《刑律·贼盗》"劫囚"条，第 385 页。
④ 《清朝文献通考》卷二〇三《刑考九·徒流配没》，文渊阁四库全书本，第 636 册，第 671 页上栏。
⑤ 《清朝通典》卷八二《刑三·刑制》，文渊阁四库全书本，台湾商务印书馆，1986，第 643 册，第 698 页下栏。
⑥ 《沈家本辑刑案汇览三编》卷十二上《刑律·谋反大逆》"劫狱戕官之犯缘坐止妻、子"条，凤凰出版社，2016，第 7 册，第 389～392 页。
⑦ （雍正）五年，奏准："凡盗四项牲畜，为数无多，情节甚轻者，拟绞监候，仍籍没畜产给付事主，其妻子暂留该旗，俟本犯减等，金解邻近盟长给效力台吉为奴。""又定凡官员庶人，伙众或一二人行劫，致杀人者，不分首从，斩枭。伤人已得财者，不分首从，斩决。妻子、畜产，皆籍没，给付事主。若止伤人未得财者，为首拟斩监候，畜产给事主，妻子暂寄该旗，俟本犯减等，　　（转下页注）

　　邪教会党一类的犯罪，清律中原无专条，只是在"谋叛"律后附有条例，比照谋叛未行律处治，惩罚虽严厉，但不及亲属。[1]而在司法实践中，有证据表明，这类犯罪往往比照谋反大逆来治罪，视同谋反，当然要缘坐亲属。不过，邪教会党的缘坐犯，在秋审时，九卿法司一般均照覆皇帝予以宽免。到了乾隆三十三年（1768），河南省地方上报中央秋审名册中，有徐庚一犯，因其子徐国泰兴立邪教，被判斩候，当刑部依照惯例请皇帝宽免缘坐人时，乾隆皇帝却犹豫了。他认为，此类犯罪，既然比照谋反大逆来治罪，正犯之兄弟、妻子自当按律缘坐；至于其父母尊亲，则要区别对待，如果其子肆行悖逆之事，原系知情，属于父不教子，理应缘坐，若不知情或不同居无从觉察，可以考虑宽免。于是，他下令："嗣后遇有此等逆案，家属应照大逆缘坐律治罪，而该犯之父实不知情者，应如何酌量定拟，明著为令，着大学士、九卿，同刑部悉心详议。"由此，刑部议成新条例：

　　　　其有人本愚妄或希图诳骗财物，兴立邪教名目或因挟仇编告邪说、煽惑人心种种，情罪可恶，比照反逆定罪之案，若该犯之

（接上页注⑦）金发邻近盟长给效力台吉为奴。为从盗犯籍没畜产，给付事主外，并妻子金发邻近盟长给效力台吉为奴。""又定一人行劫，未至杀伤人者，将本犯、妻子、畜产一并解送邻近盟长给效力台吉为奴。如二三人以上，将起意一人拟绞监候，籍没畜产，给付事主，妻子暂寄该旗，俟本犯减等金发邻近盟长给效力台吉为奴。为从盗犯妻子、畜产，一并解送邻近盟长给效力台吉为奴。""又定凡盗贼，被事主或旁人追赶，致拒捕杀人者，为首斩决，妻子、畜产，籍没给付事主。从犯并妻子，发遣南省给驻防兵丁为奴，畜产给事主。伤人不致死者，为首拟斩监候，畜产给事主，妻子暂寄该旗，俟本犯减等金发邻近盟长给效力台吉为奴。从犯并妻子、畜产，解送邻近盟长给效力台吉为奴。"见《大清会典则例》卷一四四《理藩院·理刑清吏司》，文渊阁四库全书本，台湾商务印书馆，1986，第624册，第576页上栏至577页上栏。

① 《大清律例》卷二三《刑律·贼盗》"谋叛"条附例："凡异姓人歃血订盟，焚表结拜弟兄，不分人数多寡，照谋叛未行律，为首者，拟绞监候"，第367页。没有提及要株连亲属。

父，实不知情并不同居，无从觉察，审有实据者，将本犯之父，
照谋叛之犯父母流二千里律，改为流三千里安置。其比照反逆缘
坐之祖父及伯叔，亦一体确审，分别减议。①

依此，邪教会党一类，正犯之兄弟、妻子自当一律缘坐，其尊亲
则以是否知情区别对待。但从清代遗留下来的一些案例来看，会党正
犯并不一定要株连亲属。如嘉庆二十年（1815），广东石硬轰聚众结
拜，首犯只是判绞候，并没有株连亲属；② 又如嘉庆二十四年（1819）
戴奉飞引李知诰入添弟会案，道光三年（1823）林宝南引周其光、陈
华廷、黎贵廷入添弟会案，同年张正元引蔡记善、刘步青等入添弟会
案，道光四年（1824）严仁祺引叶德祥等入添弟会案，也无缘坐首犯
家属的记载。③ 只是到了晚清，因会党滋多，对这一类犯罪的首犯遂加
重惩罚，光绪八年（1882）刑部又议定章程，强调会党首犯以叛逆罪
处罚，十三年（1887），陕西省为严惩会党，规定凡聚众数十人以上，
情同叛逆，首犯就地正法，传首犯事地方悬杆示众。④ 情同叛逆，这就
意味着要株连正犯的亲属。十八年（1892），湖北省也制定类似陕西省
的措施，刑部酌议各省参照执行。⑤

此外，像科场作弊、贪污等按律例不能株连亲属的犯罪，也实行
缘坐：

---

① 《清朝文献通考》卷二零一《刑考七·刑制》，文渊阁四库全书本，第 636 册，第
613 页下栏。

② 《刑案汇览》卷十二《刑律·贼盗·谋叛》"聚众结拜弟兄临时人数为断"条，第
441 页。

③ 参见《续增刑案汇览》卷五《刑律·贼盗·谋叛》"江西添弟会案从犯拟遣流徒"
条，第 106 页。

④ 《沈家本辑刑案汇览三编》卷十二上《刑律·谋叛》"陕西省严惩簪匪、会匪章程"
条，第 7 册，第 439~446 页。

⑤ 《沈家本辑刑案汇览三编》卷十二上《刑律·谋叛》"会匪"条，第 7 册，第 447~
454 页。

刑部鞫实江南乡试作弊一案……方犹、钱开宗俱著即正法，妻子、家产，籍没入官；叶楚槐、周霖、张晋、刘廷桂、田俊民、郝惟训、商显仁、李祥光、银文灿、雷震声、李上林、朱建寅、王熙如、李大升、朱范、王国祯、龚勋，俱著即处绞，妻子、家产，籍没入官；已死卢铸鼎，妻子、家产，亦著籍没入官。方章钺、张明荐、武成礼、姚其章、吴兰友、庄允堡、吴兆骞、钱威，俱著四十板，家产籍没入官，父母、兄弟、妻子并流徙宁古塔。①

（卢见曾）历年就盐商提引，支销冒滥，官商并有侵蚀，至（乾隆）三十三年，事发，自盐政以下多罹大辟。见曾已去官，逮问论绞，死于狱中。籍没家产，子孙连坐。②

对于谋反大逆，清代的制裁异常严酷，正犯凌迟，其成年子孙皆斩，未成年子孙皆处宫刑。更有甚者，株连的范围有时扩大到了无服亲甚至同村居住者。康熙年间，查方孝标所著《滇黔纪闻》有大逆语，时方孝标已卒，康熙下令将方孝标戮尸，祖孙及三代以内的直系、旁系亲属分别处斩或没为奴，其他同族亲属，不分有服、无服，全部流至边疆。③ 嘉庆元年（1796），在审办四川逆匪周文学案时，嘉庆竟然下谕："其不应缘坐之人，既与贼同住一村，当饬讯明，确

---

① 《清世祖实录》卷一二二"顺治十五年十一月辛酉"条，台北华联出版社，1964，第942页。
② 《清史稿》卷三四一《卢荫溥传》，第11107页。
③ 《清圣祖实录》卷二四九"康熙五十一年正月丙午"条："审查戴名世所著《南山集》《孑遗录》，内有大逆等语，应即行凌迟。已故方孝标所著《滇黔纪闻》，内亦有大逆等语，应锉其尸骸。戴名世、方孝标之祖父、子孙、兄弟及伯叔父、兄弟之子，年十六以上者，俱查出解部，即立斩；其母女、妻妾、姊妹，子之妻妾，十五岁以下子孙，伯叔父、兄弟之子，亦俱查出，给功臣家为奴……将方孝标同族人，不论服之已尽未尽，逐一严查，有职衔者尽皆革退，除已嫁女外，子女一并解到部，发与乌喇、宁古塔、白都纳等处安插。"台北华联出版社，1964，第465页。

发往回疆安置，以免余孽日久复萌。"① 甚至被迫充当"贼匪"的从犯也株连家属：

> 玉素皮一犯，因在卡上当差，贼匪于扑卡时，先将伊掳缚，并将伊母及妻妾、家具全行掳掠。该犯复被逆匪的瓦年两次逼令到卡，说伯克从贼，未允。后被带至抵拒官兵，雅尔满迈特递给鸟枪，拔刀吓令施放，该犯接过，空放一枪，并未伤人。旋即拿获……（玉素皮）即予正法，枭示。惟该犯母、妾被贼杀害……玉素皮之妻乔列潘律应缘坐，给付伯克为奴，应交阿奇木伯克收管。听候部议。②

与前代相比，清朝族刑的一个突出特点是对缘坐人频繁使用宫刑。乾隆五十四年（1789）定例："嗣后，有杀死一家三四命以上者，不拘死者之家是否绝嗣，其凶犯之子，无论年岁大小，俱著交内务府一体阉割，以示惩创。"③ 乾隆五十六年（1791）定新制，谋反大逆案内正犯年幼之子孙俱阉割，派在内务府外围当差。嘉庆四年（1799）又因"大逆缘坐人犯，究系逆匪余孽，未便阉割留派外围当差"，取消了谋反大逆、杀死一家三人阉割其子孙的条例，改发边远充军，④ 但规定缘坐男犯到配之后，不准婚配。⑤ 虽取消了阉

---

① 《刑案汇览》卷五八《刑律·捕亡·徒流人逃》"逆犯邻族安插回疆脱逃治罪"条，第 2182 页。
② 《沈家本辑刑案汇览三编》卷十二上《刑律·谋叛》"在卡当差被贼掳去逼胁放枪"条，第 7 册，第 413～418 页。
③ 《刑案汇览》卷二八《刑律·人命·杀一家三人》"杀一家三四人之子阉割充军"条，第 1024 页。
④ 《刑案汇览》卷二八《刑律·人命·杀一家三人》"杀一家三四人之子阉割充军"条，第 1024 页。
⑤ 《续增刑案汇览》卷五《刑律·贼盗·谋反大逆》"逆犯缘坐子孙分别阉割发遣"条，收入《刑案汇览全编》，法律出版社，2006，第 246 页。

割条例，司法实践中却仍对谋反大逆者的幼年子孙实行阉割。如道光十二年（1832），赵金陇谋反案事发，其子赵满仔"年甫七岁，例应交值年旗酌给大臣为奴。惟伊父赵金陇罪大恶极，未便仍留孽种。赵满仔应在刑部牢固监禁，俟年届十一岁，送交内务府阉割"①。道光十三年（1833），因为所谓缘坐男犯不准婚配之例，不过有名无实，必致孽种潜生，干脆恢复了阉割的旧例："嗣后，反逆案内律应问拟凌迟之犯，其子、孙讯明实系不知谋逆情事者，无论已未成丁，均着照乾隆五十四年阉割之例解交内务府阉割，发往新疆等处给官兵为奴。"②

在此之后，谋反及杀一家非死罪三人、支（肢）解人，其子孙十岁以上，照例阉割，"其年在十岁以下者，令该省牢固监禁，俟年届十一岁时，解交内务府照例办理"③。身体羸弱、不适宜行刑者仍要照例阉割：

> ［同治十二年（1873）］首逆张云从之子张潮熺，照反逆案内子孙不知谋逆情事解京阉割发遣之犯，于同治五年五月解到。查该犯张潮熺于解到时，年已二十三岁，经慎刑司于春秋两季叠传会计司刀儿匠查验，该犯气体虚弱，下部有病，碍于阉割。现在该犯年已三十岁，仍难阉割。此等阉犯既无成案可循……但恐其阉割致死，未便率行阉割……应请旨饬下刑部核办……臣部核议……成例自宜永远遵行，若将例应阉割之犯因其气体虚弱有病另生他议，此端一开，不特启巧避之门，亦殊失定例之本意……

---

① 《刑案汇览》卷十二《刑律·贼盗·谋反大逆》"逆犯七岁幼子俟十一岁阉割"条，第436页。
② 《续增刑案汇览》卷八《刑律·人命·杀一家三人》"杀三四命之子年未及岁阉割"条，第248页。
③ 《续增刑案汇览》卷五《刑律·贼盗·谋反大逆》"逆犯缘坐子孙分别阉割发遣"条，收入《刑案汇览全编》，第246页。

应将张潮熹一犯仍由内务府遵照定例，俟阉割后解交臣部，再行
咨送兵部发遣为奴，以符定例。①

甚至缘坐之胎儿也不能幸免：

> ［道光十三年（1833）］罗新得谋杀大功兄罗新受一家六命，
> 案内该犯之妻罗王氏，讯未同谋加功，照例发附近地方安置。因
> 该氏怀孕，未经起解。嗣监生一男，所生之子例应一并缘坐。惟
> 甫经生育，正藉乳期，又不便雇无罪之妇女进监代乳，应否将罗
> 王氏暂时留禁，俟所生之子年届三岁，可以自食，再行送交内务
> 府阉割。②

宫刑并非淫刑，而是剥夺人生命力的刑罚。③ 对缘坐人实行宫
刑，旨在阻止"孽种"滋生，所以，宫刑实际上是对被缘坐家族实
施的变相死刑，从根本上消灭敌对势力。为达到这一目的，清政府对
宫刑的实施制定了严格的措施。要求"内务府大臣遇解到阉割人犯，
即遴派司员认真看验，并出具无弊切结送交刑部。刑部堂官于该犯送
交后，即派司员再行覆验"④，以确保宫刑的实施。

宫刑之外，又加刺字。刺字刑，历代不绝，在宋、元、明三朝皆

---

① 《沈家本辑刑案汇览三编》卷十二上《刑律·谋反大逆》"例应阉割之犯不得因气
体虚弱免其阉割"条，第 7 册，第 377～388 页。
② 《续增刑案汇览》卷八《刑律·人命·杀一家三人》"杀死六命缘坐之子不能离
乳"条，第 247 页。
③ 曹旅宁：《秦律新探》，中国社会科学出版社，2002，第 206 页。
④ 《续增刑案汇览》卷五《刑律·贼盗·谋反大逆》"逆犯缘坐子孙分别阉割发遣"
条，收入《刑案汇览全编》，第 246 页。

为常见刑，但一般施行于盗窃犯。① 清代初期也多用于贼盗，"其后条例滋多，刺缘坐，刺凶犯，刺逃军、逃流，刺外遣、改遣、改发"②。刺字有刺臂、刺面之分，谋反、逆、叛案内的缘坐犯均照例刺面："反逆案内之子孙，许明实系不知谋逆情事者，均阉割发新疆，左面刺'大逆缘坐'，右面刺'外遣'二字。"③ 谋叛案内缘坐犯同。

杀一家非死罪三人及支（肢）解人、采生折割人、造畜蛊毒杀人等罪，历来属于不道罪，是缘坐的传统罪种。但各朝惩治的重点有所不同。在汉代，重点打击巫蛊罪，因巫蛊被杀及缘坐者难以计数。

到了清代，打击的重点变成了"杀一家非死罪三人"。笔者翻检清代遗留案卷《刑案汇览》《续增刑案汇览》《新增刑案汇览》《刑案汇览三编》中题为"造畜蛊毒杀人"的案例，发现此类案例并不多，④ 且多数为投毒杀人，少数几例为厌胜鬼魅之术，⑤ 这两类行为

---

① 《续通志》卷一四九《刑法略·历代刑制·明下》："嘉靖三十四年（1555）……申明刺字事例，凡盗贼犯徒罪以下者，不问赃数多寡并从刺字。监守、常人盗二条据律各载刺字之文，而满贯罪至斩、绞者，从无刺字之例。敕：'今后除各盗犯该徒罪以下刺字外，其杂犯，斩、绞、准徒者，俱照旧免刺。'"（文渊阁四库全书本，台湾商务印书馆，1986，第394册，第387页上栏）是刺字仅适用于盗窃犯。

② 《清史稿》卷一四三《刑法志二》，第4196页。

③ （清）不著撰人：《刺字条款》，载《中国珍稀法律典籍续编》（第七册），黑龙江人民出版社，2002，第240页。

④ 如《刑案汇览》中不过三例，参见《刑案汇览》卷二八《刑律·人命·造畜蛊毒杀人》；《续增刑案汇览》中共四例，参见《续增刑案汇览》卷八《刑律·人命·造畜蛊毒杀人》；《新增刑案汇览》中没有案例；《沈家本辑刑案汇览三编》中共有十例左右，参见《沈家本辑刑案汇览三编》卷二六《刑律·人命·造畜蛊毒杀人》。

⑤ 《刑案汇览》中仅一例，参见《刑案汇览》卷二八《刑律·人命·造畜蛊毒杀人》"私用桃椿钉人祖坟图破风水"条；《续增刑案汇览》中也一例，参见《续增刑案汇览》卷八《刑律·人命·造畜蛊毒杀人》"主令咒死人致被人符咒诓骗"条；《沈家本辑刑案汇览三编》中共二例，参见《沈家本辑刑案汇览三编》卷二六《刑律·人命·造畜蛊毒杀人》"厌魅杀人以造意为首""厌魅符咒意止欲令疾苦"。

从唐律开始就不缘坐。而真正意义上的造畜蛊毒则无一例，采生折割人案件也只有一例，且无缘坐家人的记录。①

与之形成鲜明对比的是，"杀一家三人"的案例则很多，对此类行为的惩罚力度也超过了以往任何一个朝代。乾隆四十八年（1783）撰例："杀一家四命以上之案，按其所杀人数，将凶犯父、子照数抵罪，其有浮于所杀之数均以其幼者同妻、女改发伊犁为奴。"② 乾隆五十四年（1789），改处死正犯之子为宫刑："杀一家三四命以上之案，凶犯之子实无同谋加功者，无论年岁大小，俱送交内务府阉割。"③ 乾隆五年（1740）所颁之《大清律例》卷二六《刑律·人命·杀一家三人》条例云："凡杀一家非死罪三人及支解人，为首监故者，将财产断付被杀之家，妻、子流二千里，仍锉碎死尸，枭首示众。"如本书第一章所述，戮尸意味着死亡正犯之家属不能享有"听减"的权利，是非常残酷的刑罚。清代虽也有对谋反大逆者使用戮尸的事例，如前述之方孝标谋逆案，但乾隆五年所颁行的《大清律例》中，明确规定可以适用戮尸的有谋杀祖父母、父母，杀一家非死罪三人，支（肢）解人，本欲支（肢）解、因势力不遂、乃先杀而后支（肢）解者④，并不包括谋反一类的犯罪。清代律学家王明德认为这

①《刑案汇览》卷二八《刑律·采生折割人》"舐吸女婴精髓致毙幼孩多名"条载，浙江人张良璧16年间，舐吸女婴精髓共16人，致死11名，残废1名，上谕凌迟处死，抄没财产；案例中提及张良璧有家属，但无处罚家属的记载，第1041页。

②《刑案汇览》卷二八《刑律·人命·杀一家三人》"杀一家三四人之子阉割充军"条，第1024页。

③（清）吴翼先：《新疆条例说略》卷二"发遣新疆及改遣人犯分别当差为奴"条，收入杨一凡、田涛主编《中国珍稀法律典籍续编》（第七册），黑龙江人民出版社，2002。另，《新疆条例说略》称此条例定于乾隆五十六年（1791），但据前引之《刑案汇览》卷二八《刑律·人命·杀一家三人》"杀一家三四人之子阉割充军"条，乾隆五十四年（1789）已有此例，第1024页。

④（清）王明德：《读律佩觿》卷四下"戮尸"条，第140页。

与重伦常有关。① 当然，也有可能是因为清代此类犯罪的数量大大增加，制定律令者遂加强了惩治力度。

缘坐犯的存在，是因为法律以家族为本位，将亲属看作一个负有共同责任团体。从法理上说，团体责任只能对外承担。团体内部发生互犯，团体成员在一定意义上都是被害人，若再追究共同责任，等于让被害人为犯罪人缘坐，不仅有违法理，也与族刑的本意不符。况且，亲属团体内部的互相侵犯，本身即是对亲情的背叛，为背叛亲情的亲属缘坐，也不符合常理。② 所以，亲属相犯，于情于理都不应该适用族刑。但古代法律却没有这样的限制，亲属相犯依然追究团体责任。如此一来，亲属相犯案件中缘坐人的身份便成了问题：他们到底是被害人还是犯罪人？由于身份难以确定，便引发了一系列的司法乱象。鉴于这一现象历来少有学者关注，笔者以清代为例，尝试进行分析说明。

乾隆四十二年（1777），广东陆丰县人郑会通因将所分田产挥霍殆尽，屡次向兄弟借贷并偷卖家族公产，遭母亲及兄弟斥责。郑会通心怀愤恨，欲图设法陷害。考虑到轻罪不足以破败其家，遂诬以谋反大逆罪。于是，郑会通伙同他人捏造谋反文书，声称召集猛将兵马，先攻陆丰城池。又伪造反逆名册，名册中封官许愿，填入同胞兄弟郑会寅、郑会礼、郑会瑞、郑会衮，堂弟郑会坤及众侄姓名。后来郑会

---

① （清）王明德：《读律佩觿》卷四下"戮尸"条曰："律内戮尸之令，至此四者。其余十恶，皆不与，殊未可解。夫罪莫重于反逆，而反未及乎戮尸，似为失之太纵。然备为静思，前人敕法之义，实有斟酌存焉。盖推反逆所自始，多有激愤以成变。即忌刻残恶如秦始皇，其于博浪副车之中，亦惟大索十日而止。故定律者，惟止重以凌迟、缘坐以尽法，而不更究及乎已服天刑之后，所以示宽大也。即以弟戕兄、妻谋夫，虽云各关伦常异变，然弟乃同辈，妻则终属异姓而假合，非若父子祖孙，一脉相承，重关至性。天伦灭绝，莫可抵极，故不因其已服天刑而贷之，盖所以重伦常也，至杀一家非死罪三人及支解人，恶极凶穷，一死奚足蔽辜。欲为匹夫匹妇复仇，又不容不极其法而甚之"，第 140 页。

② 魏道明：《始于兵而终于礼——中国古代族刑研究》，第 68 页。

通又觉得兄弟、侄子都在反逆名册内，惟自己册内无名，必遭人怀疑，于是也将自己姓名填入名册之中。然后郑会通在街上找了一个不识字的挑夫，给钱四十文，谎称谋反文书和名册是官府文书，让挑夫将文书送到衙门。由于是谋反大案，官府高度重视，立即派员捉拿。审讯过程中，郑会通对于捏造陷害事由，供认不讳。郑会通以谋反大逆罪凌迟处死，但被诬陷的同胞兄弟郑会寅、郑会礼、郑会瑞、郑会衮、郑会坤，按律也当缘坐，地方官遂判郑会寅等人斩立决。①

此案是以谋反大逆罪来定性的。其实也可以诬告陷害罪来判决。清律中设有"诬告"专条，规定诬告人笞罪者，加所诬罪二等处罚，诬告人杖、徒、流罪者，加所诬罪三等处罚；诬告人死罪者，若被诬之人已被处决，反坐死罪，被诬之人未被处决，流三千里。② 按此，凡捏造事实诬告陷害他人，意图使他人受刑事追究者，都可以成立诬告罪。本案其实没有进行谋反大逆的实际行为，所谓的谋反计划、反逆名册都是编造出来的。编造的意图在于陷害别人，符合诬告罪的一般特征。

当然，按照谋反来定罪，也没有错误。谋反罪，按法律规定惩及于"谋"，③ 有进行反逆的念头和想法，即可定罪，不必有实际的行动。此案有所谓反逆计划及文武官职名册，虽未及实施，但不影响本罪的成立。况且，郑会通为了使谋反计划更加逼真，名册中也填入了自己姓名，如果以诬告罪来处理，也会陷入自己诬告自己的逻辑怪圈。所以，谋反大逆罪可以成立，即使其他人是被诬陷的，不能看作共同谋反，但就郑会通个人而言，谋反的罪名是可以成立的。

不妨这样认为，郑会通的行为，同时触犯了谋反、诬告两个不同

---

① 《驳案汇编》卷六《刑律·贼盗上》"捏造逆词希图倾陷比照大逆"条，第90～92页。

② 《大清律例》卷三十《刑律·诉讼》"诬告"条，第481～482页。

③ 《大清律例》卷二三《刑律·贼盗上》"谋反大逆"条，第365页。

的罪名，两个罪名都可以成立。只实施了一个行为却同时触犯数个罪名，用今天的法学术语来说，属于想象竞合犯。按照刑法原则，想象竞合，应当按行为人所触犯的数个罪名中法定刑最重的一罪来定罪量刑。谋反罪的罪名重于诬告罪，那么，按谋反罪来定罪量刑，符合法理。

但谋反大逆罪规定要缘坐亲属，以谋反罪来定性，被缘坐者的身份以及制裁缘坐犯的合法性却又成了问题。缘坐人到底是犯罪人还是被害人？从法理上讲，缘坐人应该是犯罪人，他们对犯罪行为的发生负有责任，故称缘坐犯。而本案的犯罪动机出于报复亲属，犯罪目的在于使亲属受到刑事追责，案件的性质应是亲属相犯，亲属显然属于被害人。缘坐亲属，无疑是为了制裁被害人，而此案中等于让被害人为犯罪人缘坐。而制裁被害人，让法律失去了制裁犯罪人保护被害人的初衷，制裁的合法性与合理性令人生疑。

所以，郑会通案上报至中央后，乾隆皇帝认为不妥："该逆犯既忍以大逆诬其弟兄，则其蔑视天显，恩义早绝，更何必因其谊属期亲概从缘坐乎？"遂下旨除郑会通妻、子外，其余缘坐犯一并省释。①免除郑会寅等人缘坐，只是皇帝特旨。按法律规定来说，只要正犯按谋反定罪，哪怕是被诬陷的亲属，即属于缘坐犯，也要为犯罪人缘坐。为避免此类矛盾，乾隆四十八年（1783）遂制定新条例："奸徒怀挟私嫌，将谋逆重情捏造匿名揭帖，冀图诬陷之案，除本犯按律问拟外，其应缘坐人犯内，如有即系被该逆犯倾陷之人，概行省释，不得以缘坐律问拟。"②

但这一条例只是免除了被"倾陷"也即被诬陷谋反亲属的缘坐责任，并没有解决全部问题。有些凶徒虽然没有诬陷亲属谋反，只是

---

① 《驳案汇编》卷六《刑律·贼盗上》"捏造逆词希图倾陷比照大逆"条，第90页。
② （清）吴坤修等编撰《大清律例根原》卷五三《刑律·贼盗上》"谋反大逆"条附例，第837页。

自己谋反，但他谋反的动机是陷害亲属，目的是让亲属承担缘坐责任。汉代就出现过此类事件。汉景帝三年（前154），纪恢说怨恨父亲襄平侯纪嘉，故意谋反，欲令其父坐死。事发，纪嘉被法司逮捕论罪，后景帝下诏免其缘坐。① 假使清代发生此类以陷害亲属为目的的所谓"谋反"案件，被陷害的亲属还是不能免除缘坐。所以，这一条例并不能完全避免谋反案中被害人为犯罪人缘坐的司法悖论。

按清朝律典的规定，杀一家非死罪三人，正犯凌迟，妻、子流。② 此类恶性案件，也容易发生于亲属之间，这可以从清代案例汇编中的此类案件数量中得到证明。据统计，《刑案汇览》"杀一家三人"类下共载有案件68例，其中28例发生在亲属之间；③《刑部比照加减成案》"杀一家三人"类下共载有案件31例，发生于亲属之间的有18例。④ 由于法律没有近亲相杀不缘坐亲属的原则，所以，缘坐人身份模糊的问题、被害人为犯罪人缘坐的情形，在此类案件中，表现得更为突出：

> 光绪十年（1884），楼尚勤于拟绞发回中途脱逃之后，辄因兄楼炳升前被楼永逭听从加功杀死拟流，赦免释回，仇恨不甘，起意将楼永逭并其子楼正法、妻楼王氏先后杀死，凶恶已极。已死楼永逭、楼王氏系该犯小功叔婶，楼正法系该犯小功服弟。遍查律例，并无谋杀小功堂叔夫妻父子一家三命作何治罪专条，自应按照杀一家非死罪三人律问拟。楼尚勤除谋杀小功尊长服弟并拟绞脱逃各轻罪不议外，依杀一家非死罪三人凌迟处死。臣于审

---

① 《汉书》卷五《景帝纪》，第142页。
② 《大清律例》卷二六《刑律·人命》"杀一家三人"条，第426页。
③ 魏道明：《秩序与情感的冲突：解读清代的亲属相犯案件》，中国社会科学出版社，2013，第134页。
④ 魏道明：《秩序与情感的冲突：解读清代的亲属相犯案件》，第137页。

明后照例恭请王命，饬将该犯楼尚勤绑赴市曹凌迟处死，仍传首犯事地方悬杆枭示，以昭炯戒。犯妻楼马氏、犯子楼惕福均照例缘坐，楼马氏因产未解，由县另行详咨，并查明该犯财产断付尸子楼常挺承管。①

楼尚勤杀一家三人，缘坐人楼马氏、子楼惕福一方面是犯罪人的妻、子，一方面又是被害人的亲属，身份模糊。从犯罪人妻、子的角度看，他们是缘坐犯，应受到法律制裁。但从被害人的亲属角度来说，楼马氏、楼惕福也是合法权益遭到犯罪行为侵害的被害人。他们被处刑，又属于被害人为犯罪人缘坐。

亲属间的相杀案件，亲等越近，缘坐人身份模糊、既是犯罪人又是被害人的矛盾就越加明显：

嘉庆九年（1804）山东济阳县民安成举杀死亲嫂刘氏及子女、雇工一家四命内，刘氏之子女系该犯期亲卑幼，刘氏与雇工二命系属凡人，应同杀死一家非死罪四命例，凌迟处死，该犯妻女缘坐，财产断付伊兄……咸丰六年（1856），董安青商同其子董定河欲杀兄妾董樊氏未遂，即将伊兄董安静逞忿故杀，又迁怒杀死伊兄二女一子，共计一家四命。凶残已极。虽所杀伊兄子女系该犯期亲卑幼，惟内有一命年甫八岁，被该犯挟仇残杀，例应凡论。一命系该犯期亲尊长，实属残忍蔑伦。较之安成举缘坐之案，其情尤重。衡情酌断，自应比照凡人杀一家三四命以上凶犯妻子缘坐之例，将该犯董安青之妻、子，查明年岁，照例缘坐，

---

① 《新增刑案汇览》卷八《刑律·人命·杀一家三人》"绞犯潜逃仇杀一家三命"条，第617页。

以示炯戒。①

安成举、董安青杀人案因为发生在期亲之间，相比楼尚勤一案，亲等更近，缘坐人与杀人者和被杀者的关系都很亲近，其身份更加难以确定。如果发生夫杀妻母一家三人之类的恶性案件，缘坐人身份模糊、既是犯罪人又是被害人的矛盾，就会达到尖锐化的程度：

> 乾隆五十八年（1793），明汝阳因妻父何存先借欠银谷，向索。经妻母杨氏以现无食用不能偿还，该犯不顾亲谊，即牵猪作抵。杨氏拦阻斥骂。明汝阳辄生气忿，刀戮杨氏倒地，并将其子何老五、何其相连戮多伤，以致母子三人同时殒命。迨归家后，何氏见其神色慌张，问明情由，向其哭骂。明汝阳即取刀欲将何氏一并杀害。何氏跑出门外，适遇伊父兄赶到，幸而未死。②

案发，明汝阳被贵州地方法司凌迟处死，至于何氏，地方法司虽觉得情甚可悯，但"惟该氏究系杀死一家三命凶犯之妻，仍应照律缘坐。何氏讯无子嗣，乃系只身妇女，难以种地当差，应请照原例实发附近充军"。上报至中央后，刑部奉旨认为"何氏虽系凶犯明汝阳之妻，但明汝阳与何存先既无翁婿之情，与何氏亦绝夫妇之义，已不便论为明汝阳之妻；且被杀之杨氏，系该氏之亲母，何其相、何老五又系该氏之胞弟，本与其夫杀死他人三命者不同。若如该抚所奏将何氏拟以实发充军，则何存先之妻、子三人惨死非命，一女又因而远

① 《沈家本辑刑案汇览三编》卷二五中《刑律·人命·杀一家三人》"尊长杀死期亲卑幼三命以上妻子缘坐"条，第245~247页。
② 《刑案汇览》卷二八《刑律·人命·杀一家三人》"杀妻母等三命犯妻原免发遣"条，第1023~1024页。

遣。揆之情理，殊未允协……奉旨：何氏着免其充军"。①

本案的缘坐人明何氏，身份特殊，一方面是杀人者之妻，另一方面又是被杀者的女儿和姐姐。地方法司看重的是前者，将其视为犯罪人，故判有罪；中央刑部看重的是后者，故将其也视为权益遭到侵害的被害人，免其刑罚。应该说，中央刑部免除明何氏的缘坐之罪，符合情理，毕竟凶手杀害的是她的母亲和同胞兄弟，而且自己也遭凶手追杀，让明何氏为凶手缘坐，于情于理都说不过去。然而，贵州地方法司的判决却是有法律依据的，法律只是规定"杀一家非死罪三人"要罪及正犯妻、子，并没有此类案件发生于亲属之间时不适用缘坐的限制。地方法司的判决虽有悖情理，但却符合法律规定。可见，之所以出现被害人为犯罪人缘坐的判决，根源在于法律规定本身的不合理。

为避免被害人为犯罪人缘坐情形的发生，法律应该确立亲属相犯（至少是近亲属间的相犯）不适用族刑（缘坐）的原则。大概早期的儒家还是提倡亲属相犯不行株连的，《左传·僖公三十三年》："《康诰》曰：'父不慈，子不祗，兄不友，弟不共，不相及也。'"就是说发生于父、子、兄、弟之间"不慈""不祗""不友""不共"之类的犯罪行为，不适用株连之刑。②但以后各朝包括清代的立法者，显然忘记了这一"祖训"，也没有考虑亲属相犯适用族刑所产生的法律悖论，仅以所犯罪行的轻重来决定是否适用族刑，而不管犯罪行为是否发生于亲属之间。

由于法律却没有亲属相犯不缘坐亲属的原则，每当发生此类案件，是否该罪及亲属，总是一个司法难题，需要作为特例来处理。审理的结果，差异也很大，难以保证公正性。如前举发生于乾隆五十八

---

① 《刑案汇览》卷二八《刑律·人命·杀一家三人》"杀妻母等三命犯妻原免发遣"条，第 1023 页。
② 张全民：《〈周礼〉所见法制研究》，法律出版社，2004，第 162 页。

年（1793）的明汝阳杀妻母一家三人案，中央刑部认为明汝阳之妻明何氏不当缘坐。但道光元年（1821），秦友保杀死妻母大秦秦氏一家六命，广西地方法司认为"犯妻秦秦氏，业已出嫁，礼当从夫，自应依例缘坐"。上报至中央，刑部认为"该犯惨杀外姻一家六命，狠毒已极。若使妻以继母之故得免流离，似不足以昭惩。该省将犯妻秦秦氏缘坐拟军，似属照例办理，应请照覆"①。

以上的两个判例显然自相矛盾。都是杀妻母一家，秦秦氏被判缘坐，理由是"业已出嫁，礼当从夫，自应依例缘坐"，那明何氏又何尝不是？明何氏被判免缘坐，理由是"绝夫妇之义，已不便论为明汝阳之妻"，那秦秦氏又何尝不是？

其实，清代的司法官员也考虑过亲属相犯案件是否缘坐亲属的问题。咸丰六年（1856），刑部在批覆山西省咨部案件时说："杀一家三四命以上，凶犯妻、子缘坐之例，系指凡人而言。"② 这里，刑部官员显然注意到同样是杀一家非死罪三人，发生于凡人之间，应缘坐亲属；但发生于亲属之间时，则应区别对待。

但是，区别对待不是为了防止出现被害人为犯罪人缘坐的司法悖论，而是因为亲属相杀，尊卑身份不同，罪行轻重也不同。按照古代法律原则，亲属间的杀伤，尊长杀伤卑幼，属于轻罪；卑幼杀伤尊长，则是重罪。轻罪不应缘坐，重罪才当缘坐。因此，刑部官员在批覆中接着说："至尊长杀死期亲卑幼三命以上，情罪较轻，例内固无缘坐之文。若内有一命系期亲尊长，情节凶残者，亦应酌核案情比例，将该犯妻、子缘坐。"③

---

① 《刑案汇览》卷二八《刑律·人命·杀一家三人》"杀妻母家六命犯妻仍应缘坐"条，第 1023 页。

② 《沈家本辑刑案汇览三编》卷二五《刑律·人命·杀一家三人》"尊长杀死期亲卑幼三命以上妻子缘坐"条，第 16 册，第 246 页。

③ 《沈家本辑刑案汇览三编》卷二五《刑律·人命·杀一家三人》"尊长杀死期亲卑幼三命以上妻子缘坐"条，第 16 册，第 247 页。

以上原则在乾隆五年（1740）就已确定。当年制定的条例云："本宗及外姻尊长，杀缌麻、小功、大功卑幼一家非死罪主仆、雇工三人者，俱斩决；杀期服卑幼一家主仆、雇工三人者，绞决。若三人内有功服、缌麻卑幼者，仍从杀死功服、缌麻卑幼三人斩决。如谋占家产、图袭官职，杀期服卑幼一家三人者，斩决；杀大功、小功、缌麻卑幼一家三人者，凌迟处死。"①

按此，亲属之间杀一家非死罪三人案件，若是卑幼杀尊长，则缘坐亲属，如乾隆五十五年（1790），隋必蕯杀族叔隋有喜一家六命案，②又本文上节所举楼尚勤杀小功叔楼永道一家三人案、安成举杀死期亲嫂刘氏一家三人案、董安青杀胞兄董安静一家四命案等。但若是尊长杀卑幼一家三人，除非是出于谋占家产、图袭官职的动机而杀害大功、小功、缌麻卑幼一家三人，其他情况下，并不缘坐其亲属：

> 嘉庆二十二年（1817），谢柱孜因私将菉豆卖钱花用，被姑母朱谢氏向伊父告知责打，该犯怀忿，起意将朱谢氏谋害，潜用土信放入磨眼，朱谢氏前往磨面，做成面饭同子朱尚仁等先后食毕毒发，以致朱谢氏之女绕女、二丫头及童养媳被毒殒命，朱谢氏、朱尚仁伤而未死。查该犯杀死卑幼三人内有一人应同凡论，按例应拟斩枭。惟并非有心惨杀，应比照外姻尊长杀缌麻卑幼一家非死罪三人，内有一人按服制应同凡论者斩枭例，该犯系属误杀，免其枭示，并免酌断财产。③

---

① 《大清律例》卷二六《刑律·人命》"杀一家三人"条附例，第426页。

② （清）吴坤修等编撰《大清律例根原》卷七七《刑律·人命》"杀一家三人"条，第1235页。

③ 《刑案汇览》卷二八《刑律·人命·杀一家三人》"欲毒一人误杀缌卑一家三人"条，第1017页。

　　道光五年（1825），乔凤杀死缌麻卑幼乔年等一家三命，查乔年系乔凤缌麻服弟，年已十一岁，按律罪止拟绞，其乔甫成、乔群妮均系无服卑幼，按凡论罪应斩枭。至杀死卑幼一家三命，内有二人应同凡论者，例内并未议及，自应就其应同凡论之命数按例问，将乔凤依杀一家非死罪二人例，拟斩立决枭示。①

　　道光十二年（1832），谢周氏谋毒夫弟谢希伦之妻李氏身死，并误毒谢希伦及其子谢学魁、媳邓氏一家四命，例内并无谋杀夫弟之妻，以致误杀夫弟及其子、媳一家四命作何治罪明文，应比照谋杀人而误杀旁人一家三命以上斩枭例，拟斩立决，系妇女，免其枭示。②

　　按律典规定，杀一家非死罪三人，正犯应凌迟处死，而这三例案件中，杀人者均被处以斩立决，是因为属尊杀卑，情罪较轻。判斩决，也意味着不缘坐亲属。对此，清代中央法司专门进行过说明。嘉庆十一年（1806），牛新因小故故杀胞弟牛华、弟媳荣氏及侄牛三儿一家三人，因所杀皆为卑幼，刑部判斩决、枭示，"至牛新既不应问以凌迟，则伊妻亦不应缘坐"③。

　　尽管清代出现了某些情形下亲属相犯不缘坐亲属的条例及判例，但其出发点不是为了防止出现被害人为犯罪人缘坐的司法悖论，而在于维护尊卑伦常观念。可以说，亲属相犯案件中缘坐人的身份以及亲属相犯适用缘坐而产生的法律悖论等问题，尚未进入清代司法官员的

---

① 《续增刑案汇览》卷八《刑律·人命·杀一家三人》"杀一家三命—缌麻弟二无服"条，第237~238页。
② 《续增刑案汇览》卷八《刑律·人命·杀一家三人》"谋杀夫弟之妻误杀一家四命"条，第239页。
③ （清）吴坤修等编撰《大清律例根原》卷七七《刑律·人命》"杀一家三人"条，第1240页。

视野。

不考虑对亲属相犯适用族刑所产生的法律悖论，仅以所犯罪行的轻重来决定是否适用族刑，是中国古代社会始终存在的现象。按照尊卑伦理观念，尊长杀害卑幼包括夫杀妻，历来属于轻罪，除去个别的特例，一般不适用族刑［夫杀妻的行为中，若妻为公主，则有可能株连亲属。据《后汉书》卷六《顺帝纪》载，东汉顺帝永建五年（130），班超之孙"定远侯班始坐杀其妻阴城公主，腰斩，同产皆弃市"］。而卑幼杀害尊长，属于罪大恶极，自然适用株连之刑。这从汉律就已开始，《二年律令·贼律》规定："贼杀伤父母，牧杀父母，欧（殴）詈父母，父母告子不孝，其妻、子为收者，皆锢。"① 也就是规定子要为父杀伤祖父母的行为负刑事责任。北魏也有类似规定，"雁门人有害母者，八座奏辕之而潴其室，宥其二子"。此案属于父杀祖母，按律子当缘坐，但考虑到正犯之子也是受害人，故特"宥其二子"。但国子博士邢虬却认为处罚太轻，不足惩恶，结果，杀母者之子被流放到边远之地，并不许婚配。② 又如西夏的《天盛律令》规定，杀曾祖及祖父母、父母、庶母、伯、叔、姨、姑、姊妹、兄长等，罪及妻、子。③

对于亲属相犯，法律缺乏是否适用族刑的明确规定，所以，就可能会有一些诸如受害人反而为犯罪人缘坐的司法漏洞。如秦律《法律答问》中有"殴大父母，黥为城旦舂"④ 的条文，同时秦律又规定，凡犯罪都要收孥其同居亲属。⑤ 如此，假若一家内祖、孙同居，孙殴大（祖）父母，当为城旦舂，但其大（祖）父母也在收孥之列。

---

① 张家山二四七号汉墓竹简整理小组编《张家山汉墓竹简（二四七号墓）》，文物出版社，2001，第139页。
② 《魏书》卷六五《邢峦传附邢虬传》，第1450页。
③ 《天盛改旧新定律令》卷一《恶毒门》，法律出版社，2000，第117页。
④ 睡虎地秦墓竹简整理小组编《睡虎地秦墓竹简》，文物出版社，2001，第184页。
⑤ 睡虎地秦墓竹简整理小组编《睡虎地秦墓竹简》，第184页。

又汉代"杀母以大逆论";① 而汉律规定:"大逆无道……父母妻子同产无少长皆弃市。"② 如此,子杀父母,父母也在缘坐人之列。同样的漏洞也出现在法律关于"造畜蛊毒"的犯罪规定中。

> 即造畜蛊毒之人,以蛊毒毒同居者,其被毒之人父母、妻妾、子孙不知造蛊毒情者,并免流罪。③

后世法律略同,清律中还特别注明"若系知情,虽被毒仍缘坐"。④ 按此,只要是"知情",即便是没有参与造畜蛊毒之事,虽然是被害人,也要为加害人缘坐。

对于个人而言,近亲属之间发生相杀的行为,本就是极大的悲剧,一定意义上说,夹在近亲相杀中间的个人也是受害人。对于这种相杀行为,于情于理都不该缘坐亲属,而法律却没有近亲相杀不缘坐亲属的原则。故每当发生近亲相杀的案件时,是否该缘坐亲属,总是一个难题。如宋神宗元丰年间(1078~1085)发生的一起案件:

> (俞怀志为汀州司法参军)有强其子之妇者怒而杀之及其前夫之二女。法,子当缘坐,郡吏皆欲按法而刑之。君议以谓:"杀其身不足以偿其罪也,及其爱子以累其心,此法之所以有缘坐。今妇见杀,则父之爱何在?更以其身缘坐,非法之本意。"于是,州以疑奏,其子遂免官。⑤

---

① 《通典》卷一六六《刑法四·杂议上》,中华书局影印本,1984,第878页上栏。
② 《汉书》卷四九《晁错传》,第2302页。
③ 《唐律疏议》卷十八《贼盗律》"造畜蛊毒"条,第338页。
④ 《大清律例》卷二六《刑律·人命》"造畜蛊毒杀人"条,第429页。
⑤ (宋)黄裳:《演山集》卷三四《法曹俞君墓志》,文渊阁四库全书本,第1120册,台湾商务印书馆,1986,第232页上栏。

此案中，有人杀儿媳及其前夫女共三人，属于杀一家非死罪三人，按律，正犯斩，妻、子流，审案的法官不考虑犯人之子本身就是受害人，竟然判其子缘坐，在俞怀志的坚持下，其子才免缘坐之刑，但仍遭免官之祸。

隋朝末年，宇文化及弑隋炀帝，后窦建德俘宇文化及，以弑君大罪处以族刑，其弟宇文士及也当处死。但宇文士及之妻为炀帝长女南阳公主，并有一子，名禅师，年方十岁。这样一来，如何处置南阳公主和禅师就成了一个难题，一方面他们分别为弑君犯宇文化及之弟妇、侄子，本就在缘坐之列；但另一方面他们却又分别是被杀者炀帝的女儿和外孙。如何处置公主和禅师，窦建德他们也是犹豫不决。于是：

> （窦）建德遣武贲郎将于士澄谓（公）主曰："宇文化及躬行杀逆，人神所不容。今将族灭其家，公主之子（禅师），法当从坐，若不能割爱，亦听留之。"主泣曰："武贲既是隋室贵臣，此事何须见问！"建德竟杀之。主寻请建德削发为尼。①

禅师竟然因为伯父杀了外祖父而坐死。但南阳公主只是削发为尼，算是被免除了缘坐，理由或许是公主与宇文士及已是"义绝"，夫妻关系业已解除。

南阳公主因"义绝"而被免除了缘坐，这并不意味着古代有夫杀妻之亲属、妻可以免缘坐的原则。中国古代的法律没有近亲相杀不缘坐亲属的原则，所以，此类案件，是否株连妻子，完全取决于法官的态度。宋人桂万荣的《棠阴比事·曹驳坐妻》记载了这样一个案例，有人杀妻之父母兄弟数人，以不道罪论处，州司依据律典"杀

---

① 《隋书》卷八十《列女传·南阳公主传》，中华书局，1973，第1799页。

一家非死罪三人及支解人者，皆斩，妻、子流二千里"① 的规定及妇人出嫁、礼当从夫的原则，判其妻应当缘坐；而刑部却以"殴妻之父母，即是义绝，况是谋杀，不当复坐其妻"的理由否决了原判。② 可见，由于缺乏亲属相犯是否适用缘坐的明确规定，州司与刑部做出了截然相反却都有道理、都符合法理的判决。

明朝学者张景在评论"曹驳坐妻"一案时曾说："谨按《大明律》云，杀一家非死罪三人者，凌迟处死，妻、子流二千里。入十恶不道之条。今观所载寿州人杀妻之父母兄弟数口，刑曹驳以义绝，不当缘坐其妻，窃详本犯身为不道，杀妻父母、兄弟，与其妻实已义绝，法难缘坐。然律无明文，所司遇此，亦当比拟奏请。"③ 依此来看，古人对亲属相犯中缘坐亲属的弊端是有所认识的，然而，古代法律从未确立过亲属相犯不适用族刑（缘坐）的限制原则。司法实践中，涉及被害人为犯罪人缘坐的案件，总是作为特例来看待，正常的司法程序被打破，导致司法个别主义滋生，从而在根本上损害了法律的形式化发展。

二 独坐（罪止坐尊长）

族刑是一人犯罪亲属同罚，与之相反的是古代法典中一家共犯，卑幼无罪、罪止坐尊长的规定。如《唐律疏议》规定：

> 诸共犯罪者，以造意为首，随从者减一等。若家人共犯，止坐尊长。（于法不坐者，归罪于次尊长。尊长，谓男夫。）疏议

---

① 《宋刑统》卷十七《贼盗律》"杀一家三人及支解人"门，第315页。
② （宋）桂万荣：《棠阴比事》，丛书集成初编本，商务印书馆，1939，第2~3页。
③ （五代）和凝、（明）张景：《疑狱集》卷八，文渊阁四库全书本，台湾商务印书馆，1986，第729册，第843页上栏。

曰："'共犯罪者'，谓二人以上共犯，以先造意者为首，余并为从。家人共犯者，谓祖、父、伯、叔、子、孙、弟、侄共犯，唯同居尊长独坐，卑幼无罪。"①

唐以后各朝的规定大体相同。② 尊长对外代表一家，对内又有专制之责，一家共犯即是尊长失督察、教诲之职，理应重责。而卑幼无专制之道，以服从尊长为天职，一家共犯时，卑幼属于遵从尊长之意而为，是对尊长有顺无逆的表现，理应免罪。从清代遗留的案例来看，有父子贩卖鸦片、私铸钱、制造贩卖赌具而独坐尊长的事例。③即便子弟是主犯，父兄为从犯，父兄也要比子弟加一等治罪。清乾隆四十年（1775），宿迁县人刘俊在其父刘殿臣等人的帮同下，强抢良家之女并奸占为妻，地方官将刘俊拟绞监候，其父照为从律拟以杖流。上报至朝廷，乾隆皇帝认为极不妥当：

> 此案刘殿臣系刘俊之父，当伊子告知欲抢孟池之女为妻，即应严斥禁阻，乃转同往帮抢，实属悖理，自有应得之罪。若于其子犯案内照为从问拟，则名不正而言不顺，何可为训？明刑所以弼教，岂有坐父兄为子弟从犯之理？此乃风化所系，谳狱者不宜掉以轻心。夫父兄之教不先，已难辞不能约束之咎，今刘殿臣明知其子强暴横行，反亲往增势，以成其恶。此即败德之尤，不可不示惩儆。着交刑部，为父兄不能管束子弟、转同行加功者，如何按犯科条分别定罪之处，即行悉心妥议，具奏。寻议，

① 《唐律疏议》卷五《名例》"共犯罪造意为首"条，第115页。
② 参见《宋刑统》卷五《名例》"共犯罪分首从及不分首从"条（第94页）；《大明律》卷一《名例律》"共犯罪分首从"条（第17页）；《大清律例》卷五《名例律》"共犯罪分首从"条（第118页）。
③ 《刑案汇览》卷五《名例·共犯罪分首从》"弟起意贩鸦片兄与外人为从"条及题框内附案，第159页。

凡父兄子弟共犯奸盗、杀伤等案，如子弟起意，父兄同行助势，除律应不分首从及其父兄犯该斩绞死罪者，仍按其所犯本罪定拟外，余俱视其本犯科条加一等治罪，概不得引用为从字样。从之。①

当然，一家共犯时若有外人参与，则不能独坐尊长。清道光七年（1827），广东人潘亚太伙同其兄潘亚其及外人邓成富等七人贩卖鸦片，刑部以同伙并非其兄一人为由，仍追究潘亚太的刑事责任。②

从现有的史料看，一家共犯罪止坐尊长的规定出现于唐朝，唐以前的朝代是否有此项制度，已不可考。从性质上说，一家共犯罪止坐尊长的规定与族刑制度显然是对立的。由此而言，在族刑极为发达的秦汉时期，此项制度理应缺乏生存空间。魏晋南北朝时期，族刑虽仍滥酷，但随着法律儒家化的发展，或许已有了类似的制度，唐律的规定可能本源于此。当然，这只是推测，翻检汉、隋之间的各朝正史，极少发现与之相关的记载，偶尔有所发现，也语义不明，难以判断当时是否存在此项制度：

> 河东卫展为晋王大理，考撷故事，有不合情者。又上书曰："今施行诏书，有考子正父死刑，或鞭父母问子所在。近主者所称《庚寅诏书》，举家逃亡家长斩。若长是逃亡之主，斩之虽重犹可。设子孙犯事，将考祖父逃亡，逃亡是子孙，而父祖婴其酷。伤顺破教，如此者众。"③

---

① 《清朝文献通考》卷二百一《刑考七·刑制》，文渊阁四库全书本，第 636 册，第 635 页上栏。
② 参见《刑案汇览》卷五《名例·共犯罪分首从》"弟起意贩鸦片兄与外人为从"条，第 159 页。
③ 《晋书》卷三十《刑法志》，第 939 页。

所谓"举家逃亡家长斩"之语，可以有不同的解释，既可以理解成一家逃亡止坐家长，也可解释为一家逃亡重坐家长但家人也不免刑。

一家共犯罪止坐尊长的规定与族刑制度显然是对立的。若不加以限制，则可能使族刑失去存在的空间。所以，唐、宋、明、清的法典都规定，"侵损于人者，以凡人首从论"①。依此，侵损于人的家人共犯案件，并不独坐尊（家）长，也要追究卑幼的刑事责任。②

但任何犯罪都是针对他人的"侵损"行为，否则，就不构成犯罪。故各朝律典对于"侵损"的含义作了明确的解释，"侵"指盗窃财物，"损"指斗殴杀伤之类。即便是有专门的解释，在司法实践

---

① 《唐律疏议》卷五《名例》"共犯罪造意为首"条，第115页。另，《宋刑统》卷五《名例》"共犯罪分首从及不分首从"条（第94页）；《大明律》卷一《名例律》"共犯罪分首从"条（第17页）；《大清律例》卷五《名例律》"共犯罪分首从"条同（第118页）。

② 这只是一个总体性的原则，有些家人共犯的"侵损"行为，法律也规定罪止坐尊长。如《大明律》卷十八《刑律·贼盗》"劫囚"条："凡劫囚者，皆斩……若官司差人追征钱粮，勾摄公事，及捕获罪人，聚众中途打夺者，杖一百、流三千里；因而伤人者，绞。杀人及聚至十人，为首者，斩；下手致命者，绞；为从各减一等。其率领家人、随从打夺者，止坐尊长。若家人亦曾伤人者，仍以凡人首从论。"（第140页）《大清律例》卷二四《刑律·贼盗》"劫囚"条同。但这只是例外，仅限于家长率领家人、随从打夺，家长若是打劫主谋，则不适用这一条文；而且，在清代，这项规定很快被追究家长、家人共同责任的条例所取代（详后）。从唐、宋时的法律规定来看，家人共犯的"侵损"行为，不适用罪止坐尊长的原则。但据元人吴师道《敬乡录》卷十"上孝宗皇帝救父兄书"条载，南宋人吕皓，淳熙中（1174～1189）上书孝宗言："（仇人怨恨）诬臣之兄以叛逆，诬臣之父以杀人……狱告具而无纤芥之实。卒从吏议，以数年酒后戏言而重臣兄之罪，搜抉狱文，以家人共犯而坐臣父之罪。"这是一条令人迷惑、难解的记载。吕皓之父与家人共杀人，杀人自然属于"侵损"行为，不适用一家共犯罪止坐尊长的原则，但法司却独坐吕皓之父。似乎在宋代的司法实践中，家人共犯的"侵损"行为，有时也适用罪止坐尊长的原则。这有可能是法外衿情。据《宋会要辑稿》刑法六之一〇载："天禧元年（1017）十一月六日，开封府长垣县民李遂与其子同盗杀驴，法并坐徒，诏特免其子。"以此例来看，家人共犯的"侵损"行为，家人须共担刑事责任，若免除家人的责任而独坐尊长，需皇帝特旨。上例中法司独坐吕皓之父，或许也是皇帝特旨。

中，何谓"侵损"，总是一个不易判断的难题。清道光七年（1827），在审理潘亚其、潘亚太兄弟贩卖鸦片案时，案发地广东省司的意见就前后不一：先是认为"鸦片烟戕害生命，祸同鸩毒，似应依侵损于人之律，依凡人首从论"；复又认为"鸦片烟虽系可以害人之物，然贩卖者意在图利，非有意于害人，与斗殴杀伤之损伤于人者迥殊，买食之人皆由自愿，设因而致毙，不能坐以拟抵之罪，即不能科以侵损之条"。咨请中央刑部，刑部认为"鸦片烟虽能损人，而售卖图利，初无害人之心，即服食鸦片者，亦不必立致伤损，核与律载斗殴杀伤之类究属有间"①。按此解释，"侵损"是专指对他人生命、财产造成直接损害的行为，间接的损害则不属于"侵损"之范畴。

这一规定显然与族刑制度是有冲突的。如前述，唐至清的律典中，明确要株连亲属的罪种计有谋反、谋大逆、谋叛、告贼消息、造畜蛊毒杀人、采生折割人、杀一家非死罪三人及支（肢）解人、奸党、交结近侍官员、上言大臣德政等。其中，谋大逆、造畜蛊毒杀人、采生折割人、杀一家非死罪三人及支（肢）解人四项，或是毁灭宗庙、宫阙，或是对他人生命权的直接侵害，都属于"侵损"之类。一家共犯时，可以分别治罪，也可以缘坐家人。而其余罪种，所造成的损害一般都是间接的，难以定性为"侵损"。即使如谋反，一些谋反案件难免伴随有杀人等"侵损"行为；但按律典，谋危社稷即是谋反，②"虽构乱常之词，不足动众人之意；虽骋凶威若力，不能驱率得人；虽有反谋，无能为害者，亦皆斩。父子、母女、妻妾并

---

① 《刑案汇览》卷五《名例·共犯罪分首从》"弟起意贩鸦片兄与外人为从"条，第159页。

② 参见《唐律疏议》卷十七《贼盗》"谋反大逆"条（第321页）；《宋刑统》卷十七《贼盗》"谋反逆叛"条（第304页）；《大明律》卷十八《刑律·贼盗》"谋反大逆"条（第134页）；参见《大清律例》卷二三《刑律·贼盗》"谋反大逆"条（第365页）。

流三千里"①，则是没有直接的"侵损"行为也可以构成谋反罪。

那么，若有一家人共犯非"侵损"类的缘坐罪名，该如何处治呢？似乎罪止坐尊长或亲属同罪都是可以的。为解决这一问题，法典规定，谋反、谋叛、奸党、交结近侍官员，皆斩（绞）。②"皆"意味着不分首犯、从犯，同等治罪。③此则以上罪种不适用"共犯罪分首从"律，若家人共犯，不分尊长、卑幼，一概科刑。这就化解了"共犯罪分首从"律与缘坐律之间的矛盾。

但令人疑惑的是，唐、宋律对于"告贼消息"，明、清律对于"上言大臣德政"却没有不分首从、同等治罪的规定，律文中不见"皆斩（绞）"的字样，④《大清律例》卷六《吏律·职制》"上言大臣德政"条还专门强调："（犯人）连名上言，止坐为首者。"这显然是个漏洞。"告贼消息"和"上言大臣德政"按律条要罪及妻、子，故当一人犯罪时，其妻、子按缘坐律或流或没为奴；而父、子共犯此罪，因止坐尊长，子反倒可以免罪。如此，一家共犯比一人犯罪更有利于减轻罪责，法律似乎有鼓励共同犯罪的嫌疑。因为缺乏相关的案例，我们不知道古代法官在遇见诸如父、子告贼消息或联名上言大臣德政时会如何判决，想必会是一个司法难题。

从情理及一些类似的案例揣测，如果罪止坐尊长与族刑制度发生

---

① 《唐律疏议》卷十七《贼盗》"谋反大逆"条疏议，第 321 页。
② 参见《唐律疏议》卷十七《贼盗》"谋反大逆"条、"谋叛"条（第 321、325 页）；《宋刑统》卷十七《贼盗》"谋反逆叛"条（第 304 页）；《大明律》卷二《吏律·职制》"奸党"条、"交结近侍官员"条（第 34、35 页），卷十八《刑律·贼盗》"谋反大逆"条、"谋叛"条（第 134、135 页）；《大清律例》卷六《吏律·职制》"奸党"条、"交结近侍官员"条（第 154、155 页），卷二三《刑律·贼盗》"谋反大逆"条、"谋叛"条（第 365、366 页）。
③ （清）王明德：《读律佩觽》卷一"皆"条，第 6 页。
④ 参见《唐律疏议》卷十六《擅兴》"征讨告贼消息"条（第 307 页）；《宋刑统》卷十六《擅兴》"大集校阅"条（第 289 页）；《大明律》卷二《吏律·职制》"上言大臣德政"条（第 35 页）；《大清律例》卷六《吏律·职制》"上言大臣德政"条（第 156 页）。

冲突，大概罪止坐尊长要为族刑制度让步。因为，一家共犯罪止坐尊长的规定，虽然有助于尊长行约束、教诲之责，从而起到减少犯罪的作用，但这一制度显然有纵容团体犯罪的嫌疑。故罪止坐尊长的原则，在司法实践中往往被否定，如清代法律原本规定：

> 凡劫囚者，皆斩……若官司差人追征钱粮，勾摄公事，及捕获罪人，聚众中途打夺者，杖一百、流三千里；因而伤差人者，绞。杀人及聚至十人，为首者，斩；下手致命者，绞；为从，各减一等。其率领家人、随从打夺者，止坐尊长。若家人亦曾伤人者，仍以凡人首从论。①

按此，家长率领家人随从劫囚及打夺差人者，止坐尊长，家人有杀伤行为，依照凡人首从论处，即尊长与卑幼都要治罪，但没有杀伤行为的卑幼，虽在场助势，也不追究责任。但以后制定条例，推翻了律典条文："官司差人捕获罪人，如有尊长率领卑幼及家长率领奴仆、雇工殴差夺犯，并杀死差役案内，随从之卑幼、奴仆、雇工，虽未伤人，但经在场助势者，即照凡人为从论，分别科罪。"② 至道光元年（1821），贵州发生一例尊长率领卑幼劫夺犯人并杀伤官差的案件，由于情况较为复杂，既有伤人之卑幼，也有仅仅在场者，是一体判决还是区别对待，咨部请示。刑部认为若伤人之卑幼与未伤人之卑幼，一体判为流刑，有失公允，于是制定新例："嗣后凡尊长率领卑幼及家长率领奴仆、雇工殴差夺犯，并杀死差役案内，随从之卑幼、奴仆、雇工，除曾经杀伤人者仍照律依为从拟流外，其未经伤人之

---

① 《大清律例》卷二四《刑律·贼盗》"劫囚"条，第385页。
② 《刑案汇览》卷十五《刑律·劫囚》"尊长、家长率领夺犯杀伤官差"条，第529页。

犯，于为从流罪上再减一等，拟以杖一百，徒三年。"①

可以想见，如果族刑与罪止坐尊长在司法实践中发生矛盾，后者可能要服从前者。

---

① 《刑案汇览》卷十五《刑律·劫囚》"尊长、家长率领夺犯杀伤官差"条，第529页。

参考文献

历史文献

《尚书》，十三经注疏本，中华书局，1980。

《尔雅》，十三经注疏本，中华书局，1980。

《仪礼》，十三经注疏本，中华书局，1980。

《礼记》，十三经注疏本，中华书局，1980。

《左传》，十三经注疏本，中华书局，1980。

《论语》，十三经注疏本，中华书局，1980。

《孟子》，十三经注疏本，中华书局，1980。

《吕氏春秋》，诸子集成本，中华书局，1954。

《史记》，中华书局，1982。

《汉书》，中华书局，1962。

《魏书》，中华书局，1974。

（唐）长孙无忌：《唐律疏议》，中华书局，1983。

《旧唐书》，中华书局，1975。

《新唐书》，中华书局，1975。

《通典》，中华书局影印本，1984。

《朱子语类》，文渊阁四库全书本，台湾商务印书馆，1986。

（宋）黄伦：《尚书精义》，文渊阁四库全书本，台湾商务印书馆，1986。

（宋）窦仪：《宋刑统》，法律出版社，1999。

（宋）桂万荣：《棠阴比事》，丛书集成初编本，商务印书馆，1939。

《大元圣政国朝典章》，中国广播电视出版社，1998。

《大明律》，法律出版社，1999。

《教民榜文》，收入刘海年、杨一凡总主编《中国珍稀法律典籍集成》乙编第一册，科学出版社，1994。

《大清律例》，法律出版社，1999。

《大清律纂修条例》，收入刘海年、杨一凡总主编《中国珍稀法律典籍集成》丙编第一册，科学出版社，1994。

《清史稿》，中华书局，1977。

（清）吴坤修等编撰《大清律例根原》，上海辞书出版社，2012。

（清）薛允昇：《读例存疑》，光绪三十一年京师刊本。

《清实录》，华联出版社，1964。

《续通志》，文渊阁四库全书本，台湾商务印书馆，1986。

《清朝通典》，文渊阁四库全书本，台湾商务印书馆，1986。

《清朝文献通考》，文渊阁四库全书本，台湾商务印书馆，1986。

《大清会典则例》，文渊阁四库全书本，台湾商务印书馆，1986。

（清）王明德：《读律佩觽》，法律出版社，2001。

《刑案汇览》，北京古籍出版社，2004。

《续增刑案汇览》，北京古籍出版社，2004。

《新增刑案汇览》，北京古籍出版社，2004。

《驳案汇编》，法律出版社，2009。

《刑部比照加减成案》，法律出版社，2009。

（清）薛允昇：《唐明清三律汇编》，收入杨一凡、田涛主编《中国珍稀法律典籍续编》，黑龙江人民出版社，2002。

（清）吴翼先：《新疆条例说略》，收入杨一凡、田涛主编《中国珍稀法律典籍续编》，黑龙江人民出版社，2002。

（清）不著撰人：《刺字条款》，收入杨一凡、田涛主编《中国珍稀法律典籍续编》（第七册），黑龙江人民出版社，2002。

（清）魏源等编《皇朝经世文编》，光绪十五年上海广百宋斋校印本。

（清）冯桂芬：《显志堂稿》卷十一，光绪二年校邻庐刻本。

（清）魏源：《魏源集》，中华书局，1976。

《沈家本辑刑案汇览三编》，凤凰出版社，2016。

文物档案资料

睡虎地秦墓竹简整理小组编《睡虎地秦墓竹简》，文物出版社，1978。

中国社会科学院历史研究所编《曲阜孔府档案史料选编》，齐鲁书社，1979。

《南部县正堂清全宗档案》，四川省南充市档案馆藏。

杜家骥主编《清嘉庆朝刑科题本社会史料辑刊》，天津古籍出版社，2008。

前南京国民政府司法行政部编《民事习惯调查报告录》，中国政法大学出版社，2000。

四川省档案馆编《巴县档案汇编》，档案出版社，1991。

田涛等：《黄岩诉讼档案及调查报告》，法律出版社，2004。

王钰欣、周绍泉主编《徽州千年契约文书》（清、民国编），花山文艺出版社，1991。

郑秦、赵雄主编《清代"服制"命案——刑科题本档案选编》，中国政法大学出版社，1999。

近人论著

一、专　　著

陈顾远：《中国法制史概要》，三民书局，1977。

陈会林：《地缘社会解纷机制研究：以中国明清两代为中心》，中国政法大学出版社，2009。

春杨：《晚清乡土社会民事纠纷调解机制研究》，北京大学出版社，2009。

戴炎辉：《清代台湾之乡治》，联经出版事业公司，1979。

范忠信：《情理法与中国人》，中国人民大学出版社，1992。

费成康主编《中国的家法族规》，上海社会科学院出版社，1998。

费孝通：《乡土中国·生育制度》，北京大学出版社，1998。

高学强：《服制视野下的清代法律》，法律出版社，2018。

韩秀桃：《明清徽州的民间纠纷及其解决》，安徽大学出版社，2004。

何炳棣：《读史阅世六十年》，广西师范大学出版社，2005。

何怀宏：《伦理学是什么》，北京大学出版社，2002。

里赞：《晚清州县诉讼中的审断问题：侧重四川南部县的实践》，法律出版社，2010。

李文治、江太新：《中国宗法宗族制和族田义庄》，社会科学文献出版社，2000。

梁治平：《清代习惯法：社会与国家》，中国政法大学出版社，1996。

卢静仪：《民初立嗣问题的法律与裁判》，北京大学出版社，2004。

毛国权：《宗法结构与中国古代民事争议解决机制》，法律出版社，2007。

瞿同祖：《中国法律与中国社会》，中华书局，1981。

史凤仪：《中国古代的家族与身份》，社会科学文献出版社，1999。

王日根：《明清民间社会的秩序》，岳麓书社，2003。

魏道明：《始于兵而终于礼——中国古代族刑研究》，中华书局，2006。

魏道明：《秩序与情感的冲突：解读清代的亲属相犯案件》，中国社会科学出版社，2013。

谢维扬：《周代家庭形态》，中国社会科学出版社，1990。

张传玺：《中国历代契约汇编考释》，北京大学出版社，1995。

张德胜：《儒家伦理与社会秩序：社会学的诠释》，上海人民出版社，2008。

张全民：《〈周礼〉所见法制研究》，法律出版社，2004。

张晋藩总主编《中国法制通史》，法律出版社，1999。

张佩国：《近代江南乡村地权的历史人类学研究》，上海人民出版社，2002。

张锡勤、柴文华：《中国伦理道德变迁史稿》，人民出版社，2008。

张小也：《官、民与法：明清国家与基层社会》，中华书局，2007。

郑振满：《明清福建家族组织与社会变迁》，中国人民大学出版社，2009。

周振鹤、顾美华：《圣谕广训集解与研究》，上海人民出版社，2006。

〔日〕滋贺秀三：《中国家族法原理》，法律出版社，2003。

〔日〕中岛乐章：《明代乡村纠纷与秩序》，江苏人民出版社，2010。

〔美〕白凯：《中国的妇女与财产：960~1949年》，上海书店出版社，2003。

〔美〕步德茂：《过失杀人、市场与道德经济：18世纪中国财产权的暴力纠纷》，社会科学文献出版社，2008。

〔美〕德克·布迪、克拉伦斯·莫里斯：《中华帝国的法律》，江苏人民出版社，2010。

〔美〕黄宗智：《民事审判与民间调解：清代的表达与实践》，中国社会科学出版社，1998。

〔美〕麦金太尔：《追寻美德》，译林出版社，2003。

二、论　文

卞利：《明代徽州的民事纠纷与民事诉讼》，《历史研究》2000年第1期。

范忠信：《宗法社会组织与中华法律传统的特征》，载《中西法律传统》（第一卷），中国政法大学出版社，2001。

范忠信：《"亲亲尊尊"与亲属相犯：中西刑法的暗合》，《法学研究》1997年第3期。

高汉成：《也谈中国古代律典的性质和体例——以〈唐律疏议〉和〈大清律例〉为中心》，《上海交通大学学报》（哲学社会科学版）2003年第5期。

高学强：《丧服制度与中国传统刑事法：以亲属相犯为考察中心》，《中国刑事法杂志》2009年第6期。

韩秀桃：《〈教民榜文〉所见明初基层里老人理讼制度》，《法学研究》2000年第3期。

胡旭晟、夏新华：《中国调解传统研究》，《河南政法管理干部学院学报》2000年第4期。

刘家和、何元国、蒋重跃：《孝与仁在原理上矛盾吗?》，《中国哲学史》2004年第1期。

马启华：《论亲属容隐与亲属相犯》，硕士学位论文，中国政法大学，2003。

王倩：《清代至民国时期晋中南地区土地价格的变化趋势及其原因分析》，《华北水利水电学院学报》（社科版）2006年第2期。

王文锦：《礼记》，载《经书浅谈》，中华书局，1984。

魏道明：《中国古代遗嘱继承制度质疑》，《历史研究》2000年第6期。

武志文：《试论清代亲属相犯的法律责任》，硕士学位论文，西南政法大学，2004。

杨伯峻：《试论孔子》，载氏著《论语译注》，中华书局，1980。

俞江：《论清代九卿定议——以光绪十二年崔霍氏因疯砍死本夫案为例》，《法学》2009年第1期。

郑定、马建兴：《略论唐律中的服制原则与亲属相犯》，《法学家》2003年第5期。

郑秦：《十八世纪中国亲属法的基本概念》，《比较法研究》2000年第1期。

〔日〕岸本美绪：《明清时代的"找价回赎"问题》，收入杨一凡总主编、寺田浩明主编《中国法制史考证》丙编第四卷《日本学者考证中国法制史重要成果选译·明清卷》，中国社会科学出版社，2003。

〔日〕滋贺秀三：《清代诉讼制度之民事法源的概括性考察——情、理、法》，载〔日〕滋贺秀三等著，王亚新等编《明清时期的民事审判与民间契约》，法律出版社，1998。

〔日〕滋贺秀三：《清代诉讼制度之民事法源的考察——作为法源的习惯》，载〔日〕滋贺秀三等著，王亚新等编《明清时期的民事审判与民间契约》，法律出版社，1998。

〔日〕寺田浩明：《明清时期法秩序中"约"的性质》，载〔日〕滋贺秀三等著，王亚新等编《明清时期的民事审判与民间契约》，法律出版社，1998。

工具书

（汉）许慎著，（清）段玉裁注《说文解字注》，上海古籍出版社，1981。

（清）永瑢等：《四库全书总目》，中华书局，1965。

《辞源》，商务印书馆，1988。

《中国大百科全书·法学》（修订版），中国大百科全书出版社，2006。

附　录

《大清律例》所见亲属
相犯罪名的归类及特点分析

一 概 念

亲属相犯是指亲属之间能够引起刑事责任后果的各种侵犯行为。这一概念的要素有三。

首先，发生于亲属之间。在亲属相犯的层面上，亲属的范围极为广泛，涵盖了各种各样的亲属。亲属关系一般以现存关系为准，个别时候，会扩展到即将存在和曾经存在的亲属关系：未婚夫妻之间及与对方的亲属，夫亡改嫁妻妾与故夫祖父母、父母之间，皆视为亲属，他们之间发生相犯，都按亲属相犯来处置。

其次，侵犯行为既包括积极行为——以积极的行动主动实施侵犯行为；也包括消极行为——用消极的手段被动侵害受法律保护的社会关系（如子孙奉养父母、祖父母有缺）；还包括言语方面的侵害（如子孙骂詈祖父母、父母）。

最后，侵犯行为能够引起刑事责任后果，换言之，是法律制裁的犯罪行为。并非亲属间的所有侵犯行为都属于亲属相犯，如祖父母、父母殴子孙，只要不殴死，哪怕是造成笃疾、废疾，清律规定俱免坐，不负刑事责任。这一类行为虽属于亲属间的侵犯，但不属于本书所考察的亲属相犯案件。

二　归　类

亲属相犯，皆可纳入身份犯的范畴。概括而言，身份犯是指具有特定资格的行为人的犯罪，有广狭两义：狭义限于以犯罪主体具有一定的身份为其构成要件的犯罪，即纯因身份而致罪；广义的身份犯，还包括因犯罪人具有特定的身份而影响刑之加重或减轻（包括不处罚）。

1. 因身份而致罪

因身份而致罪，是指某种行为在常人间原本无罪，但因其有亲属身份关系，须承担刑事责任。清律中所见以身份而致罪的罪种，可见表1。

表1　《大清律例》所见因身份而致罪的罪种

罪名	罪状	处罚	出处
官员袭荫嫡、庶失序	官员袭荫嫡、庶失序； 养异姓子诈冒承袭； 应袭之人诈称父死而冒袭官职	杖一百、徒三年； 杖一百、充军； 充军	卷六《吏律·职制》"官员袭荫"条，第139页
立嫡子违法	立嫡子违法，养异姓子乱宗族，将子与异姓人为嗣，以异姓为嗣，立嗣虽同姓而尊卑失序； 养父母无子而养子舍去	杖六十； 杖一百	卷八《户律·户役》"立嫡子违法"条，第178页
子孙别籍异财	居父母丧子孙非奉遗命而擅自别立户籍或分异财产； 祖父母、父母在而子孙擅自别立户籍或分异财产	杖八十； 杖一百	卷八《户律·户役》"别籍异财"条，第186页

罪名	罪状	处罚	出处
卑幼私擅用财	同居卑幼未经尊长许可而私擅用财	笞二十至杖一百	卷八《户律·户役》"卑幼私擅用财"条,第187页
尊长分财不均	同居尊长主持析产而分财不均	笞二十至杖一百	卷八《户律·户役》"卑幼私擅用财"条,第187页
卑幼自娶妻	卑幼违尊长所定而自娶妻	杖八十	卷十《户律·婚姻》"男女婚姻"条,第203页
典雇妻女	将女儿典雇与人为妻妾;将妻妾典雇与人为妻妾;将妻妾妄作姊妹嫁人	杖六十;杖八十;杖百,妻妾杖八十	卷十《户律·婚姻》"典雇妻女"条,第205页
妻妾失序	妻在而以妾为妻,有妻更娶;以妻为妾	杖九十;杖一百	卷十《户律·婚姻》"妻妾失序"条,第206页
逐婿嫁女	逐赘婿嫁女或再招婿	杖一百	卷十《户律·婚姻》"逐婿嫁女"条,第206页
居丧嫁娶	居父母丧娶妾及嫁人为妾,承重孙以外之人居祖父母、伯叔父母、姑、兄姊丧而嫁娶,居父母、舅姑及夫丧而主婚;亲属强嫁夫亡而守志之妻妾;居父母丧而嫁娶,居夫丧而嫁	杖八十;杖八十至一百;杖一百	卷十《户律·婚姻》"居丧嫁娶"条,第206页
父母囚禁嫁娶	祖父母、父母被囚禁而私自娶妾或嫁人为妾;祖父母、父母被囚禁而子孙私自嫁娶,子孙虽奉囚禁祖父母、父母命嫁娶而设筵宴	杖六十;杖八十	卷十《户律·婚姻》"父母囚禁嫁娶"条,第208页
同姓为婚	同姓为婚;娶同宗无服亲属;娶缌麻亲;娶小功以上亲属	各杖六十;各杖一百;各杖六十,徒一年;各徒三年至斩	卷十《户律·婚姻》"同姓为婚"条,第208页;卷十《户律·婚姻》"娶亲属妻妾"条,第209页

罪名	罪状	处罚	出处
外姻尊卑亲属为婚	娶姨、堂姨、母之姑、堂姑，娶堂姨及再从姨、堂外甥女、女婿及子孙妇之姊妹； 外姻有服亲属为婚，娶同母异父姊妹、妻前夫之女	各杖一百； 各杖一百，徒三年	卷十《户律·婚姻》"尊卑为婚"条，第208页
娶亲属妻妾	娶缌麻以上亲被出、已改嫁妻； 娶同宗无服亲妻； 娶缌麻亲妻，娶舅、甥妻； 娶小功以上亲属妻； 娶亲属妾； 收父祖妾	各杖八十； 各杖一百； 各杖六十，徒一年； 各徒三年至斩； 依娶亲属妻律减二等； 各斩	卷十《户律·婚姻》"娶亲属妻妾"条，第209页
离异违法	虽犯"七出"有"三不去"而出之，妾因夫逃亡三年之内不告官司而逃； 凡妻无"七出"及"义绝"之状而出之，妾因夫逃亡三年之内不告官司而擅改嫁，妾背夫在逃，妻因夫逃亡三年不告官司而逃； 若犯"义绝"应离而不离； 妻背夫在逃，妻因夫逃亡三年之内不告官司而擅改嫁； 妾背夫在逃而擅改嫁； 背夫在逃而擅改嫁	杖六十； 杖八十； 各杖八十； 杖一百； 徒三年； 绞监候	卷十《户律·婚姻》"出妻"条，第212页
匿亲属丧	期亲尊亲丧制未终而释服从吉； 闻期亲尊亲丧匿不举哀，丧制未终而冒哀从仕，父母丧制未终而释服从吉、作乐、参预筵宴； 官吏父母去世应丁忧而不丁忧，官吏无丧诈称有丧、旧丧诈称新丧； 闻父母及夫丧匿不举哀，承重孙闻祖父母丧匿不举哀	杖六十； 杖八十； 杖一百； 杖六十，徒三年	卷十七《礼律·仪制》"匿父母夫丧"条，第293页

续表

罪名	罪状	处罚	出处
弃亲之任	官吏祖父母、父母老疾,别无侍丁而弃亲之任,官吏妄称祖父母、父母老疾而求归入侍,祖父母、父母被囚而筵宴作乐	杖八十	卷十七《礼律·仪制》"弃亲之任"条,第295页
引他人盗己家财物而杀伤亲属	同居卑幼引他人盗己家财物,所引之人杀伤己家亲属	依杀伤亲属本律处罚	卷二五《刑律·贼盗下》"亲属相盗"条,第400页
妻妾奸夫杀本夫	妻妾因奸而使奸夫擅杀本夫	绞监候	卷二六《刑律·人命》"杀死奸夫"条,第423页
卑幼实告尊长	子孙实告祖父母、父母;妻妾实告夫及夫之祖父母、父母 卑幼实告期亲尊长、外祖父母,妾实告妻; 卑幼实告大功尊长; 卑幼实告小功尊长; 卑幼实告缌麻尊长	杖一百,徒三年; 杖一百; 杖九十; 杖八十; 杖七十	卷三十《刑律·诉讼》"干名犯义"条,第486页
子孙违犯教令	子孙违犯祖父母、父母教令及奉养有缺; 子贫不能养赡其父致使自尽	杖一百; 杖一百,流三千里	卷三十《刑律·诉讼》"子孙违犯教令"条及附例,第488页

注:本表及以下表2、3、4所用《大清律例》版本,均为法律出版社,1999。

　　纯以亲属身份而致罪,还应包括缘坐犯,① 即族刑制度中的被株连者。族刑制度普遍存在于中国古代社会各个时段,就清代而言,《大清律例》中明确规定要株连亲属的罪种计有"奸党""交结近侍官员""上言大臣德政""谋反大逆""谋叛""杀一家非死罪三人及

① 古人把犯罪人称作正犯,随正犯而受刑的亲属为缘坐犯。参见（清）王明德《读律佩觿》卷三"缘坐"条,第57页。

支解人""采生折割人""造畜蛊毒杀人"等项，① 而司法实践中，株连亲属的罪种则远远超出了法典的规定。② 族刑制度中被株连的亲属，并非完全无辜或无罪之人，也属于罪人，与正犯同遭刑罚，同称为犯人，③ 所以，缘坐犯也属于纯粹以亲属身份而致罪的范畴，这一点并无疑问。

但问题是因己身犯罪而导致亲属同遭刑罚，是否属于亲属相犯？在一定意义上讲，连带亲属遭受刑罚，属于借刀杀人，④ 事实上造成了对亲属的侵犯，自然应该纳入亲属相犯的范围。⑤ 然而，一旦将连带亲属遭受刑罚归入亲属相犯，亲属相犯的内涵及外延就不易确定。众所周知，在中国古代，"一荣俱荣，一损俱损"的观念深入人心，追究正犯亲属的连带责任已成社会的共识和传统，故法律中的株连制度，除了族刑之外，尚有流刑。按古代各朝的法律规定，流刑犯的亲

---

① 参见《大清律例》卷六《吏律·职制》"奸党"条、"交结近侍官员"条、"上言大臣德政"条，卷二三《刑律·贼盗》"谋反大逆"条、"谋叛"条，卷二六《刑律·人命》"杀一家三人"条、"采生折割人"条、"造畜蛊毒杀人"条，第154、155、156、365、366、426、428、429页。

② 参见魏道明《始于兵而终于礼——中国古代族刑研究》，第142~150页。

③ 族刑制度中被株连的亲属，其性质不同于流刑中被株连的亲属。流刑与族刑虽都属于亲属株连制度，但正犯亲属所承担的连带责任的性质及法律地位，都有所不同。从所承担连带责任的性质上说，族刑中的正犯亲属所承担的连带责任为刑罚责任，如被判死、流、宫、没（收）之类，他们因与正犯同遭刑罚，故称为族刑；而流刑中的正犯亲属所承担的连带责任为非刑罚责任，他们没有被判处刑罚，只是陪正犯同流，不符合族刑——亲属共同刑事责任制的一般特征，故不能称为族刑。从法律地位上说，族刑中的正犯亲属与正犯同属罪犯，被称作缘坐犯；而流刑中被迫同徙的正犯亲属，并不是法律意义上的罪犯。参见魏道明《始于兵而终于礼——中国古代族刑研究》，第78页。

④ 范忠信先生认为法律设计族刑株连制度的目的，"实际上是从另一个侧面贯彻'亲亲'原则：你要真爱亲属，就别犯罪。你犯谋反大逆之罪，实际上等于借国家的刀杀自己的双亲和其他亲属"。范忠信：《宗法社会组织与中华法律传统的特征》，载《中西法律传统》（第一卷），中国政法大学出版社，2001，第149页。

⑤ 已有学者将缘坐犯列入纯粹以亲属身份而致罪的范畴，参见郑定、马建兴《略论唐律中的服制原则与亲属相犯》，《法学家》2003年第5期。

属必须随正犯同流,① 流刑犯亲属随正犯同流也属于连带责任。在中国古代,流刑所惩治的罪行名目繁多,数量惊人。就清代而言,在乾隆五年（1740）颁行的《大清律例》中,所列适用流刑惩治的罪种,迁徙为5项,流208项,发配28项,边外、烟瘴为民15项,充军228项,共计484项。其中,小到官吏受财说事、官吏及常人监守自盗、妄称保长,大至强盗、威逼致死一家三命,都属于流刑惩治的范围。② 如果将连带亲属受罚也归入亲属相犯,任何犯罪都可以归入亲属相犯的范畴。所以,我们所谓的亲属相犯,不包括因己身犯罪而导致亲属同遭刑罚的各种情况。

2. 因身份而影响刑之轻重

因犯罪人具有特定的身份而影响刑之加重或减轻（包括不处罚）,是指同一种犯罪行为,发生于常人之间和发生于亲属之间,法律责任并不相同。清律中凡对可能同时发生于常人之间、亲属之间的犯罪行为,通常都在刑事责任方面作出了明确区分。因此,清律中因亲属身份而影响刑之加重或减轻的情况不在少数,以下根据《大清律例》分别列加重、减轻两表（见表2、表3）。

表2　《大清律例》中所见因亲属身份加重处罚的情况

罪名	常人间的处罚	亲属间的加重情况	出处
发冢见尸	绞监候	卑幼发掘五服以内尊亲坟墓见尸,斩监候	卷二五《刑律·贼盗下》"发冢"条,第408页

---

① 如《睡虎地秦简·法律答问》云:"当迁,其妻先自告,当包。"（睡虎地秦墓竹简整理小组编《睡虎地秦墓竹简》,第178页。）又《唐律疏议》卷三《名例律》"犯流应配"条:"诸犯流应配者,妻、妾从之。父祖、子孙欲随者,听之"（第66~67页）。《宋刑统》卷三《名例律》"犯流徒罪"条、《大明律》卷一《名例律》"流囚家属"条、《大清律例》卷四《名例律》"流囚家属"条同。

② 参见魏道明《始于兵而终于礼——中国古代族刑研究》,第227页。

续表

罪名	常人间的处罚	亲属间的加重情况	出处
毁弃尸体	杖一百，流三千里	毁弃缌麻以上尊长尸体，子孙弃毁祖父母、父母尸体，斩监候	卷二五《刑律·贼盗下》"发冢"条，第408页
烧棺椁、尸体	烧棺椁，杖八十、徒二年；烧尸体，杖一百，徒三年	烧缌麻以上尊长棺椁，杖九十，徒二年半；烧祖父母、父母棺椁，杖一百，徒三年；烧缌麻以上尊长尸体，杖一百，流三千里；烧祖父母、父母尸体，绞监候	卷二五《刑律·贼盗下》"发冢"条，第408页
谋杀	已行，杖一百，徒三年；已伤，绞监候；已杀，斩监候	谋杀缌麻以上尊长，已行，杖一百，流三千里；已伤，绞；已杀，斩。子孙谋杀祖父母、父母、期亲尊长，妻妾谋杀夫、夫之祖父母、父母，改嫁妻妾谋杀故夫之祖父母、父母，已行、已伤，斩；已杀，凌迟	卷二六《刑律·人命》"谋杀"条、"谋杀祖父母父母"条、"谋杀故夫父母"条，第420~426页
威逼人致死	杖一百	卑幼威逼期亲尊长致死，绞监候；大功以下，各递减一等	卷二六《刑律·人命》"威逼人致死"条，第438页
私和人命	杖六十	祖父母、父母及夫为人所杀而私和，杖一百，徒三年；期亲尊长，杖八十，徒二年半；大功以下，各递减一等；卑幼被杀而尊长私和者，各依服制减卑幼一等；子孙及子孙之妇、妻妾被杀而祖父母、父母及夫私和，杖八十	卷二六《刑律·人命》"尊长为人所杀私和"条，第441页
殴打未成伤	笞二十至三十	五服以下同姓卑幼殴尊长，弟妹殴兄妻，妾之子殴父妾，妾殴夫之姊妹夫，加常人一等。妾之子殴父妾，加常人二等。妻殴夫，杖一百；妾殴夫及妻，加妻殴夫一等。殴先同居后异居继父，杖六十，徒一年；同居者，加一等。卑幼及妻妾殴本宗及外姻缌麻兄姊，杖一	卷二七《刑律·斗殴上》"斗殴"条，第443页；卷二八《刑律·斗殴下》"妻妾殴夫"条、"同姓亲属相殴"条、"殴大功以下尊长"条、"殴期亲尊长"条、"殴祖父母父

罪名	常人间的处罚	亲属间的加重情况	出处
殴打未成伤	笞二十至三十	百;小功兄姊,杖六十,徒一年;大功兄姊,杖七十,徒一年半;殴同胞兄姊,杖九十,徒二年半;如系尊属,各递加一等。殴妻之父母,杖六十,徒一年;外孙殴外祖父母,杖一百,徒三年。子孙殴祖父母、父母,妻妾殴夫之祖父母、父母,改嫁妻妾殴故夫之祖父母、父母,斩	母"条、"妻妾与夫亲属相殴"条、"殴妻前夫子"条、"妻妾殴故夫父母"条,第460~467页
殴伤	折伤,杖一百至杖八十、徒二年;废疾,杖一百、徒三年;笃疾,杖一百、流三千里	五服以下同姓卑幼殴伤尊长至折伤、废疾、笃疾,各加常人一等。殴先同居后异居继父至折伤、废疾、笃疾,各加常人一等,同居者,各加常人二等。妻之子殴父妾、妾殴夫之姊妹夫及弟妹殴兄妻至折伤、废疾、笃疾,加常人一等;妾之子殴父妾至折伤、废疾、笃疾,加常人二等。妻殴夫,折伤,加常人三等,妾殴夫及妻,加妻殴夫一等;妻妾殴夫成笃疾,绞立决。殴妻之父母至折伤,各加常人二等;至笃疾,绞监候。卑幼及妻妾殴本宗及外姻缌麻、小功、大功尊亲至折伤,依殴尊长本律各递加一等;至笃疾,绞。殴同胞兄姊至折伤,杖一百、流三千里;成笃疾者,绞。卑幼及妻妾殴伯叔父母及姑、外孙殴外祖父母至折伤以上,绞	卷二七《刑律·斗殴上》"斗殴"条,443页;卷二八《刑律·斗殴下》"妻妾殴夫"条、"同姓亲属相殴"条、"殴大功以下尊长"条、"殴期亲尊长"条、"殴祖父母父母"条、"妻妾与夫亲属相殴"条、"殴妻前夫子"条,第460~467页

罪名	常人间的处罚	亲属间的加重情况	出处
过失杀、殴杀、故杀	过失杀,依常人殴杀律收赎;殴杀,绞监候;故杀,斩监候	卑幼及妻妾过失杀期亲尊长、外孙过失杀外祖父母,减殴杀本罪二等;继子殴杀、故杀先同居后异居及同居继父,斩监候。殴杀妻之父母,斩监候,故杀,斩立决;子孙及子孙之妇过失杀祖父母、父母,杖一百,流三千里。妻妾殴杀夫及卑幼殴杀期亲尊长,斩立决;故杀,凌迟。卑幼及妻妾殴杀、故杀本宗及外姻缌麻、小功尊亲,斩监候,大功尊亲,斩立决;子孙殴杀、故杀祖父母、父母及妻妾殴杀、故杀夫之祖父母、父母,凌迟	卷二六《刑律·人命》"斗殴及故杀人"条、"戏杀误杀过失杀人"条,第430~433页;卷二八《刑律·斗殴下》"妻妾殴夫"条、"殴大功以下尊长"条、"殴期亲尊长"条、"殴祖父母父母"条、"妻妾与夫亲属相殴"条、"殴妻前夫子"条,第460~467页
骂詈	笞十	弟骂兄妻,加常人一等;卑幼及妻妾骂詈本宗及外姻缌麻兄姊,笞五十,小功兄姊,杖六十,大功兄姊,杖七十,期亲兄姊,杖一百,尊属,各加一等;子孙及骂詈祖父母、父母,妻妾骂詈夫之祖父母、父母,改嫁妻妾骂詈故夫之祖父母、父母,绞;妾骂詈夫及妻,杖八十;夫骂詈妻之父母,杖六十	卷二九《刑律·骂詈》"骂人"条、"骂尊长"条、"骂祖父母父母"条、"妻妾骂夫期亲尊长"条、"妻妾骂故夫父母"条,第469~472页
诬告	诬人笞罪,加所诬罪二等,流、徒、杖罪,加所诬罪三等	子孙诬告祖父母、父母,妻妾诬告夫及夫之祖父母、父母,绞;卑幼诬告期亲以下、缌麻以上尊长,外孙诬告外祖父母,婿诬告妻之父母,妾诬告妻,依干名犯义律处罚,若所诬罪重于干犯本罪,加所诬罪三等处罚;子妇诬告翁奸、弟妇诬告兄奸,斩监候	卷三十《刑律·诉讼》"诬告"条及附例、"干名犯义",481~486页;卷三三《刑律·犯奸》"诬执翁奸"条,第525页

罪名	常人间的处罚	亲属间的加重情况	出处
和(通)奸	各杖八十,有夫者,各杖九十	与同宗无服之亲及妻通奸,各杖一百;与内外缌麻以上亲及妻及妻前夫女、同母异父姊妹通奸,各杖一百,徒三年;与从祖祖母、从祖伯叔母、从祖伯叔姑、从父姊妹、母之姊妹及兄弟妻、兄弟子妻、妻之母通奸,各绞立决;与父祖妾、伯叔母、姑、姊妹、子孙之妇、兄弟之女通奸,各斩立决;凡与以上亲属妾通奸,各减与妻通奸一等	卷三三《刑律·犯奸》"犯奸"条、"亲属相奸"条,第521、524页
强奸	绞监候	强奸同宗无服之亲及妻,强奸内外缌麻以上亲及妻及妻前夫女、同母异父姊妹,斩监候;强奸从祖祖母、从祖伯叔母、从祖伯叔姑、从父姊妹、母之姊妹及兄弟妻、兄弟子妻、父祖妾、伯叔母、姑、姊妹、子孙之妇、兄弟之女、妻之母,斩立决;凡强奸以上亲属妾,绞立决	卷三三《刑律·犯奸》"犯奸"条、"亲属相奸"条,第521、524页
媒合通奸	减通奸罪一等(杖七十至八十)	夫纵容妻妾与人通奸、义父纵容养女与人通奸、父纵容女及子孙之妇与人通奸,杖九十;夫抑勒妻妾与人通奸、义父抑勒养女与人通奸、父抑勒女及子孙之妇与人通奸,杖一百	卷三三《刑律·犯奸》"犯奸"条、"纵容妻妾犯奸"条,第521~523页
助死囚自杀	减常人殴杀罪二等	助犯死罪的尊亲自杀或依犯死罪的尊亲之请而雇人杀讫,依卑幼殴杀尊长本罪减二等处罚;助犯死罪的祖父母、父母自杀或依请而雇人杀讫,斩监候	卷三六《刑律·断狱上》"死囚令人自杀"条,第572页

表3　《大清律例》中所见因亲属身份减轻处罚的情况

罪名	常人间的处罚	亲属间的减轻情况	出处
费用受寄财产	笞十至杖九十、徒二年半	大功以上亲属及外祖父母费用受寄财物，免坐；小功减三等；缌麻减二等；无服之亲减一等	卷十四《户律·钱债》"费用受寄财产"条附例，第265页
故杀他人马牛等	杖一百至徒一年半	故杀缌麻以上亲属马、牛、驼、骡、驴，与本主私宰罪同，杖八十至一百	卷二一《兵律·厩牧》"宰杀马牛"条，第347页
盗窃	杖六十至绞监候，并刺字	期亲相盗财物，减凡人五等；大功，减四等；小功，减三等；缌麻，减二等；无服之亲，减一等；皆免刺	卷二四《刑律·贼盗中》"窃盗"条，第391页；卷二五《刑律·贼盗下》"亲属相盗"条，第400页
盗窃为从	减主犯一等	同居卑幼引他人盗窃己家财物，依私擅用财罪加二等处置，罪止杖一百	卷二四《刑律·贼盗中》"窃盗"条，第391页；卷二五《刑律·贼盗下》"亲属相盗"条，第400页
略人略卖人	杖一百，流三千里。和卖，杖一百，徒三年	尊长略卖子孙，杖八十；弟妹、侄、外孙、子孙之妇，杖八十，徒二年半；堂弟妹、堂侄、侄孙，杖九十，徒二年半。和卖各减略卖一等	卷二五《刑律·贼盗下》"略人略卖人"条，第404页
和同相诱	杖八十至九十，徒一年半至二年	被卖卑幼和同情愿被卖，免坐	卷二五《刑律·贼盗下》"略人略卖人"条，第404页

罪名	常人间的处罚	亲属间的减轻情况	出处
恐吓取财	窃盗加一等处罚	期亲尊长恐吓卑幼取财,减凡人五等;大功尊长,减四等;小功尊长,减三等;缌麻尊长,减二等;无服之亲尊长,减一等	卷二五《刑律·贼盗下》"恐吓取财"条,第401页
诈欺官私取财	同窃盗处罚	期亲亲属诈欺取财,减凡人五等;大功,减四等;小功,减三等;缌麻,减二等;无服之亲,减一等	卷二五《刑律·贼盗下》"诈欺官私取财"条,第403页
发冢见尸	绞监候	缌麻尊长发掘卑幼坟墓见尸,杖一百,徒三年;小功以上尊长,各递减一等;祖父母、父母发掘子孙坟墓见尸,杖八十	卷二五《刑律·贼盗下》"发冢"条,第408页
毁尸	杖一百,流三千里	缌麻以上尊长弃毁卑幼尸体,各递减常人一等;祖父母、父母弃毁子孙尸体,杖八十	卷二五《刑律·贼盗下》"发冢"条,第408页
谋杀	已行,杖一百,徒三年;已伤,绞监候;已杀,斩监候	尊长谋杀本宗及外姻卑幼、舅姑谋杀已故子孙改嫁妻妾,已行,依故杀律减二等;已伤,减一等;已杀,依故杀律	卷二六《刑律·人命》"谋杀"条、"谋杀祖父母父母"条、"谋杀故夫父母"条,第420~426页
杀一家三人	凌迟,妻、子流三千里	本宗及外姻尊长杀期亲卑幼一家三人,斩立决,妻、子免缘坐;杀大功、小功、缌麻卑幼一家三人,凌迟,妻、子免缘坐	卷二六《刑律·人命》"杀一家三人"条,第426页

罪名	常人间的处罚	亲属间的减轻情况	出处
殴打未成伤	笞二十至三十	本宗及外姻有服尊长殴卑幼,夫殴妻妾,期亲以上尊长殴卑幼之妻妾,继父殴先同居后异居及同居继子,皆免坐;五服以外同姓亲属尊长殴卑幼,期亲以下、缌麻以上尊长殴卑幼之妻,妻殴夫之弟妹及兄弟之妻,各减常人一等,期亲以下、缌麻以上尊长殴卑幼之妾,妾殴夫之妾子,各减常人二等	卷二七《刑律·斗殴上》"斗殴"条,第443页;卷二八《刑律·斗殴下》"妻妾殴夫"条、"同姓亲属相殴"条、"殴大功以下尊长"条、"殴期亲尊长"条、"殴祖父母父母"条、"妻妾与夫亲属相殴"条、"殴妻前夫子"条,第460~467页
殴伤	折伤,杖一百至杖八十、徒二年;废疾,杖一百、徒三年;笃疾,杖一百、流三千里	五服以外同姓亲属尊长殴卑幼至折伤以上,继父殴先同居后异居继子至折伤以上,妻殴夫之弟妹及兄弟之妻至折伤以上,各减常人一等;继父殴同居继子、妾殴夫之妾子至折伤以上,减常人二等。本宗及外姻有服尊长殴卑幼至折伤以上,缌麻,减常人一等;小功,减二等;大功减三等。夫殴妻至折伤以上,妻殴夫妾至折伤以上,减常人二等;夫殴妾至折伤以上,再减二等。本宗及外姻期亲以下、缌麻以上尊长殴卑幼之妻折伤、废疾、笃疾,各减常人一等;妾,减常人二等。祖父母、父母殴乞养子孙、子孙之妇及已故子孙改嫁妻妾至废疾,杖八十,笃疾,杖九十。期亲尊长殴卑幼、外祖父母殴外孙、祖父母、父母殴子孙至废疾、笃疾,祖父母、父母殴子孙之妇及乞养子孙至折伤,舅姑殴打已故子孙改嫁妻妾至折伤,俱免坐	卷二七《刑律·斗殴上》"斗殴"条,第443页;卷二八《刑律·斗殴下》"妻妾殴夫"条、"同姓亲属相殴"条、"殴大功以下尊长"条、"殴期亲尊长"条、"殴祖父母父母"条、"妻妾与夫亲属相殴"条、"殴妻前夫子"条、"妻妾殴故夫父母"条,第460~467页

续表

罪名	常人间的处罚	亲属间的减轻情况	出处
过失杀、殴杀、故杀	过失杀,依常人殴杀律收赎;殴杀,绞监候;故杀,斩监候	夫过失杀妻妾、妻妾过失杀夫、妻过失杀妾、妾过失杀妻、期亲尊长过失杀卑幼、外祖父母过失杀外孙、祖父母父母过失杀子孙及子孙之妇,各勿论;大功至缌麻尊卑亲属过失杀,各依亲属殴杀律收赎;夫故杀妻,绞监候;夫殴杀、故杀妾,杖一百,徒三年;小功、缌麻尊长故杀卑幼,绞监候,大功尊长故杀卑幼,杖一百,流三千里;期亲尊长殴杀卑幼、外祖父母殴杀外孙,祖父母、父母殴杀子孙之妇及乞养子孙,杖一百,徒三年,故杀,杖一百,流二千里;祖父母、父母殴杀子孙,杖一百,故杀,杖六十,徒一年;妻殴杀夫之兄弟子,杖一百,流三千里,故杀,绞监候	卷二六《刑律·人命》"斗殴及故杀人"条、"戏杀误杀过失杀人"条,第 430、433 页;卷二八《刑律·斗殴下》"妻妾殴夫"条、"殴大功以下尊长"条、"殴期亲尊长"条、"殴祖父母父母"条、"妻妾与夫亲属相殴"条、"殴妻前夫之子"条,第 460 ~ 467 页
骂詈	笞十	本宗及外姻尊长骂詈卑幼及妻妾,夫骂妻妾,妻骂夫,皆免坐	卷二九《刑律·骂詈》"骂人"条、"骂尊长"条、"骂祖父母父母"条、"妻妾骂夫期亲尊长"条,第 469 ~ 472 页
诬告	诬人笞罪,加所诬罪二等,流、徒、杖罪,加所诬罪三等	期亲尊长诬告卑幼,减所诬罪三等,大功尊长,减二等,小功、缌麻尊长,减一等;妻之父母诬告婿,减所诬罪一等;夫诬告妻及妻诬告妾,减所诬罪三等;祖父母、父母诬告子孙及子孙之妻妾,外祖父母诬告外孙,夫诬告妾,免坐	卷三十《刑律·诉讼》"诬告"条及附例、"干名犯义"条,第 481 ~ 486 页
助死囚自杀	减常人殴杀罪二等	助犯死罪的卑幼自杀或依犯死罪的卑幼之请而雇人杀讫,依尊长殴杀卑幼本罪减二等处罚	卷三六《刑律·断狱上》"死囚令人自杀"条,第 572 页

区分亲属相犯与常人相犯的刑事责任，是清代法律的惯常做法。但对于某些亲属间的相犯行为，清律却没有与常人相犯在刑事责任上作出区分，处罚同于常人相犯。当然，不作区分的情形较为少见，整部《大清律例》中，也不过数项（见表4）。

表4 《大清律例》中所见亲属相犯同凡论的情况

罪名	罪状	出处
盗卖田宅	子孙将公共祖坟、山地投献与人或私自典卖	卷九《户律·田宅》"盗卖田宅"条附例，第195页
恐吓取财	期亲以下卑幼恐吓尊长取财	卷二五《刑律·贼盗下》"恐吓取财"条，第401页
略人略卖人	略卖、和卖妻及大功以下尊、卑亲属为奴婢	卷二五《刑律·贼盗下》"略人略卖人"条，第404页
发冢	卑幼发掘五服以内尊亲坟墓见棺	卷二五《刑律·贼盗下》"发冢"条，第408页
杀一家三人	杀本宗及外姻尊长亲属一家三人	卷二六《刑律·人命》"杀一家三人"条附例，第426页
采生折割人	采生折割本宗及外姻尊、卑亲属	卷二六《刑律·人命》"采生折割人"条，第428页
造畜蛊毒杀人	造畜蛊毒及造厌魅符咒杀害本宗及外姻尊、卑亲属	卷二六《刑律·人命》"造畜蛊毒杀人"条，第429页
殴伤	妻妾殴夫五服以外同姓亲属；弟妹殴兄之妾；殴大功以下兄弟妻妾；殴姊妹之夫、妻之兄弟及妻殴夫之姊妹夫；妾殴妻之子；不曾同居继父、继子互殴	卷二八《刑律·斗殴下》"妻妾与夫亲属相殴"条、"殴妻前夫子"条，第460、467页
殴杀、故杀	五服以外同姓尊、卑亲属互相殴杀、故杀；继父、继子互相殴杀、故杀；妻妾殴杀、故杀夫五服以外同姓亲属；妻殴杀、故杀夫之大功以下卑属，妾殴杀、故杀夫之卑属，妾殴杀、故杀夫之妾子，妻妾之子殴杀、故杀父妾	卷二八《刑律·斗殴下》"同姓亲属相殴"条、"殴大功以下尊长"条、"妻妾与夫亲属相殴"条、"殴妻前夫子"条，第461～467页

三　特　点

1.范围广

亲属相犯是指亲属之间能够引起刑事责任后果的各种侵犯行为；换言之，亲属相犯是指遭到刑事处罚的犯罪行为。在现代法律中，严重的违法行为才构成犯罪，因此犯罪只是违法行为的一个小部分；同样地，最严厉的惩罚措施才是刑罚，因此刑罚只是法律制裁手段中的一种。而就古代法律而言，犯罪之外没有违法的概念，违背法律的行为就是犯罪；刑罚之外也没有民事制裁、行政制裁、经济制裁的概念。因此，古代犯罪的概念实际上与现代违法的概念无异，古代刑罚的功能与现代法律制裁所起的功能无异。[①] 这样一来，亲属相犯的含义就极为广泛，亲属间各种各样的违法行为，小到子孙不听教令，大到杀人放火，皆属于亲属相犯的范围。

同时，由于家国一体的社会构成，原本应由家庭、家族自行决定的私人事务，法律也视其与政治统治和社会秩序有关，进行了强制性规定，人为地增加了亲属相犯的范畴。比如何时分家及家产如何分割，收养什么人为子孙及由谁来承立门户，居亲属丧时穿戴什么丧服、守丧的期限及守丧期间参加什么活动，这些原本应由当事人自行决定，但法律却剥夺了他们的选择权，统一作了定制。于是，子孙必须与直系尊亲同籍共财，没有尊长之命不得擅自别籍异财，尊长虽有权命子孙异财但无权令子孙别籍，分割家产必须依照子数平均分配；收养及承立门户必须按照亲等关系来进行，先尽期亲，次及大功，再及小功、缌麻，如无，才可选择同宗、同姓亲属，但无论如何，都不

---

① 高汉成：《也谈中国古代律典的性质和体例——以〈唐律疏议〉和〈大清律例〉为中心》，《上海交通大学学报》（哲学社会科学版）2003 年第 5 期。

能以异姓为子及承嗣；亲属去世，依亲等的不同须守不同的丧期，穿戴不同的丧服，丧制未终不得释服从吉、作乐、参与筵宴、婚嫁、生子、从仕。违反以上规定，就要受到制裁，亲属相犯的范围自然随之扩大。

2. 重伦常

亲属相犯虽然是泛指亲属间的互相侵犯行为，既包括卑亲属对尊亲属的侵犯，也包括尊亲属对卑亲属的侵犯。但由于古代法律着重维护的是伦常而非亲情，所以法律对尊长侵犯卑幼的行为，多不追究责任，也就是说，这一类侵犯很多时候并不属于法律意义上的侵犯行为。直系尊亲对卑幼，本来就有教诲扑责的权力，因此，直系尊长对卑幼不存在殴伤罪。直系尊长只有故杀或非理殴杀子孙，才构成法律意义上的亲属相犯。除去本宗直系尊亲，外祖父母殴外孙、期亲尊长殴卑幼、祖父母父母殴子孙之妇及收养子孙至笃疾以下，大功、小功、缌麻尊长殴卑幼折伤以下，夫殴妻折伤以下，俱免坐。①

如果卑幼有罪，尊长扑责的权力还会进一步扩大。按清律的规定，期亲尊长或外祖父母殴有罪卑幼至笃疾者，可以免责；② 丈夫殴有罪妻妾，只要不死，都可以免责，即使殴死，也只是杖一百。③ 若是直系尊亲，即使处死本身犯有死罪的卑幼，法律也不追究责任。

与之相反，卑幼若侵犯尊长，哪怕是言语上的侵犯，都要负刑事

---

① 以上关于尊长侵犯卑幼是否构成刑事责任的规定，参见《大清律例》卷二八《刑律·斗殴下》"妻妾殴夫""殴大功以下尊长""殴期亲尊长""殴祖父母父母"条，第460~465页。

② 参见《大清律纂修条例（乾隆十一年）·刑律》"殴期亲尊长"条续纂条例，收入刘海年、杨一凡总主编《中国珍稀法律典籍集成》丙编第一册，第773页。尊长殴杀有罪卑幼，虽不能免责，但可减刑。按规定，五服以内尊长处死有罪卑幼，皆可以减轻处罚，五服以外的尊长若处死有罪卑幼，按律文应同凡论，不得减免，但在司法实践中有减免之例。参见《刑案汇览》卷四三《刑律·斗殴·殴期亲尊长》"无服族长活埋忤逆应死族妇"案案例及引例，第1595~1596页。

③ 《大清律例》卷二六《刑律·人命》"夫殴死有罪妻妾"条，第435页。

责任。按法律规定，卑幼骂詈有服、无服尊长，都要追究责任。至于骂以上的行为，则更是不能容忍，只要卑幼殴打尊长，不论有无伤害，伤重伤轻，一律严惩。对于直系尊亲，子孙即使没有言语或行动上的侵犯，但违犯祖父母、父母教令及奉养有缺，法律也视为是犯罪行为，予以制裁。①

对于尊长的间接侵犯，也会导致刑事责任。如同居卑幼引他人盗己家财物，所引之人杀伤自己亲属，卑幼虽不知情，仍以杀伤亲属本律处罚；又如妻妾因与人通奸而使奸夫杀本夫，妻妾虽不知情，仍处以绞刑。即使"当时喊救与事后即行首告，将奸夫指拿到官，尚有不忍致死其夫之心者，仍照本律定拟"②。特殊情况下才会减一等处罚。

3. 轻视财产侵犯

在中国古代，直系亲属之间，由于财产共有，在法律上便不能成立侵犯财产的罪名。如果同财团体还包括其他亲属，无论有服、无服，也不存在盗窃一类的财产侵犯罪名，只有卑幼私擅用财的罪名。处罚卑幼私擅用财，主要是因为卑幼违犯了尊长教令，而不是侵犯了财产。

异居亲属之间，虽可以成立侵犯财产罪，但处罚明显轻于常人之间的财产侵犯。亲属相盗的刑事责任明显轻于常人相盗，这是因为亲属之间本有互相周济的义务，亲等越近，互助的义务越是不可推卸。减轻处罚，有利于促进亲属间的和睦。如果行窃过程中伴有杀伤行

① 以上关于卑幼侵犯尊长是否构成刑事责任的规定，参见《大清律例》卷二八《刑律·斗殴下》"妻妾殴夫""殴大功以下尊长""殴期亲尊长""殴祖父母父母"条；卷二九《刑律·骂詈》"骂尊长""骂祖父母父母""妻妾骂夫期亲尊长"条；卷三十《刑律·诉讼》"子孙违犯教令"条，第 460 ~ 465、471 ~ 472、488 ~ 489 页。
② 《刑案汇览》卷四九《刑律·诉讼·子孙违犯教令》"子妇与人通奸翁被奸夫杀死"条，第 1824 ~ 1825 页。

为，案件的性质则变为亲属间的杀伤。失窃之人杀伤行窃的亲属，都按亲属杀伤律来处罚。

4. 严惩性侵犯

中国古代的性禁忌，不但包括有血缘关系的亲属，也包括亲属的配偶在内。① 古代伦理要求家族之内，尊卑有序，男女有别，亲属之间的性行为被认为是乱人伦的禽兽之行，所以历代法律对这种行为处罚极重。常人相奸，从唐宋律到明清律，处罚有逐渐减轻的趋势。② 但亲属相奸，无论和奸、强奸，其惩罚都在逐渐加重。③

按照服制亲等原则，本宗女性亲属出嫁，亲等随之降低，称为降服。与已出嫁的亲属发生相犯行为，处罚时，亲等是按照降服来计算的。如殴伤已出嫁之姊，并不按殴伤期亲尊长处罚，而是按殴伤大功尊长来处罚。但值得注意的是，亲属间的相奸行为，一般不适用降服处罚的原则。

清律赋予亲属捉奸的权利，且范围很广，有服亲属皆许捉奸。在捉奸时，殴伤通奸的亲属，无论尊卑，皆可以免责；在捉奸时，杀死亲属，也可减轻处罚。如是本夫捉奸时登时杀死尊长，也无治罪专条。若事后再杀，虽不能免罪，但可以减轻处罚。可见，比起亲属间的杀伤，法律更重视奸非问题。

---

① 古代社会的其他国家，血亲之间的性禁忌是普遍存在的，处罚也重于常人之间。但通常，亲属间的性禁忌不包括亲属的配偶。众所周知，各少数民族都有妻后母、报寡嫂之俗，是不以此为禁忌的。西方国家古代、近代法律中，除去岳母、子媳等特殊个体，亲属间的性禁忌也不包括亲属的配偶。

② 参见《唐律疏议》卷二六《杂律》"凡奸"条（第410页）；《宋刑统》卷二六《杂律》"诸色犯奸"条（第478页）；《大明律》卷二五《刑律·犯奸》"犯奸"条（第198页）；《大清律例》卷三三《刑律·犯奸》"犯奸"条（第521页）。

③ 参见《唐律疏议》卷二六《杂律》"奸缌麻以上亲及妻"条、"奸从祖母姑等"条、"奸父祖妾等"条（第493、494页）；《宋刑统》卷二六《杂律》"诸色犯奸"条（第478页）；《大明律》卷二五《刑律·犯奸》"亲属相奸"条（第198页）；《大清律例》卷三三《刑律·犯奸》"亲属相奸"条（第524页）。

清代的宫刑

一

宫刑，又称腐刑、蚕室刑等，是上古时代的法定五刑之一。自汉文帝废除肉刑后，宫刑便被排除在正刑之外，但作为闰刑，在汉魏两晋南北朝，时有适用：汉代，宫刑常作为死刑的替代刑；[1] 十六国时期，也有适用宫刑的记录；[2] 北魏在道武帝拓跋珪时就开始适用宫刑，[3] 至太武帝拓跋焘时，宫刑被列入法典："大逆不道，腰斩，诛其同籍，年十四已下腐刑，女子没县官。"[4] 学界一般认为，宫刑正

---

① 如景帝曾下诏："死罪欲腐者，许之。"参见《汉书》卷五《景帝纪》（第 147 页）；其后光武帝、明帝、章帝、和帝也都有死罪囚"募下蚕室"的诏令，参见《后汉书》卷一下《光武纪下》（第 80 页）、卷二《明帝纪》（第 111 页）、卷三《章帝纪》（第 147 页）、卷四《和帝纪》（第 182 页）。

② 《魏书》卷九四《阉官传·孙小传》："孙小……父瓒，姚泓安定护军。为赫连屈丐所侵，人怀危惧，亡奔者相属，瓒独率众拒守，见杀。小没入宫刑。"第 2018 页。

③ 《魏书》卷三三《宋隐传附宋洽传》："太祖之围中山也，（宋）洽率所领专守北围……官军多被伤杀，太祖特深忿恨。及城平，遂杀之，子顺、训并下腐刑。"第 774 页。

④ 《魏书》卷一一一《刑罚志》，第 2874 页。

式被废除，是在西魏、北齐或隋朝。① 所谓正式废除，也即完全废除，言外之意是以后不再有宫刑。其实，宫刑在隋代之后并没有退出历史舞台。笔者虽没有发现唐宋适用宫刑的记载，但后唐及辽，宫刑偶有适用。② 明代洪武、永乐年间，宫刑较为常见，故洪熙元年（1425），仁宗下诏："文武诸司亦毋得暴酷用鞭背等刑，及擅用宫刑绝人嗣续。"③ 清代可能是自唐以后适用宫刑最频繁的朝代，宫刑不仅持续时间长——从乾隆到光绪，一直存在；而且被列入了法条，形成制度，并具有适用上的独特性。对于清代的宫刑，学界尚无专文论及，故撰此文，略作说明。

二

清朝宫刑开始于乾隆年间，主要适用于谋反大逆及杀一家三人以上案内的缘坐犯。缘坐犯相对于正犯而言，指在族刑制度中随犯罪人同遭处罚的亲属，在古人看来，他们并非完全的无辜者，也是罪人，故将犯罪人称作正犯，随正犯受刑者称为缘坐犯。乾隆五十四年（1789）定例："嗣后，有杀死一家三四命以上者，不拘死者之家是否绝嗣，其凶犯之子，无论年岁大小，俱着交内务府一体阉割，以示惩创。"④ 乾隆五十六年（1791）定新制，谋反大逆案内正犯年幼之

---

① 西魏、北齐废除说，参见艾永明、钱长源《宫刑论二题》，《苏州大学学报》1991年第 2 期；隋朝废除说，参见《中国大百科全书·法学卷》，中国大百科全书出版社，1993。

② 《旧五代史》卷九一《晋书·李顼传附李彦弼传》："（李顼）子彦弼，在太原日，因顼走归梁朝，武皇（李克用）怒，下蚕室加熏腐之刑"（中华书局，1976，第1207 页）；《辽史》卷六一《刑法志》："穆宗应历十二年，国舅帐郎君萧延之奴海里强陵拽剌秃里年未及之女，以法无文，加之宫刑，仍付秃里以为奴。因着为令。"（中华书局，1974，第 937 页）

③ 《明史》卷九四《刑法志》，中华书局，1974，第 2321 页。

④ 《刑案汇览》卷二八《杀一家三人》"杀一家三四人之子阉割充军"，第 1024 页。

子、孙俱阉割，派在内务府外围当差。嘉庆四年（1799）又因"大逆缘坐人犯，究系逆匪余孽，未便阉割留派外围当差"，取消了谋反大逆及杀死一家三四命以上阉割其子孙的条例，俱改发边远充军，但规定缘坐男犯到配之后，不准婚配。① 宫刑一度废止。但至道光八年（1828），刑部又奉旨定例："嗣后杀死一家三四命以上之案，审明被杀之家实系绝嗣，将凶犯之子年未及岁者，送交内务府阉割，奏明请旨分赏。"② 在杀一家三人案件中重新恢复了宫刑，但多了一个条件，即被杀之家绝嗣，如非绝嗣，则凶犯之子不用宫刑；③ 而且仅限于凶犯年幼之子（十五岁以下），成年子仍发极边充军并不准婚配。道光十二年（1832），赵金陇反逆案中，其子赵满仔年方七岁，按律随母发遣，但因赵金陇"罪大恶极，未便仍留孽种"，遂将赵满仔监禁，至十一岁时送交内务府阉割。④ 则是在反逆案中也恢复了宫刑，但这只是司法实践中的个例，按照法条，反逆案内缘坐年幼男犯应发遣为奴。道光十三年（1833），道光皇帝认为，"（反逆案内）缘坐男犯，到配之后，不准婚娶，不过徒托空言，有名无实，必致孽种潜生，殊非所以示惩创"，令刑部再议。刑部奉旨酌改旧例，议成新条例："嗣后，反逆案内律应问拟凌迟之犯，其子、孙讯明实系不知谋逆情

---

① 《沈家本辑刑案汇览三编》卷十二上《谋反大逆》"例应阉割之犯不得因气体虚弱免其阉割"条，第7册，第377~388页。
② 《刑案汇览》卷二八《杀一家三人》"奸夫杀死三命死者是否绝嗣"条，第1026页。
③ 道光八年（1828），贵州毕节人王小满因奸情杀孙泳溃一家三人，地方法司依律拟王小满凌迟，其十岁之子王遇柱则拟充军。上报中央后，刑部认为如何处置凶犯之子王遇柱，取决于孙泳溃是否绝嗣：如绝嗣，王遇柱应行宫刑，如非绝嗣，则充军。而地方奏报中根本没有提及孙泳溃是否绝嗣，要求据实查明，再行奏报。可见，被杀之家是否绝嗣，是凶犯之子是否适用宫刑的前提。又道光九年（1829），四川长寿人张成章杀骆升远、骆芳沅一家四命，但并未绝嗣，故张成章幼子张四年也未适用宫刑，而是暂时监禁，成年后再发配。以上两案分别参见《刑案汇览》卷二八《杀一家三人》"奸夫杀死三命死者是否绝嗣"条、"凶犯子女死者子嗣随案声明"条，第1026页。
④ 《刑案汇览》卷十二《谋反大逆》"逆犯七岁幼子俟十一岁阉割"条，第436页。

事者，无论已未成丁，均着照乾隆五十四年阉割之例，解交内务府阉割，发往新疆等处给官兵为奴；其年在十岁以下者，令该省牢固监禁，俟年届十一岁时，解交内务府照例办理。"① 至于杀一家非死罪三人及支（肢）解人案中，宫刑仅限于凶犯年幼之子（十五岁以下），成年子仍发极边充军并不准婚配。至此，清代的宫刑适用条例基本固定，少有变化。

反逆案与杀一家三四命以上案内缘坐犯虽皆用宫刑，但在具体实施方面，还有一些区别：在适用对象方面，前者是不知谋逆情事的正犯子、孙，而后者只限于未成年之子；在未成年子孙行刑年龄上，前者是在年满十一岁时，后者则为十五岁。但到了光绪九年（1883），刑部在批覆杀一家三命并致绝嗣案中凶犯年幼之子如何处置时，认为反逆案与杀一家三四命以上案未成年子孙阉割的时间不一，易致歧义，遂将各案未成年子孙阉割的时间统一划定为十一岁。②

清政府对宫刑的实施制定了严格的措施：要求"内务府大臣遇有解到阉割人犯，即遴派司员认真看验，并出具无弊切结送交刑部再行覆验；如有情弊，即行奏参。务须查验明确，再交兵部发往新疆，给官兵为奴"③，以确保宫刑的实施。从司法实践来看，执行也很严格，即使身体羸弱、不适宜行刑者仍要照例阉割：

［同治十二年（1873）］首逆张云从之子张潮熺，照反逆案内子孙不知谋逆情事解京阉割发遣之犯，于同治五年五月解到。查该犯张潮熺于解到时，年已二十三岁，经慎刑司于春秋两季叠

---

① 《续增刑案汇览》卷五《谋反大逆》"逆犯缘坐子孙分别阉割发遣"条，收入《刑案汇览全编》，第 246 页。
② 《沈家本辑刑案汇览三编》卷二五中《杀一家三人》"杀一家三命凶犯之子年仅四岁"条，第 16 册，第 255 页。
③ 《沈家本辑刑案汇览三编》卷十二《谋反大逆》"例应阉割之犯不得因气体虚弱免其阉割"条，第 7 册，第 379～380 页。

传会计司刀儿匠查验，该犯气体虚弱，下部有病，碍于阉割。现在该犯年已三十岁，仍难阉割。此等阉犯既无成案可循……但恐其阉割致死，未便率行阉割……应请旨饬下刑部核办……臣部核议……成例自宜永远遵行，若将例应阉割之犯因其气体虚弱有病另生他议，此端一开，不特启巧避之门，亦殊失定例之本意……应将张潮熺一犯仍由内务府遵照定例，俟阉割后解交臣部，再行咨送兵部发遣为奴，以符定例。①

其至缘坐之胎儿也不能幸免：

（道光十三年）罗新得谋杀大功兄罗新受一家六命，案内该犯之妻罗王氏，讯未同谋加功，照例发附近地方安置。因该氏怀孕，未经起解。嗣监生一男，所生之子例应一并缘坐。惟甫经生育，正藉乳期，又不便雇无罪之妇女进监代乳，应否将罗王氏暂时留禁，俟所生之子年届三岁，可以自食，再行送交内务府阉割。②

除去反逆案与杀一家三四命以上案，清代对比照反逆律条定罪拟凌迟之正犯子孙，也适用宫刑。按原定律条，拒敌官兵者以谋叛已行论，然而一旦出现此类情形，正犯一般比照反逆罪凌迟处死，其子孙也适用宫刑。道光十三年（1833）马新明"纠约焚抢，抗拒官兵"，被判凌迟，其幼子迪格子被监禁，俟十一岁时先行阉割，再发为

---

① 《沈家本辑刑案汇览三编》卷十二上《谋反大逆》"例应阉割之犯不得因气体虚弱免其阉割"条，第7册，第377～388页。
② 《续增刑案汇览》卷八《杀一家三人》"杀死六命缘坐之子不能离乳"条，第247页。

奴。① 当然，比照反逆律条定罪者不止谋叛一项。同治九年（1870）七月，张汶祥因呈诉不准，挟仇刺死两江总督马新贻。案发后，张汶祥按律文规定，应以谋杀制使及本管长官律处以斩决，但审案者认为张汶祥罪大恶极，处以斩决，不足蔽辜，遂比照大逆律凌迟处死，其十一岁的幼子张长幅先经阉割，再发往新疆为奴。② 但并非所有比照大逆律凌迟处死之正犯子孙皆适用宫刑。乾隆五十三年（1788）定例，凡纠众劫狱戕官者，比照反逆罪处置，正犯凌迟，妻、子缘坐。咸丰三年（1853），刑部在批覆胡有奎、傅羊群劫狱戕官案内正犯之子如何处置时，认为此类罪行终究与实犯反逆有间，遂发遣为奴。③

清代的宫刑，始于乾隆年间，嘉庆年间一度废止，道光年间重新恢复后，直至光绪年间，仍在适用。光绪九年（1883），在颜贯来杀一家三命并致绝嗣案中，其幼子颜小十仔因年仅四岁，刑部要求地方官司牢固监禁，待十一岁时送内务府进行阉割；又光绪十八年（1892），在阿和买提·阿不都热谋逆案内，其子仍按定例被处宫刑。④ 其后，宫刑是否继续适用，由于资料缺乏，难以说明。

---

① 《续增刑案汇览》卷五《谋反大逆》"缘坐犯属应照本犯罪名拟断"条，第107页。

② 《新增刑案汇览》卷八《谋杀制使及本管长官》"谋杀制使大员比照谋反大逆问拟"条，第606页。又，本案正犯，《清史稿》卷四二六《马新贻传》作"张汶祥"，《新增刑案汇览》则作"张汶详"，本文从《清史稿》（第12243页）；对于张汶祥之子的处罚，《清史稿》记为"并戮其子"，《新增刑案汇览》则为阉割后发遣为奴，本文从《新增刑案汇览》。

③ 参见《沈家本辑刑案汇览三编》卷十二上《谋反大逆》"劫狱戕官之犯止缘坐妻、子"条，第7册，第389~392页。

④ 《沈家本辑刑案汇览三编》卷二五中《杀一家三人》"杀一家三命凶犯之子年仅四岁"条（第16册，第254页）、卷十二上《谋叛》"反逆案内缘坐之妻子"条（第7册，第397~400页）。

三

  清代之所以恢复宫刑，一定意义上讲，是过度追求罪刑均衡的结果。清代的刑律，对于各类罪行的轻重有着细致的划分，并相应制定了复杂的刑罚等级，最大限度地追求罪刑相适应，学界称之为"绝对的法定刑主义"。但是，再详尽的罪行划分及处罚措施，也不可能穷尽所有的犯罪行为，于是就会出现所犯罪行在法典中找不到相应惩罚条款的情况，或者犯罪情形较为复杂、微妙，原有的惩罚条款不合适用。① 应付这一局面的方法之一，就是增加刑罚种类，宫刑就是这样被重新引入法典之中的。

  清律中原有"杀一家三人"的条款，对此类行为的惩罚，是正犯凌迟，妻、子发遣为奴。如杀一家三人以上，清律并没有特别规定，大概仍按杀一家三人处置。乾隆四十一年（1776），王之彬挟仇故杀董长海及王三麻子一家五命，王之彬年仅十岁之幼子王小雨按律缘坐，应发遣为奴。但乾隆皇帝认为，王之彬连毙六命并致王三麻子一家绝嗣，凶恶残毒，"为戾气所钟，不应留余孽"，其子若按律发遣，得以活命，"于天理人情，实未允协"，下旨令刑部再议。刑部于是奉旨议定了新条例："嗣后除杀死一家非死罪三人，仍照旧例办理毋庸议外，如杀一家四命以上致令绝嗣者，凶犯拟以凌迟处死，将凶犯之子无论年岁大小，拟以斩立决，妻女改发伊犁给厄鲁特为奴；若死者尚有子嗣，即将凶犯之子俱拟以斩监候，秋后处决，该犯妻女给予死者之家为奴……若（死者之家）不愿受领者，亦即改发伊犁

---

① 参见〔日〕寺田浩明《日本的清代司法制度研究与对"法"的理解》，载《明清时期的民事审判与民间契约》，法律出版社，1998。

给厄鲁特为奴。"① 到了乾隆四十四年（1779），余膺杀死熊王氏一家四命并致其绝嗣，按照前引条例，余膺应凌迟处死，其子无论年岁大小均应斩决，但余膺有四子，若悉数斩决，余膺一家获死刑者多达五人，是抵命之人多于所杀之人。乾隆也觉得有些过分，下旨免余膺幼子死刑，与其母发遣为奴，并要求以后各案均照此处理。② 至乾隆四十八年（1783）新修例时，以上原则正式成为条例："杀一家四命以上之案，按其所杀人数，将凶犯父、子照数抵罪，其有浮于所杀之数均以其幼者同妻、女改发伊犁为奴。"③

到了乾隆五十四年（1789），更复杂的情况出现了。张文义杀范狗一家三命并致伤一人，受伤者至今未痊愈，若死亡，则属于杀一家四命，其罪行介于杀一家三命、四命之间。无论是三命还是四命，张文义按律均应凌迟，并无异议；但律当缘坐的张文义诸子如何处置，因杀三命或四命处罚不同，难以取舍：如按杀一家三命拟以发遣，若被伤人或死，不免失之轻纵；如按杀一家四命拟以斩决，若受伤者痊愈，则又过重。于是，张文义诸子改处宫刑。④ 这是笔者所见清代适用宫刑的最早记录。如此，如何处置杀一家三人案内凶犯之子，既要区别所杀人数，又要看被杀之家是否绝嗣，还要考虑数死一伤的情形，已不胜其烦。于是同年新定条例，凡杀一家三四命以上，无论死者之家是否绝嗣，凶犯之子皆处宫刑。宫刑的适用范围开始扩大。至道光八年（1828）的新条例，又开始区别被杀之家是否绝嗣，只有导致绝嗣，凶犯之子才送交内务府阄割；若非绝嗣，则凶犯之子发遣为奴。

---

① （清）薛允升：《唐明清三律汇编·刑律·人命》"杀一家三人"条所载案例，收入杨一凡、田涛主编《中国珍稀法律典籍续编》（第八册），第410页。
② 《驳案汇编》卷十四《刑律·人命》"杀一家四命以上分别缘坐"条，第281～282页。
③ 《刑案汇览》卷二八《杀一家三人》"杀一家三四人之子阄割充军"条，第1024页。
④ 《驳案汇编》卷十四《刑律·人命》"杀一家三四命阄割新例"条，第295～297页。

乾隆五十六年（1791），福建捕获在逃谋反案正犯何东山之侄何适，如何处置，也是难题。何适系在逃缘坐人犯，捕获时已年满十八岁；但在何东山为逆时，何适尚年幼。而按律文规定，反逆正犯之侄，若年十六以上，应斩决；十六以下则发遣为奴。地方官府以成年论拟以斩决。上报中央后，乾隆皇帝认为，何适之罪介于斩决和发遣之间，斩决太重，发遣又过轻，于是改为宫刑。① 但何适只是正犯之幼侄，已然实施宫刑，按照罪刑均衡的原则，反逆案正犯年幼之子、孙，更应该实施宫刑。故定新制，谋反大逆案内正犯年幼之子、孙俱阉割，派在内务府外围当差。但反逆案内正犯之年幼子、孙，按律文规定，应发遣为奴，现改为宫刑，有用刑苛酷之嫌；而且反逆案情形各异，不能一概而论。故道光十三年（1833）的新条例，对于反逆案中适用宫刑的规定进一步细化，首先是正犯罪应凌迟，若罪止斩枭，则缘坐人不用宫刑；其次必须是正犯不知谋逆情事之子、孙，若知谋逆情事，则斩决；再次，无论年岁大小，一概实施宫刑。其追求罪刑均衡的意图，非常明显。

如前所述，清代的宫刑，主要适用于缘坐犯。从《大清律例》的规定来看，清代实行缘坐（族刑）的罪名计有"奸党""交结近侍官员""上言大臣德政""谋反大逆""谋叛""杀一家三人""采生折割人""造畜蛊毒杀人"等。② 但清代条例只是规定谋反大逆及杀一家三人案内的缘坐人适用宫刑，其他各罪并不适用。这其中的原因，在笔者看来，可能与以上各罪的发生频率有关。为说明情况，我们先列出《刑案汇览》《续增刑案汇览》《新增刑案汇览》所收各罪的案件数量（见表1）。

---

① 《刑案汇览》卷二八《杀一家三人》"杀一家三四人之子阉割充军"条，第1024页。
② 参见《大清律例》卷六《吏律·职制》"奸党"条"交结近侍官员"条"上言大臣德政"条，卷二三《刑律·贼盗》"谋反大逆"条"谋叛"条，卷二六《刑律·人命》"杀一家三人"条"采生折割人"条"造畜蛊毒杀人"条，第154、155、156、365、366、426、428、429页。

表1　清代八类罪名案件数量统计

罪名	案件数量				资料来源
	《刑案汇览》	《续增刑案汇览》	《新增刑案汇览》	总计	
奸党	0	0	0	0	
交结近侍官员	1	0	0	1	《刑案汇览》卷七《交结近侍官员》
上言大臣德政	1	0	0	1	《刑案汇览》卷七《上言大臣德政》
谋反大逆	13	7	0	20	《刑案汇览》卷十二、《续增刑案汇览》卷五《谋反大逆》
谋叛	6	8	1	15	《刑案汇览》卷十二、《续增刑案汇览》卷五、《新增刑案汇览》卷五《谋叛》
杀一家三人	68	38	7	113	《刑案汇览》卷二八、《续增刑案汇览》卷八、《新增刑案汇览》卷八《杀一家三人》
采生折割人	1	0	0	1	《刑案汇览》卷二八《采生折割人》
造畜蛊毒杀人	3	4	0	7	《刑案汇览》卷二八、《续增刑案汇览》卷八《造畜蛊毒杀人》

由表1可知，杀一家三人的案例最多，甚至远远多于其他罪行的案件总和，其次为谋反大逆，而清代对缘坐犯实施宫刑的也正是这两项罪名。这绝非巧合。我们知道，清代的案件审理采用逐级审转复核制，每一个刑事案件都由案发地开始审理，但州县只有判处笞、杖一类轻罪的决断权，徒刑须由省级督抚决断，流刑须报中央刑部判决，而死刑须由皇帝来最终裁决。而上列各罪名，皆属重大案件，须经州县、省、刑部、三法司层层审理，最后经皇帝裁决才能结案。案件数量越多，历经的讨论也就越多，对比之下，同类案件细微之处的区别自然凸现出来，为达到罪刑均衡的目的，故加罚宫刑。而奸党、交结近侍官员、上言大臣德政、采生折割人一类，罪等并不轻于杀一家三人，但以上各案或许极少发生，缺乏对比，按原律条判决即可，不需用增加刑罚的方式来表示区别。案件数量的多寡，或许正是以上各罪

缘坐犯命运不同的原因。

当然，从表 1 来看，谋叛、造畜蛊毒杀人两罪的案发频率也不低，但案例汇编中所收这两类案件，也没有适用宫刑的记录。之所以如此，可能与所收案件的性质有关。谋叛的本意系指谋背本国、潜从他国，拒敌官兵者也以谋叛已行论；同时，按条例规定，歃血定盟、焚表结拜弟兄一类，比照谋叛未行来处罚。《刑案汇览》等案例汇编中所收谋叛案，几乎全是歃血定盟、焚表结拜弟兄一类，这一类行为并非真正意义上的谋叛，只是比照谋叛未行来处罚的罪行，也不缘坐亲属。而真正意义上的谋叛，都是上升到反逆罪来处罚。至于造畜蛊毒杀人，原指"置造、藏畜蛊毒堪以杀人"，厌魅符书咒诅欲以杀人、以毒药杀人，也列入此条，与谋叛类似，《刑案汇览》所收案例并无真正意义上的造畜蛊毒，多数为投毒杀人，少数几例为厌胜鬼魅之术，这两类行为从唐律开始就不缘坐。

适用宫刑，是为了最大限度地追求罪刑均衡，然而要真正做到罪刑均衡，就要详尽罗列罪刑之间的对应关系，由于案情千差万别，事实上难以做到。客观具体主义的立法风格给司法者增添了依律例处理案件的难度，因为这需要对各种繁复细密的条文做仔细地分析和辨明。①

如规定杀一家三人并致被杀之家绝嗣缘坐人适用宫刑，粗看起来，似乎规定已经很周详。其实不然。单就"绝嗣"一项来看，问题依旧很多：所谓被杀之家绝嗣是本房绝嗣还是本宗绝嗣？有继子或子出继算不算绝嗣？有侄子一类的应继之人是否属于绝嗣？光绪四年（1878），王萌杀张全升及弟张全进、孙张大任三命，就张全升本房而论，已经绝嗣，但本房被杀之人又未及三命，且张全升尚有侄孙张大福可为承嗣之人。地方督抚就被杀之家是否属于绝嗣及凶犯之子是

---

① 顾元：《服制命案、干分嫁娶与清代衡平司法》，第 172 页。

否行宫刑一事咨部请示。刑部批覆认为"查杀一家三人例内止言被杀之家实系绝嗣，似不得推及有无应继之人；亦不得于一家之内再行分别本房被杀人数"①。王萌之子应照例阉割。刑部的批覆只是提出了案件的处理意见，但并没有解决疑惑。按《大清律例》卷二六《刑律·人命》"杀一家三人"条的解释，杀一家三人中的一家"谓同居……或不同居，果系本宗五服至亲亦是"。按此，家的范围非常广泛，只要共同居住、共同生活，无论有服、无服，皆是一家，本宗五服之内的亲属，即使异居，也属一家。按理来说，既然杀一家三人中的一家以本宗五服亲属为限，与之相应，考虑被杀之家是否绝嗣，也应以本宗亲属为限。刑部的批覆实际上使同一条法令中的"家"具有不同含义：杀一家三人的"家"实为家族；被杀之家绝嗣的"家"则指一房。即使按照刑部绝嗣指一房绝嗣来解释，仍有不明晰之处：房本指家族分支，到底多大范围内算是一房，同祖还是同曾祖？房内还有长（大）房、次（小）房之分，具体范围也不易确定。从罪刑均衡的角度来看，杀一家三人并致被杀之家绝嗣缘坐人适用宫刑的规定，不仅难以做到罪刑均衡，其不确定的因素反而增多了。

可见，绝对意义上的罪刑均衡只是一种奢望，根本无法实现，为追求罪刑均衡而增加刑罚种类，并不是一个明智的选择。

---

① 《沈家本辑刑案汇览三编》卷二五中《杀一家三人》"杀一家三人被杀之家绝嗣不得推及有无应继之人及本房被杀人数"条，第 16 册，第 261~264 页。

图书在版编目（CIP）数据

清代家族内的罪与刑 / 魏道明著. -- 北京：社会
科学文献出版社，2021.2
ISBN 978 - 7 - 5201 - 7996 - 6

Ⅰ.①清…　Ⅱ.①魏…　Ⅲ.①法制史 - 研究 - 中国 -
清代　Ⅳ.①D929.49

中国版本图书馆 CIP 数据核字（2021）第 032172 号

清代家族内的罪与刑

著　　者 / 魏道明

出 版 人 / 王利民
组稿编辑 / 周　丽
责任编辑 / 李　淼　杜文婕

出　　版 / 社会科学文献出版社·城市和绿色发展分社（010）59367143
　　　　　　地址：北京市北三环中路甲 29 号院华龙大厦　邮编：100029
　　　　　　网址：www. ssap. com. cn
发　　行 / 市场营销中心（010）59367081　59367083
印　　装 / 三河市东方印刷有限公司

规　　格 / 开　本：787mm × 1092mm　1/16
　　　　　　印　张：14.25　字　数：188 千字
版　　次 / 2021 年 2 月第 1 版　2021 年 2 月第 1 次印刷
书　　号 / ISBN 978 - 7 - 5201 - 7996 - 6
定　　价 / 68.00 元